中国特色社会主义
法治理论与实践系列研究生教材 6

法律硕士专业学位研究生案例研究指导丛书

刑事诉讼法学案例研究指导

汪海燕　肖沛权　编著

中国政法大学出版社

2021·北京

图书在版编目（ＣＩＰ）数据

刑事诉讼法学案例研究指导 / 汪海燕，肖沛权编著.—北京：中国政法大学出版社，
2021.4

ISBN 978-7-5620-9806-5

Ⅰ.①刑…　Ⅱ.①汪…　②肖…　Ⅲ.①刑事诉讼法－案例－中国　Ⅳ.①D925.205

中国版本图书馆CIP数据核字(2021)第034030号

出 版 者	中国政法大学出版社
地　　址	北京市海淀区西土城路 25 号
邮　　箱	fadapress@163.com
网　　址	http://www.cuplpress.com (网络实名：中国政法大学出版社)
电　　话	010-58908435(第一编辑部) 58908334(邮购部)
承　　印	保定市中画美凯印刷有限公司
开　　本	720mm × 960mm　1/16
印　　张	16.5
字　　数	261 千字
版　　次	2021 年 4 月第 1 版
印　　次	2021 年 4 月第 1 次印刷
印　　数	1～5000 册
定　　价	52.00 元

作者简介

汪海燕 中国政法大学刑事司法学院院长，教授、博士生导师，中国刑事诉讼法学研究会秘书长，"全国十大杰出青年法学家"（第八届），在刊物上发表文章百余篇。

肖沛权 中国政法大学刑事司法学院副教授、硕士生导师，在刊物上发表文章四十余篇。

序　言

　　法学学科是实践性很强的学科。2017 年 5 月 3 日，习近平总书记考察中国政法大学时对法学教育和法治人才培养提出了明确要求。他指出："法学教育要处理好法学知识教学和实践教学的关系。学生要养成良好的法学素养，首先要打牢法学基础知识，同时要强化法学实践教学。"如何使学生学习法治理论的同时，能够深入了解中国法治实践，拥有解决实际问题的知识和能力，是法学教育必须解决的首要问题。

　　法律硕士专业学位研究生教育最注重实践教学，日益成为法学教育的主要形式。近十几年来，法律硕士专业学位研究生教育快速发展，无论是举办高校数量还是招生规模都一路高企，呈现出一派繁荣景象。随着应用型硕士与学术型硕士的分野，二者之间在培养模式、培养标准、教学方式、教材体系等方面有何区别等问题亟待研究。可以说，法律硕士与法学硕士最大的区别在于人才培养目标不同，法律硕士培养应当服务、服从于法治实践，为实务部门培养具有法律专业素养和职业精神的优秀人才。有鉴于此，构建有别于学术型硕士的培养模式、制定统一的培养标准、改革教育教学方法、编写高质量教材，成为法律硕士专业学位研究生教育的当务之急。

　　法律硕士培养规律和实践表明，案例教学是强化实践教学的重要方式，也是增强学生问题意识，提高解决问题能力的有效途径。案例教学不仅能够使学生深入了解法治工作实际，提高他们正确适用法律的能力，而且可以促进理论和实践的有机结合，提升他们的理论素养。

　　中国政法大学作为全国第一批法律硕士专业学位研究生培养单位和第一所设立法律硕士学院的高校，在法律硕士专业学位研究生培养方面积累了一定经验。为进一步推动法律硕士专业学位研究生教学改革，深化培养模式改革，打通知识教学与实践教学之间的壁垒，强化实践教学和案例教学，学校组织有较高理论素养和实践能力的教师编写了《中国特色社会主义法治理论与实践系列研究生教材之法律硕士专业学位研究生案例研究指导丛书》（以下简称"案例研究指导丛书"），帮助学生从案例研究入手，更好地学习法学知识，掌握专业技巧，提高实践能力，以适应日益增长的社会需求。

案例研究指导丛书坚持以中国特色社会主义法治理论为指导，坚持从中国国情和实际出发，融通世界先进经验与中国智慧，结合中国法治实践，在夯实学生法学专业基础的同时，注重培养学生的理想信念、家国情怀、人文精神和责任担当，提高学生发现问题、分析问题、解决问题的能力，形成运用法律思维和法治方法分析解决问题的自觉意识。

衷心希望这套教材能够在法律硕士专业学位研究生培养中发挥积极作用，成为广大法律硕士专业学位研究生的案头必读书。

是为序！

中国政法大学　马怀德

2019 年 4 月 12 日

前　言

　　本教材是结合刑事诉讼法教学而编写的案例研习教材。刑事诉讼法是一门实践性很强的学科，学生在学习刑事诉讼法时常常陷入如何将刑事诉讼法理论适用于繁杂的司法实践的困境。案例研习有助于打通刑事诉讼法理论与刑事诉讼法司法适用的隔阂，将刑事诉讼法知识融会贯通。

　　本教材采用专题的形式对刑事诉讼法知识进行阐释和研讨。其中所采用的案例大多为真实案例，分别取材于最高人民法院指导案例汇编、最高人民法院公报、最高人民检察院公报、司法判例和权威期刊、网络等。需要说明的是，一个案例所涉及的法律问题往往是复杂多样的，出于专题研习的需要，本教材在不影响案例真实性、完整性的前提下，在案例编写上有所侧重，使案例服务于专题研习需要。

　　本教材的编写不重全面性而重问题导向性，分为刑事诉讼法总论、刑事诉讼法证据论、刑事诉讼法程序论以及刑事诉讼法特别程序论四章，共18个专题，具有如下特色：

　　第一，关注前沿问题。本教材在对专题的设置上，以现行《刑事诉讼法》的体例为基础，兼及近年来刑事诉讼改革的部分重大问题，适当地将近年来刑事诉讼改革研究所取得的较为成熟的成果吸收进来，体现了我国刑事诉讼立法、司法的最新动态。

　　第二，重视理论联系实践。本教材在编写上结合刑事诉讼法实践性强的特点，十分重视理论性和实践性的统一，注意结合经典案例阐释刑事诉讼基本理论，并以典型案例反映当下社会关注度高的重点热点刑事诉讼问题，这既能完成作为法律硕士教材的任务，又能够为司法实践活动提供参考。

　　第三，注重法律逻辑思维的养成。本教材注重以案例阐明刑事诉讼理论，以案例展现刑事诉讼基本理念，更好地帮助学生理解刑事诉讼法的基本概念和理论体系并促使学生进行更深入的思考，提高学生运用这些基本概念和理论解决实际问题的能力，使学生养成运用法律逻辑思考问题的习惯。

　　本书由中国政法大学刑事司法学院教师汪海燕和肖沛权联合编著。同时，研究生刘玲胜军、胡雨晴、白沛熹、黄丹青、孙琛、孙延菲、戴晓宇等参与了本书的案例收集、整理、编辑等工作，在此表示感谢！

　　本教材的出版，我们做了很大努力，但难免存在诸多不足，望读者不吝指正！

汪海燕

2021 年 2 月

法律文件简称表

中国法律文件

全称	简称
1.《中华人民共和国宪法》	《宪法》
2.《中华人民共和国刑事诉讼法》（1979 年）	1979 年《刑事诉讼法》
3.《中华人民共和国刑事诉讼法》（1996 年）	1996 年《刑事诉讼法》
4.《中华人民共和国刑事诉讼法》（2012 年）	2012 年《刑事诉讼法》
5.《中华人民共和国刑事诉讼法》（2018 年）	《刑事诉讼法》
6.《中华人民共和国监察法》	《监察法》
7.《中华人民共和国刑法》	《刑法》
8.《中华人民共和国律师法》	《律师法》
9.《中华人民共和国人民陪审员法》	《人民陪审员法》
10.《中华人民共和国人民警察法》	《人民警察法》
11.《中华人民共和国反间谍法》	《反间谍法》
12.《中华人民共和国人民法院组织法》	《人民法院组织法》
13.《中华人民共和国人民检察院组织法》	《人民检察院组织法》
14. 最高人民法院、最高人民检察院、公安部、国家安全部、司法部、全国人大常委会法制工作委员会《关于实施刑事诉讼法若干问题的规定》	六部门《规定》
15. 最高人民法院、最高人民检察院、公安部、国家安全部、司法部《关于办理死刑案件审查判断证据若干问题的规定》	两院三部《办理死刑案件证据规定》

续表

全称	简称
16. 最高人民法院、最高人民检察院、公安部、国家安全部、司法部《关于办理刑事案件排除非法证据若干问题的规定》	两院三部《非法证据排除规定》
17. 最高人民法院、最高人民检察院、公安部、国家安全部、司法部《关于进一步严格依法办案确保办理死刑案件质量的意见》	两院三部《办理死刑案件意见》
18. 最高人民法院、最高人民检察院、公安部、司法部《关于刑事诉讼法律援助工作的规定》	两院二部《法律援助规定》
19. 全国人大常委会《关于司法鉴定管理问题的决定》	人大常委会《司法鉴定管理决定》
20. 最高人民法院《关于适用〈中华人民共和国刑事诉讼法〉的解释》	最高法《解释》
21. 最高人民检察院《人民检察院刑事诉讼规则（试行）》	2012 年最高检《规则（试行）》
22. 最高人民检察院《人民检察院刑事诉讼规则（2019 修订）》	最高检《规则》
23. 公安部《公安机关办理刑事案件程序规定》	公安部《规定》
24. 司法部《司法鉴定程序通则》	司法部《司法鉴定通则》
25. 《中华人民共和国国家赔偿法》	《国家赔偿法》
26. 《人民检察院办理羁押必要性审查案件规定（试行）》	《羁押必要性审查规定（试行）》
27. 最高人民法院、最高人民检察院、公安部、国家安全部、司法部《关于办理刑事案件严格排除非法证据若干问题的规定》	两院三部《严格实行非法证据排除规定》
28. 最高人民法院、最高人民检察院、公安部、国家安全部、司法部《关于推进以审判为中心的刑事诉讼制度改革的意见》	两院三部《关于推进以审判为中心的刑事诉讼制度改革的意见》
29. 最高人民检察院《关于人民检察院立案侦查司法工作人员相关职务犯罪案件若干问题的规定》	最高检《人民检察院立案侦查司法工作人员相关职务犯罪案件规定》

续表

全称	简称
30. 最高人民法院、最高人民检察院、公安部、国家安全部、司法部《关于开展法律援助值班律师工作的意见》	两院三部《关于开展法律援助值班律师工作的意见》
31. 最高人民法院、最高人民检察院、公安部、国家安全部、司法部《关于适用认罪认罚从宽制度的指导意见》	两院三部《关于适用认罪认罚从宽制度的指导意见》
32. 最高人民法院、最高人民检察院《关于适用犯罪嫌疑人、被告人逃匿、死亡案件违法所得没收程序若干问题的规定》	两院《关于违法所得没收程序的规定》
33. 中国共产党第十八届中央委员会第四次全体会议通过《中共中央关于全面推进依法治国若干重大问题的决定》	党的十八届四中全会《决定》

联合国法律文件

全称	简称
1. 联合国《公民权利和政治权利国际公约》	联合国《两权公约》
2. 联合国《关于保护死刑犯的权利的保障措施》	联合国《死刑犯权利保障措施》
3. 联合国《禁止酷刑和其他残忍、不人道或有辱人格的待遇或处罚公约》	联合国《禁止酷刑公约》
4. 联合国《囚犯待遇最低限度标准规则》	联合国《囚犯待遇规则》
5. 联合国《关于司法机关独立的基本原则》	联合国《司法独立原则》
6. 联合国《关于检察官作用的准则》	联合国《检察官作用准则》
7. 联合国《关于律师作用的基本原则》	联合国《律师作用基本原则》
8. 联合国《打击跨国有组织犯罪公约》	联合国《打击跨国犯罪公约》
9. 联合国《反腐败公约》	联合国《反腐败公约》

目　录

| 第一章 |

刑事诉讼法总论专题

专题一：刑事诉讼的主体

📖 知识概要

一、理论概说

作为刑事诉讼法律关系的要素之一，刑事诉讼的主体与刑事诉讼法律关系紧密联系，并与刑事诉讼的客体相对并称。伴随着18世纪~19世纪欧洲大陆国家的司法改革，传统的纠问制被废除，刑事被告人被赋予了更多的诉讼权利，特别是刑事辩护权，其在诉讼中所处的地位和扮演的角色亦变得更为核心和关键。与此同时，检察机关从司法机关（法院）中分离出来，基本实现了"控审职能的分离"，使得刑事诉讼初步呈现出控辩审三方组合式的诉讼构造，刑事诉讼主体理论也得以蓬勃发展。

在刑事诉讼主体范围的问题上，学界根据不同的标准而形成了不同的观点，并进一步从不同的进路进行阐述。具体而言，有学者以诉讼性与主体性作为理论依据出发，指出我国的刑事诉讼主体应包括：人民法院、检察机关、侦查机关、犯罪嫌疑人、被告人。此观点进一步指出没有将被害人列入刑事诉讼主体，原因在于，尽管被害人在刑事诉讼中属于控诉一方并且往往同控诉机关一起执行控诉职能，但是在公诉案件中被害人只能依附于控诉机关，如何追诉犯罪的决定权则主要掌握在控诉机关手中，被害人的主体性便大大削弱。[1]有学者认为刑事诉讼主体等同于刑事诉讼法律关系主体，指出凡是在刑事诉讼中享有某种诉讼权利并承担某种诉讼义务的人，都应该是诉讼主体。对于刑事诉讼主体可以划分为主要主体和非主要主体。前者如人民法院、人民检察院、公安机关、自诉人和被告人；后者如证人、鉴定人。[2]此一理论观点之形成，在很大程度上受到苏联刑事诉讼主体理论的影响。苏联学者切里佐夫提出："诉讼活动的主体是享有一定权力或有全权侦查和审理刑事案件并积极参加这种案件的诉讼程序的人和机关。"基于此一论断，法院、控诉人、被告人、辩护人、民事原告人（被害人）、民事被告人（对被害人负有赔偿责任的人）等均应被纳入刑事诉讼的主体范围。[3]

我国现行《刑事诉讼法》中的诉讼主体范围之界定既受到苏联诉讼主体理论的深刻影响，同时基于本土法文化传统汲取了诉讼构成要素、独立地位等理论的有益思想，对刑事诉讼的主体范围作以层次化、系统化的界分，形成了以刑事诉讼专门机关—诉讼参与人（包括当事人、其他诉讼参与人）两个大类为内容的中国式刑事诉讼主体范围。

二、专门机关

刑事诉讼的专门机关是指依据法定职权进行刑事诉讼活动的国家机关，包括人民法院、人民检察院和公安机关。[4]根据《刑事诉讼法》第4条的规定，国家安全机关依照法律规定，办理危害国家安全的刑事案件，行使与公安机关相同的职权。同时，《刑事诉讼法》第308条规定，军队保卫部门对军队内部发生的刑事案件行使侦查权。中国海警局履行海上维权执法职责，对海上发生的刑事案件行使侦查权。对罪犯在监狱内犯罪的案件由监狱进行侦查。此三机关办理刑事案件，适用刑事诉讼法的有关规定，因此也属于刑事诉讼中的专门机关。刑事诉讼中的专门机关是国家机构的重要组成部分，在刑事诉讼中居于主导地位，分别承担着侦查、检察、审判、执行等诉讼职能。

---

〔1〕 参见叶青主编：《刑事诉讼法学》，上海人民出版社2013年版，第54页。

〔2〕 参见王国枢主编：《刑事诉讼法学》，北京大学出版社1999年版，第33～34页。

〔3〕 有学者指出："以苏联为代表的权利义务说的观点未能区分诉讼行为主体与刑事诉讼（法律关系）主体之间的区别，未能抓住诉讼构造这一本质和核心，过于'泛化'。"参见陈瑞华：《刑事诉讼的前沿问题》（上册），中国人民大学出版社2016年版，第70页。

〔4〕 参见陈光中主编：《刑事诉讼法》，北京大学出版社、高等教育出版社2016年版，第61页。

专门机关之间遵循"分工负责、互相配合、互相制约"的原则，共同致力于完成惩罚犯罪和保障人权的基本诉讼任务。具体而言：

依据《宪法》第128条、第131条，《人民法院组织法》第2条、第4条的规定，人民法院是国家的审判机关，依照法律规定独立行使审判权，不受行政机关、社会团体和个人的干涉。我国设有基层人民法院、中级人民法院、高级人民法院、最高人民法院共四级人民法院。上级法院监督下级法院的审判工作，最高人民法院监督地方各级法院和专门法院的审判工作。根据《刑事诉讼法》《人民法院组织法》和最高人民法院《关于适用〈中华人民共和国刑事诉讼法〉的解释》的有关规定，法院系统内部的审判组织包括独任庭、合议庭和审判委员会三种，而在合议庭的组成方式上，我国实行人民陪审员制度，人民陪审员可以参与到特定刑事案件的审理程序之中，以发挥民众参与司法，"众人拾柴火焰高"的正向功能。

根据《宪法》《人民检察院组织法》的有关规定，人民检察院是国家的法律监督机关，其在刑事诉讼中的职责具体包括：①根据法律规定，对有关刑事案件行使侦查权；②对刑事案件进行审查，批准或者决定是否逮捕犯罪嫌疑人，决定是否提起公诉；③依法提起刑事诉讼；④对诉讼活动进行法律监督；⑤对执行刑罚的活动进行法律监督；⑥对监狱、看守所的执法活动进行法律监督；等等。我国设有最高人民检察院和地方各级人民检察院，另设有军事检察院等专门人民检察院。

公安机关是国家的治安保卫机关，承担保卫国家安全和社会治安管理的任务，在刑事诉讼中，也属于国家专门机关。根据《刑事诉讼法》第3条的规定，对刑事案件的侦查、拘留、执行逮捕、预审，由公安机关负责。除此以外，公安机关还是刑罚的执行机关之一，由其所负责执行的刑罚包括拘役、剥夺政治权利、驱逐出境，以及剩余刑期在3个月以下的有期徒刑。

三、诉讼参与人

刑事诉讼中的诉讼参与人是指在刑事诉讼过程中，享有一定的诉讼权利，承担一定的诉讼义务，除国家专门机关工作人员以外的人。诉讼参与人通过行使诉讼权利和履行诉讼义务，对诉讼进程和诉讼结果发挥不同程度的作用。以诉讼地位、参与诉讼活动的范围和方式、对刑事诉讼过程的影响程度，以及与案件处理结果的利益相关程度为标准，现行《刑事诉讼法》将诉讼参与人划分为两类，即当事人和其他诉讼参与人。

（一）当事人

当事人是指与案件的处理结果具有直接利害关系，对刑事诉讼的进程发挥较大影响作用的诉讼参与人。根据现行《刑事诉讼法》第 108 条第 2 项的规定，当事人具体包括被害人、自诉人、犯罪嫌疑人、被告人、附带民事诉讼的原告人和被告人。

1. 被害人。实体意义上的被害人可能以不同的身份参加诉讼：公诉案件中，作为"被害人"以个人身份参加诉讼，与检察院共同行使控诉职能；在自诉案件中，则以自诉人的身份参加诉讼；而在附带民事诉讼中，则可以原告人的身份请求损害赔偿。作为人身、财产及其他合法权益遭受犯罪行为侵害的直接受害者，刑事被害人具有强烈的参诉欲望与追诉倾向。从各国关于刑事被害人诉讼地位的界定状况来看，主要存在如下两种立法范式。一方面，在英美法系国家的刑事庭审中，被害人并不具有诉讼主体地位，而是以控方证人的身份出现，接受控辩双方的交叉询问，成为一种重要的证据来源。另一方面，以俄罗斯为代表的少数几个国家在其刑事立法中明确规定了刑事被害人的诉讼主体地位，赋予其与被告人基本相似的诉讼权利和诉讼义务。我国 1996 年《刑事诉讼法》修改时亦明确将刑事被害人规定在诉讼主体之中，赋予其诉讼主体地位。应当说，尽管各国对于刑事被害人的诉讼地位界定有所不同，但是随着二战后"重新发现犯罪被害人"运动的兴起以及"被害人学"的不断发展，两大法系国家均在加强被害人诉讼权利保护的同时，扩大刑事被害人在刑事诉讼中的程序参与权，并将其作为刑事司法改革的一项重要内容，从而改变了刑事被害人仅仅作为"旁边的人"，甚至"被遗忘的人"的诉讼境遇，使其能够在愈来愈多的刑事程序中发声。[1]

2. 犯罪嫌疑人、被告人。犯罪嫌疑人、被告人用以指称因涉嫌犯罪而受到刑事追诉的人，统称被追诉人。自诉案件因不存在审前的侦查、起诉阶段而只有被告人；公诉案件则以检察机关提起公诉为界点，将其区分为犯罪嫌疑人和被告人，即被追诉人在检察机关向人民法院提起公诉之前被称为"犯

---

[1] 步洋洋：《刑事庭审实质化路径研究》，法律出版社 2018 年版，第 7 页。

罪嫌疑人"，正式提起公诉后被称为"被告人"。

刑事诉讼活动紧密围绕犯罪嫌疑人、被告人刑事责任确定这一核心命题展开，从侦查到审判的各个阶段无一不与之紧密联系，从某种意义上来说，没有犯罪嫌疑人、被告人，就没有刑事诉讼。但是，需要指出的是，被告人诉讼主体地位的确立并非自古有之。在封建纠问制诉讼模式之下，被追诉人沦为诉讼客体，成为依法刑讯的对象和发现案件真相的工具，毫无诉讼权利可言。资产阶级革命胜利后，现代控辩式诉讼制度得以确立，伴随着18、19世纪欧洲的刑事司法改革，被追诉人主体理论勃然兴起，在与自然法理论的相互结合之下，被追诉人的诉讼主体地位得以确立，被告人始得享有诸如无罪推定权、程序参与权、平等对抗权和辩护权等一系列诉讼权利。

除了前述的被害人和犯罪嫌疑人、被告人，刑事诉讼中的当事人还包括自诉人、附带民事诉讼的原告人和被告人。刑事诉讼中的自诉人属于广义上的被害人，在自诉案件中行使控诉职能。附带民事诉讼的原告人可以是遭受犯罪行为直接侵害的人，也可以是已经死亡或丧失行为能力的被害人的近亲属、法定代理人。如果是国家财产、集体财产遭受损失的，人民检察院在提起公诉时也可以提起附带民事诉讼。附带民事诉讼的被告人通常就是刑事被告人，特定情形下也可以是其他共同致害人、未成年人刑事被告人的监护人、死刑罪犯的遗产继承人、共同犯罪案件中案件审结前已经死亡被告人的遗产继承人或其他对刑事被告人的犯罪行为依法应当承担赔偿责任的单位和个人。

（二）其他诉讼参与人

除当事人外，刑事诉讼主体项下的诉讼参与人还包括其他诉讼参与人。依据现行《刑事诉讼法》第108条的规定，其他诉讼参与人包括法定代理人、诉讼代理人、辩护人、证人、鉴定人和翻译人员六种。相较于同为诉讼参与人的当事人，其他诉讼参与人参与的诉讼阶段有限，其与案件的处理结果一般也并无直接的利害关系；尽管在刑事诉讼中具有一定的诉讼权利，承担一定的诉讼义务，但权利及义务范围相较于当事人而言十分有限。

🔖 经典案例

案例（一）：焦作市马村区演马街道办事处演马村村委会等非法采矿案[1]

一、基本案情

当事人：

原审附带民事诉讼原告人：修武县人民检察院。

上诉人（原审附带民事诉讼被告人）：焦作市马村区演马街道办事处演马村村委会。

法定代表人焦超。

诉讼代理人吕某某，河南××律师事务所律师。

原审被告人：焦海军，曾用名焦某甲。2015 年 12 月 15 日被修武县人民法院以非法采矿罪判处有期徒刑四年，并处罚金人民币 250 万元。

一审法院查明，2013 年 4 月至 10 月，被告人焦海军在任演马村村委会主任期间，为增加该村收入，在该村未办理采矿许可证的情况下，组织村民在焦作市××矿采煤××区（××标段××区）矿山地质环境治理工程项目区内非法采矿，期间，经相关部门责令停止采矿，仍拒不停止开采，将开采出的建筑用砂卵石对外销售，获取非法收入 164 万元。经鉴定，非法开采建筑用砂卵石 40.908 万立方米，造成矿产资源损失 409.08 万元。河南省国土资源厅豫国土矿鉴（2015）95 号关于对焦作市马村区演马村无证开采砂卵石造成矿产资源破坏进行价值认定的批复对该鉴定予以确认。

2014 年 1 月，被告人焦海军为开采焦作市马村区演马街道办事处演马村南耕地下矿产牟取私利，以建设养殖小区名义到相关部门违规申请办理了农用设施用地手续。2014 年 4 月至 10 月，被告人焦海军在未办理采矿许可证的情况下，在该地块非法采矿。期间，经相关部门责令停止采矿，仍拒不停止开采，将开采出的建筑用砂卵石对外销售，获取非法收入约 160 万元。经鉴定，非法开采建筑用砂卵石 18.1227 万立方米，造成矿产资源损失 235.5951 万元，60.41 亩耕地被破坏。河南省国土资源厅豫国土矿鉴（2015）95 号关

---

[1] 参见河南省焦作市中级人民法院刑事附带民事二审裁定书：（2016）豫 08 刑终 193 号。

于对焦作市马村区演马村无证开采砂卵石造成矿产资源破坏进行价值认定的批复、豫国土资土鉴（2015）62 号关于焦海军非法采矿造成耕地破坏程度鉴定请示的批复对该鉴定予以确认。

案发后，被告人焦海军的妻子李冬梅向修武县人民检察院缴纳 8 万元，并将其所有的豫 H×××× 黑色宝马 X6 越野车主动送交检察机关，愿以该车拍卖价款赔偿被告人焦海军给国家造成的损失。

根据上述事实和相关证据，修武县人民法院判决：①被告人焦海军于判决生效后 30 日内赔偿因犯罪行为给国家造成的损失人民币 235.5951 万元。被告人焦海军妻子李冬梅向修武县人民检察院缴纳的 8 万元以及豫 H×××××宝马 2979CC 黑色越野车 X6 一辆拍卖后的价款用于折抵其给国家造成的损失。②附带民事诉讼被告人焦作市马村区演马街道办事处演马村村民委员会于判决生效后 30 日内赔偿给国家造成的损失人民币 409.08 万元。位于演马村西南处被修武县人民检察院查封的 12.8831 万方砂卵石，由查封机关依法处理后折抵演马村村民委员会给国家造成的损失。

上诉人演马村村委会认为：①只有在焦作市马村区人民政府或所属国土资源局不提起附带民事诉讼的情况下，检察机关才可以提起附带民事诉讼。修武县人民检察院直接提起附带民事诉讼，该案审理程序违法。②根据《中华人民共和国村民委员会组织法》（2010 年）规定，村内涉及重大事项，应当经村民委员会研究决定。村内研究非法采矿事项，并没有达到符合人数的村民代表签字，因此该非法采矿行为不能认定为村委会的行为。

二审过程中并未发现新的事实和证据，关于修武县人民检察院能否直接作为附带民事诉讼原告人提起附带民事诉讼的问题，经查，最高人民法院《关于适用〈中华人民共和国刑事诉讼法〉的解释》第 142 条第 1 款规定，国家财产、集体财产遭受损失，受损单位未提起附带民事诉讼，人民检察院在提起公诉时提起附带民事诉讼的，人民法院应当受理。上诉人演马村村委会及原审被告人焦海军在未办理采矿许可证的情况下，私自采矿，造成国家损失，焦作市马村区人民政府或国土资源局并未代表国家提起附带民事诉讼，修武县人民检察院依职权，依法代表国家提起附带民事诉讼，符合法律规定。

关于演马村村委会认为村内研究非法采矿事项，并没有达到符合人数的村民代表签字，因此该非法采矿行为不能认定为村委会的行为之理由。经查，

2013 年 4 月 5 日，演马村全体党员代表 26 人，经开会研究，决定在平整土地时，如果石硼下有石头、砂要由村委会负责处理，收入归村委会。会后，演马村村委会在没有采矿许可证情况下，组织采挖砂卵石对外销售，非法获利 1 646 180 元，用于村内事务，并因此造成国家损失人民币 409.08 万元。因此，该非法采矿行为应当是演马村村委会的行为。

综合上述事实和证据，二审法院认定原判决认定事实清楚，证据确实、充分，适用法律正确，审判程序合法，上诉人上诉理由不能成立，因此，裁定驳回上诉请求，维持原判。

二、法律问题

1. 刑事附带民事诉讼的适格原告人包括哪些主体？
2. 刑事附带民事诉讼的适格被告人包括哪些主体？

三、法理分析

（一）本案检察院是否可以依法提起刑事附带民事诉讼

根据《刑事诉讼法》第 101 条第 2 款规定："如果是国家财产、集体财产遭受损失的，人民检察院在提起公诉的时候，可以提起附带民事诉讼。"最高法《解释》第 179 条第 1、2 款规定："国家财产、集体财产遭受损失，受损失的单位未提起附带民事诉讼，人民检察院在提起公诉时提起附带民事诉讼的，人民法院应当受理。人民检察院提起附带民事诉讼的，应当列为附带民事诉讼原告人。"可见，人民检察院是我国刑事附带民事诉讼的适格原告人之一。本案中，被告人焦海军身为村委会主任，无视国家法律法规、项目组的阻拦和国土资源部门的制止，私自组织人员在不具备相关开采资质的前提下进行采矿活动，不仅造成项目无法顺利验收的后果，其非法开采建筑用砂卵石多达 59 万立方米，造成矿产资源损失约合 644.67 万元，更造成 60 余亩耕地被破坏，给国家土地矿产资源带来重大损害。对此，相关部门虽进行劝阻，责令被告人停止非法采矿的行为，但未能奏效，被告人的行为甚至没有受到行政处罚等制裁。此时，人民检察院作为国家利益的维护者，有权力也有义务提起刑事附带民事诉讼，以刑事诉讼追究被告人的刑事责任，以附带民事诉讼请求法院判决其承担赔偿责任。

现行刑事立法下的附带民事诉讼的适格原告人较为复杂。依据《刑事诉讼法》第101条[1]，最高法《解释》第175条[2]、第179条[3]之规定，我国刑事附带民事诉讼的适格原告人包括以下几类：

第一，因犯罪行为遭受物质损失的被害人。其中既包括遭受物质损失的公民，又包括遭受物质损害的企业、事业单位、机关、团体等。受到犯罪行为侵害的公民天然具有刑事附带民事诉讼原告人的资格，这一点毋庸置疑。而非公民主体（"单位"）是否具有原告人资格则存在一定的讨论空间。我国《刑事诉讼法》没有对被害人做进一步的分类，在引用被害人一词时多伴有"法定代理人"或"近亲属"等词语[4]，看似没有法定代理人和近亲属的单位无法作为"被害人"出现在刑事诉讼中，更无法作为附带民事诉讼的原告人。但是，结合实体法的相关规范，在诸如纵火罪、职务侵占罪、抢劫罪等特定犯罪中，均存在单位被害人的概念。我们认为，判断原告人是否适格需要把握两个基本点，其一是因犯罪行为遭受直接的物质损失；其二是具有诉讼行为能力，主体为单位或自然人并非其限制因素。

第二，如果被害人是未成年人或精神病患者，他们的法定代理人或监护人可以代为提起附带民事诉讼。但是需要注意的是，在此一情形下，原告人仍是遭受物质损失的被害人本人，只不过其作为原告人所享有的诉讼权利和义务由其法定代理人或监护人代为行使。

第三，如果被害人已经死亡或者丧失行为能力，其法定代理人或近亲属

---

〔1〕《刑事诉讼法》第101条：被害人由于被告人的犯罪行为而遭受物质损失的，在刑事诉讼过程中，有权提起附带民事诉讼。被害人死亡或者丧失行为能力的，被害人的法定代理人、近亲属有权提起附带民事诉讼。如果是国家财产、集体财产遭受损失的，人民检察院在提起公诉的时候，可以提起附带民事诉讼。

〔2〕最高法《解释》第175条：被害人因人身权利受到犯罪侵犯或者财物被犯罪分子毁坏而遭受物质损失的，有权在刑事诉讼过程中提起附带民事诉讼；被害人死亡或者丧失行为能力的，其法定代理人、近亲属有权提起附带民事诉讼。因受到犯罪侵犯，提起附带民事诉讼或者单独提起民事诉讼要求赔偿精神损失的，人民法院一般不予受理。

〔3〕最高法《解释》第179条：国家财产、集体财产遭受损失，受损失的单位未提起附带民事诉讼，人民检察院在提起公诉时提起附带民事诉讼的，人民法院应当受理。人民检察院提起附带民事诉讼的，应当列为附带民事诉讼原告人。被告人非法占有、处置国家财产、集体财产的，依照本解释第176条的规定处理。

〔4〕例如《刑事诉讼法》第46条第1款：公诉案件的被害人及其法定代理人或者近亲属，附带民事诉讼的当事人及其法定代理人，自案件移送审查起诉之日起，有权委托诉讼代理人。自诉案件的自诉人及其法定代理人，附带民事诉讼的当事人及其法定代理人，有权随时委托诉讼代理人。

有权提起附带民事诉讼。

第四，如果是国家财产、集体财产遭受损失的，人民检察院在提起公诉时可以提起附带民事诉讼。根据最高法《解释》第 179 条第 2 款的规定，人民检察院提起附带民事诉讼的，应当列为附带民事诉讼原告人。我们认为，人民检察院代表国家提起刑事附带民事诉讼具有一定的正当性和合理性。一方面，检察机关自产生伊始即被视为公共利益的守护人，当遭受物质损失的被害单位由于各种原因未能提起附带民事诉讼时，检察机关基于国家、集体财产利益之保障目的提起附带民事诉讼具有宪法和法律的依据，符合检察院的职能设定；另一方面，行政机关偶有懒政、怠政的现象发生，以致对侵害国家、集体财产之行为疏于防范、制止和必要的惩戒。以本案为例，国土资源部门仅仅做了调查和制止工作，而没有对被告人焦海军的行为进行处罚；此时人民检察院作为附带民事诉讼的原告人对犯罪行为予以追诉并要求赔偿损失，是合理且合法的。

（二）本案演马村村委会是否为适格被告人

附带民事诉讼的被告人一般就是刑事诉讼的被告人。但在某些特殊的情况下，应负赔偿责任的附带民事诉讼被告人却可能并非承担刑事责任的被告人。根据最高法《解释》第 180 条[1]的规定，适格的附带民事诉讼被告人主要包括以下几种情形：

未被追究刑事责任的其他共同致害人。这种情形主要是指在共同犯罪案件中，有些致害人被追究刑事责任而成为刑事诉讼的被告人，有些致害人则因尚未达到应受刑罚处罚的程度，被处以行政处罚或作出不起诉决定。在这些情况下，被作出其他处理的同案人都可以被作为附带民事诉讼的被告人。数人共同造成他人物质损失的行为实乃一个不可分割的整体，造成被害人物质损害的原因实乃共同的加害行为，属于同案人共同作用的合力结果。是故，各加害人均应对被害人的物质损失承担民事赔偿责任。[2]但是，需要注意的

---

〔1〕 最高法《解释》第 180 条：附带民事诉讼中依法负有赔偿责任的人包括：①刑事被告人以及未被追究刑事责任的其他共同侵害人；②刑事被告人的监护人；③死刑罪犯的遗产继承人；④共同犯罪案件中，案件审理前死亡的被告人的遗产继承人；⑤对被害人的物质损失依法应当承担赔偿责任的其他单位和个人。附带民事诉讼被告人的亲友自愿代为赔偿的，应当准许。

〔2〕 陈光中主编：《刑事诉讼法》，北京大学出版社、高等教育出版社 2016 年版，第 253 页。

是，这里的"共同致害人"不包括在逃的同案犯，根据最高法《解释》第183条[1]，共同犯罪案件中同案犯在逃的不列为附带民事诉讼的被告人，待其到案后，由被害人或其法定代理人、近亲属提起附带民事诉讼，但已经从其他共同犯罪人处获得足额赔偿的除外。

刑事被告人的监护人。监护人的赔偿责任来源于其法定的监护义务或曰监护职责。依据侵权法上的归责理论，无论是自己责任还是替代责任，监护人都具有抚养、教育被监护人的义务，因其未尽义务而导致损害结果的发生，监护人的赔偿责任本就无可厚非。

死刑罪犯的遗产继承人和共同犯罪案件中，案件审结前死亡的被告人的遗产继承人。在此两种情形下，由于罪犯、犯罪嫌疑人或被告人已经死亡，无法亲历诉讼并作为承担刑事责任和民事责任的主体，但是因赔偿责任之财产性责任的本质，此时对被害人的经济赔偿应当看作是已故罪犯或被告人生前所负之债务，属于遗产的清偿范围，因而可由其继承人代替履行。但是，需要注意的是，如果相关继承人声明放弃继承资格，则不得将其作为附带民事诉讼的被告人。[2]

对被害人的物质损失依法应当承担赔偿责任的其他单位和个人。这里的单位应当作广义的理解，既包括法人组织，也包括非法人单位。以本案为例，本案中的演马村村委会属于典型的非法人组织，在二审法院认定"非法采矿行为不仅由全体党员代表共同决定，且对其善后事宜和收入分配均作出安排，因而属于村委会行为"的情况下，理应将其视为共同致害人而作为附带民事诉讼的被告人。

四、参考意见

1. 依据《刑事诉讼法》和相关司法解释，本案中刑事被告人的行为破坏了国家矿产和土地资源，致使国家遭受重大财产损失，在被害单位未能提起附带

---

[1] 最高法《解释》第183条：共同犯罪案件，同案犯在逃的，不应列为附带民事诉讼被告人。逃跑的同案犯到案后，被害人或者其法定代理人、近亲属可以对其提起附带民事诉讼，但已经从其他共同犯罪人处获得足额赔偿的除外。

[2] 相关案例可参见：孙晓希故意杀人、故意伤害案，http://www.pkulaw.com/pfnl/a25051f3312b07f369349e333b5352d250ae0eb1f21ba03ebdfb.html，本案中犯罪嫌疑人张某2于案发后死亡，其子张琦继承其财产，并在继承范围内承担赔偿责任。

民事诉讼的情况下，人民检察院可以基于其国家利益维护者的特定身份、职责，在提起公诉时一并提起附带民事诉讼，成为适格的附带民事诉讼原告人。

2. 本案中演马村村委会虽然未被追究刑事责任，但由于其与被告人焦海军共同造成国家财产损失的客观结果，因而应当承担相应的损害赔偿责任，故将其列为附带民事诉讼被告人具有法律依据。

案例（二）：李林故意杀人案[1]

一、基本案情

被告人李林，男，1981 年 11 月 21 日出生，农民。因涉嫌犯故意杀人罪，于 2000 年 2 月 16 日被逮捕。

某市人民检察院以被告人李林犯有故意杀人罪、抢劫罪，向某市中级人民法院提起公诉。

某市中级人民法院经公开审理查明：

1999 年 10 月，被告人李林在某市某夜总会工作时认识了被害人陈丽文，二人经常在酒店、宾馆同居一室。2000 年 1 月 1 日晚，陈丽文约李林到某市华厦大酒店大黄蜂卡拉 OK 厅玩。次日凌晨 5 时许，李林乘陈丽文驾驶的佳美牌小轿车离开华厦大酒店。途中，陈丽文要求李林下车，二人发生争执，李林即产生杀陈的念头，遂在车前排右座位上用双手紧扼陈的颈部，致陈当场死亡。李林在被害人身上搜走人民币 2300 元及摩托罗拉 3688 型移动电话 1 部（价值人民币 4892 元）后，驾车逃离现场。李林驾车途中撞倒骑自行车的刘某某，又撞上范某某驾驶的出租小汽车后，在大沙头三马路弃车逃走。

某市中级人民法院认为：被告人李林因小事与被害人发生争执，即用手紧扼被害人颈部，致被害人死亡，其行为已构成故意杀人罪。公诉机关指控李林在杀人后取走财物的行为还构成抢劫罪不当，不予支持。被告人李林致 1 人死亡，后果严重，论罪应处死刑，鉴于其犯罪时刚满 18 周岁，故对其可不必立即执行。依照《刑法》第 232 条、第 57 条第 1 款的规定，于 2000 年 9 月

---

〔1〕　参见中华人民共和国最高人民法院刑事审判第一、二、三、四、五庭主办：《中国刑事审判指导案例 03》，法律出版社 2012 年版；李林故意杀人案死刑复核裁定书，案例编号：第 222 号。

15 日判决：被告人李林犯故意杀人罪，判处死刑，缓期 2 年执行，剥夺政治权利终身。

一审宣判后，被告人李林不服，以没有杀人故意，不构成故意杀人罪，应定故意伤害罪为由向某省高级人民法院提出上诉；某市人民检察院以"一审判决漏定抢劫罪，导致对被告人量刑不当"为由提出抗诉。

某省人民检察院支持抗诉并在二审开庭时派员出庭。其出庭支持抗诉的人员在开庭时又当庭提出"被告人李林犯故意杀人罪不具备法定和酌定从轻情节，应判处死刑；李林杀人后取财的行为构成盗窃罪"的意见。

某省高级人民法院认为：上诉人李林因小事与被害人发生争执，竟用扼颈的手段杀死被害人，其行为已构成故意杀人罪，且罪行特别严重；李林杀人后窃取被害人的财物且数额较大，其行为构成盗窃罪，亦应依法惩处。原审判决认定李林犯故意杀人罪的事实清楚，证据确实，定罪准确，程序合法；但李林犯故意杀人罪的罪行极其严重，又不具备法定的从轻情节，原审判处其死刑，缓期 2 年执行不当，应予纠正；原审未认定李林杀人后窃取财物的行为构成盗窃罪不当，应予纠正。李林上诉及其辩护人辩护所提理由、某市人民检察院的抗诉理由，经查，均不能成立，故不予采纳。某省人民检察院出庭支持抗诉的检察人员的出庭意见有理，应予采纳。依照 1996 年《刑事诉讼法》第 189 条第 1、2 项及《刑法》第 232 条、第 264 条、第 57 条第 1 款、第 69 条的规定，于 2002 年 1 月 22 日判决：驳回上诉人李林的上诉，撤销某市中级人民法院的一审判决；上诉人李林犯故意杀人罪，判处死刑，剥夺政治权利终身；犯盗窃罪，判处有期徒刑 2 年，并处罚金人民币 3000 元。决定执行死刑，剥夺政治权利终身，并处罚金人民币 3000 元。

某省高级人民法院依法将此案报请最高人民法院核准。

最高人民法院经复核认为，某省人民检察院出庭支持抗诉的人员在某省高级人民法院第二审开庭时提出新的抗诉意见，超出了某市人民检察院抗诉书的范围，某省高级人民法院采纳此意见，对被告人李林以故意杀人罪判处死刑，剥夺政治权利终身，限制了李林行使辩护权，可能影响公正审判。依照 1996 年《刑事诉讼法》第 199 条和最高法《解释》第 285 条第 4 项的规定，于 2002 年 11 月 28 日裁定：撤销某省高级人民法院的二审判决；发回原审法院重新审判。

二、法律问题

1. 简述我国检察院的组织体系与领导机制？

2. 如何认定抗诉主体？

3. 出庭支持抗诉的检察人员超出抗诉书范围提出抗诉意见应如何处理？

三、法理分析

（一）如何认定检察院的法律地位、组织体系与领导机制

根据《宪法》第134条和《人民检察院组织法》第2条的规定，中华人民共和国人民检察院是国家的法律监督机关。人民检察院通过行使检察权，追诉犯罪，维护国家安全和社会秩序，维护个人和组织的合法权益，维护国家利益和社会公共利益，保障法律正确实施，维护社会公平正义，维护国家法制统一、尊严和权威，保障中国特色社会主义建设的顺利进行。

根据《人民检察院组织法》第20条和《刑事诉讼法》第19条的规定，人民检察院主要行使以下职权：①依照法律规定对有关刑事案件行使侦查权，主要是指在对诉讼活动实行法律监督中发现的司法工作人员利用职权实行的非法拘禁、刑讯逼供、非法搜查等侵犯公民权利、损害司法公正的犯罪进行立案侦查；②对刑事案件进行审查，批准或者决定是否逮捕犯罪嫌疑人；③对刑事案件进行审查，决定是否提起公诉，对决定提起公诉的案件支持公诉；④依照法律规定提起公益诉讼；⑤对诉讼活动实行法律监督；⑥对判决、裁定等生效法律文书的执行工作实行法律监督；⑦对监狱、看守所的执法活动实行法律监督；等等。

根据《人民检察院组织法》的规定，我国设立最高人民检察院、地方各级人民检察院和军事检察院，上下级人民检察院之间属于领导与被领导关系。最高人民检察院领导地方各级人民检察院和专门人民检察院工作，上级人民检察院领导下级人民检察院工作。而在检察院内部，则实行检察长负责制，即检察长统领本院工作，院内设有若干业务部门，归于检察长统一领导。各级人民检察院还设有检察委员会（简称检委会），检委会委员由检察长提请产生他的各级人民代表大会常务委员会任免。

（二）如何认定本案中的抗诉主体？

一方面，检察机关以整体名义对外行使诉讼职能，提起公诉、提起抗诉

须以检察机关的名义进行，出庭支持公诉、抗诉的检察官只是检察机关的代表。因此，抗诉的主体实乃检察机关而非检察官个人。另一方面，根据《刑事诉讼法》第 232 条之规定，地方各级人民检察院对同级人民法院第一审判决、裁定的抗诉，应当通过原审人民法院提出抗诉书，并且将抗诉书抄送上一级人民检察院。原审人民法院应当将抗诉书连同案卷、证据移送上一级人民法院，并且将抗诉书副本送交当事人。上级人民检察院如果认为抗诉不当，可以向同级人民法院撤回抗诉，并且通知下级人民检察院。据此，提出抗诉的主体实与出庭支持抗诉的主体不同，即由与作出一审裁判法院的同级检察院提起抗诉，由上一级检察院出庭支持抗诉。

（三）实务中，出庭人员超出抗诉范围进行抗诉应当如何处理？

与上诉不同，检察机关之抗诉当以书面的形式提出。书面抗诉书之规范设定，用以限制检察机关的抗诉权，规范其抗诉活动。依据现行《刑事诉讼法》相关规定，抗诉书不仅需要提交人民法院，还需将其副本送达被告人，用以保障被告人之辩护权，防止检察权的滥用。尽管我国刑事诉讼的二审采用全面审理原则，即二审的审理不受上诉和抗诉的限制，但从司法实践的现实来看，抗诉及上诉理由依然构成法院二审审查的重点，突显出抗诉书的重要作用。从这个意义上来讲，出庭人员应当严格依据抗诉书中所载明的具体内容发表意见，不得随意变更和减损其中的事实、理由、观点和决定。我们认为，出庭支持抗诉人员所发表的意见不得超出抗诉书所载范围之最重要的理由即在于保障被告人的辩护权。由于被告人之辩护意见主要基于对抗诉书的先悉而展开，随意调整抗诉内容将使被告人的辩护对象处于不确定的状态，不利于其辩护权利的行使。

最高人民检察院《人民检察院刑事诉讼规则》（2019 修订）第 446 条第 1 项规定：检察人员出席第二审法庭的任务是支持抗诉或者听取上诉意见，即出庭人员应当以抗诉书为基准范围进行抗诉，不得随意提出抗诉书范围外的抗诉意见。尽管该规则第 448 条同时规定，检察人员应当客观全面审查原审案卷材料，审查原判认定事实是否正确，证据是否确实、充分，适用法律有无错误，量刑是否恰当，不受上诉或者抗诉范围的限制，但这并不代表其能超出抗诉书的范围进行抗诉。

从刑事司法的现实来看，实践中人民法院对于出庭支持抗诉的检察人员超出抗诉书范围所提出的抗诉意见，往往也不予采纳。例如：①徐瑶受贿案 ［（2005）芜中刑终字第 00001 号］，二审法院认为，不论徐某收受奚伟平财物的行为在实体上是否构成犯罪，仅在程序上，二审检察人员也无权超出抗诉书的范围提出新的抗诉意见，尤其是加重被告人负担的意见，二审检察机关在二审庭审期间只能在抗诉书的基础上发表意见。②陈忠镇、林应达、陈忠杰职务侵占罪、非国家工作人员受贿案 ［（2015）榕刑终字第 967 号］，关于福州市人民检察院在审查支持抗诉期间补充收集的新证据，本院审查后认为，证人陈某响、陈某英、黄某某的证言等证据在原公诉机关指控的时候并未调取，福州市人民检察院将该组证据作为支持抗诉的重要依据，且该组证据对本案的定性起到关键性的作用，可能侵犯原审被告人在一审中对指控证据的质证权、辩护权、上诉权等诉讼权利，因此本院在二审期间不予采信为定案依据，仅供办案参考。③卢某某犯抢劫罪、敲诈勒索罪、非法拘禁罪再审刑事裁定书 ［（2015）川刑提字第 5 号］，法院认为，关于出庭检察员所提卢某某的行为构成抢劫罪（未遂）的出庭意见，因该部分意见已经超出崇州市人民检察院刑事抗诉书的范围，故不予采纳。④胡某甲寻衅滋事案 ［（2015）浙金刑一终字第 189 号］，法院认为，金华市人民检察院出庭检察员提出的应认定原审被告人胡某甲有组织的纠集行为的出庭意见，经查，该意见超出了武义县人民检察院抗诉书的范围，限制了原审被告人胡某甲行使辩护权，且不能得到本案在案证据的证实，本院不予采纳。⑤张鑫、张宏宁毁坏易燃易爆设备刑事判决书 ［（2014）鄂刑一终字第 74 号］，法院认为，鄂尔多斯市人民检察院出庭支持抗诉的人员在本院第二审开庭时提出新的抗诉意见，超出了鄂托克前旗人民检察院抗诉书的范围，未通过鄂托克前旗人民检察院形成抗诉书，且未以抗诉书的形式在庭前送达当事人，限制了被告人行使辩护权，违反了《刑事诉讼法》第 232 条第 1 款之规定，可能影响公正审判，故对该抗诉意见不予支持。

四、参考意见

1. 检察机关实行双重领导制。对外，下级检察机关受到上级检察机关的领导；对内，检察人员受到检察长的领导，检察院内部的检察人员并非个人独立。

2. 检察机关是我国法定的抗诉主体，根据《刑事诉讼法》和相关司法解释的规定，抗诉由原判法院同级人民检察院提出抗诉意见，并由法院送交其上一级法院，副本送交被告人。上级检察院对抗诉意见进行审查，并派员出庭支持抗诉，如认为并无抗诉必要和正当性，则可以向二审法院撤回抗诉，并通知下级人民检察院。

3. 检察院出庭支持抗诉的检察员必须严格按照抗诉书的主张范围进行抗诉，超出抗诉书主张范围的，人民法院应不予支持。本案中，出庭支持抗诉的检察员在庭审中将抗诉书中主张的抢劫罪变更为盗窃罪，表面上似乎降低了对被告人的控诉罪名，实则可能侵害被告人所固有的辩护权利。是故，抗诉的检察机关超出抗诉书范围之抗诉，以及某省高级人民法院采纳上述抗诉意见的做法均是错误的。

拓展资料

1-1 拓展阅读

专题二：刑事诉讼基本原则

知识概要

刑事诉讼基本原则，是指体现刑事诉讼基本规律，贯穿于刑事诉讼全过程，对刑事诉讼过程具有普遍或者重大指导意义和规范作用，国家专门机关和诉讼参与人进行刑事诉讼必须遵循的基本行为准则。作为人们对刑事诉讼的目的与价值之理想追求的体现，刑事诉讼基本原则"既是联结刑事诉讼指导思想、目的、任务与具体诉讼制度、规则、程序的桥梁，又是联结刑事诉讼原理与刑事诉讼具体法律规定的介质"。[1]刑事诉讼基本原则的地位决定了其具有如下特征：其一，内容的根本性。刑事诉讼基本原则作为刑事诉讼立法精神的外化，规范调整的是对于刑事诉讼程序中具有根本性、基础性的内容。其二，效力的至上性。在刑事诉讼法律体系当中，刑事诉讼原则是具体诉讼制度、规则、程序条文的依据，因而具有高于一般程序规则的法律效力。其三，适用的广泛性。刑事诉讼基本原则是对刑事诉讼原理的抽象性、概括化表述。这也成就了其在适用范围上的广泛性，不仅能够指导立法、法律解释及司法实践，还可以弥补法律规定不足和填补法律漏洞。[2]

一、国际通行的刑事诉讼基本原则

放眼域外，各个国家的历史传统、现实情况并不相同，各自的刑事诉讼基本原则也会存在差异。但是，刑事诉讼基本规律的一致性，又决定了刑事诉讼原则在很大程度上具有共通性。不仅如此，世界范围内的刑事司法在基本原则和内涵标准上表现出了明显的"统一"趋势：一方面，一些具有相似法律文化传统的国家已经形成了具有相同特征的法律制度体系；另一方面，联合国等国际组织所确立的刑事司法准则也在推动着不同国家的刑事司法趋向统一。[3]目前，国际通行的刑事诉讼基本原则主要有：

第一，程序法定原则。联合国《两权公约》第9条第1款规定："每个人都享有人身自由与安全的权利，任何人不得被任意逮捕或者羁押，除非依据法律所规定的理由并遵守法定的程序，任何人不得被剥夺自由。"该原则的基本内涵有二：一是在立法层面，刑事诉讼程序应当由法律事先明确规定；二是在司法层面，刑事诉讼活动应当依据国家法律规定的刑事程序进行。[4]程序法定原则已经成为现代法治国家对刑事诉讼立法、司法的最低限度要求，目的在于"将刑事诉讼活动纳入法治轨道，以保证刑事诉讼的民主性、确定性、公正性，防止国家专门机关滥用职权，从而顺利实现刑事诉讼的目的和

---

〔1〕 宋英辉等：《刑事诉讼原理》，北京大学出版社2014年版，第37页。

〔2〕 参见宋英辉、甄贞主编：《刑事诉讼法学》，中国人民大学出版社2019年版，第69页。

〔3〕 参见何家弘：《亡者归来——刑事司法十大误区》，北京大学出版社2014年版，第216～217页。

〔4〕 参见宋英辉等：《刑事诉讼原理》，北京大学出版社2014年版，第42页。

任务"。[1]

第二，无罪推定原则。无罪推定是世界各国普遍确认的刑事诉讼基本原则，也是联合国在刑事司法领域所确立的最低限度标准之一。《世界人权宣言》第 11 条第 1 款规定："凡受刑事控告者，在未经获得辩护上所需的一切保证的公开审判而依法证实有罪之前，有权被视为无罪。"联合国《两权公约》第 14 条第 2 款规定："凡受刑事控告者，在未依法证实有罪之前，应有权被视为无罪。"虽然各国立法表述有别，但是无罪推定的基本含义是一致的：任何人在未被依法确定为有罪之前，应被推定或者假定为无罪。该原则包含以下基本要求：①在被确定有罪之前，被追诉人应被推定为无罪；②被追诉人不承担证明自己无罪的责任，而由控诉方承担证明被告人有罪的责任；③控诉方对于犯罪事实的证明应当达到法定证明标准，否则不能确定任何人有罪；④在处理有罪、无罪不确定的案件时，应适用"疑罪从无"原则，作出无罪判决；在处理罪轻、罪重不确定的案件时，应适用"疑罪从轻"原则，作出从轻判决；⑤被追诉人在讯问时享有沉默权。[2]

第三，国家追诉原则。从历史上看，国家追诉取代个人追诉成为刑事追诉的主要方式，是人们对犯罪本质的认识不断深化以及国家权力不断强化的结果。作为基本原则的国家追诉意味着：检察官代表国家向法院提起公诉，要求法院通过审判确定被告人的刑事责任，而且其是否提起公诉不受被害人意志的限制。一般认为，国家追诉原则的优势体现在三个方面：其一，在无明确被害人的犯罪中，需要由国家专门机关承担追诉职责；其二，避免被害人因诉讼能力、个人情感、经济状况等影响而放纵犯罪；其三，有助于提高追诉犯罪的效率，维护社会秩序的稳定。[3]当然，国家追诉并不排斥公民个人尤其是被害人对刑事诉讼的参与，反而被害人通过提起自诉或者实质性参与公诉案件诉讼程序等方式在追诉犯罪方面发挥着重要作用。

第四，有效辩护原则。辩护权是犯罪嫌疑人、被告人享有的一项专属性权益，在诉讼权利体系中处于核心地位。犯罪嫌疑人在刑事诉讼中有效行使

---

〔1〕　宋英辉、甄贞主编：《刑事诉讼法学》，中国人民大学出版社 2019 年版，第 70 页。

〔2〕　参见陈光中、张佳华、肖沛权："论无罪推定原则及其在中国的适用"，载《法学杂志》2013 年第 10 期。

〔3〕　参见胡铭：《刑事诉讼法学》，法律出版社 2019 年版，第 78 页。

辩护权是刑事诉讼文明进步的体现，对于基本人权保障、司法公正实现、控辩平等维持而言至关重要。也正因如此，有效辩护原则成为国际刑事司法准则中关于公正审判的最低限度标准之一。概括而言，有效辩护原则的基本要求有三：其一，犯罪嫌疑人、被告人应当享有充分的辩护权利，以维护自己的诉讼权利和合法权益；其二，犯罪嫌疑人、被告人在刑事诉讼全过程中应当享有聘请辩护人为自己提供法律帮助的权利；其三，国家应当建立、健全法律援助制度，在犯罪嫌疑人、被告人因经济困难或者其他原因未聘请辩护人的情况下提供免费的法律援助，确保其获得法律帮助权的实现。

第五，禁止强迫自证其罪原则。法谚有云："任何人均无义务指控自己。"联合国《两权公约》第14条第3款第（庚）项规定的"不被强迫做不利于他自己的证言或强迫承认有罪"，是为禁止强迫自证其罪原则。禁止强迫自证其罪意味着犯罪嫌疑人、被告人在刑事诉讼中应当享有沉默权，以"反对"国家专门机关"强迫"自我归罪。从内容上看，该原则赋予了犯罪嫌疑人、被告人两项诉讼权利：一是对于是否陈述享有不受强迫的权利；二是对于是否陈述享有自由选择的权利。所谓"强迫"除了酷刑或者非人道待遇外，还包括欺诈、威胁等各种各样直接或者间接的身体或者心理压迫。对于犯罪嫌疑人、被告人所享有的这一特权，国家专门机关尤其是追诉机关应当担负相应的保障义务，对于通过"强迫"所得的陈述应当通过证据排除规则予以排除。

第六，禁止双重危险（一事不再理）原则。联合国《两权公约》第14条第7款规定的"任何人已依一国的法律及刑事程序被最后定罪或宣告无罪者，不得就同一罪名再予审判或惩罚"，为国际条约对禁止双重危险原则的表述。禁止双重危险是英美法系国家刑事诉讼的基本原则，也是被追诉人享有的一项宪法权利。其核心在于防止被告人受到两次危险，无论裁判是否生效，对于控辩双方都有约束，甚至规定在判决对被告人有利的时候不给控诉方以上诉权。[1]大陆法系国家则强调生效裁判的"既判力"，即一般情况下，既判事实被接受为真，不论其正确与否，法院不得对该案件重新审判，也不得对被

---

〔1〕 参见陈光中主编：《〈公民权利和政治权利国际公约〉与我国刑事诉讼》，商务印书馆2005年版，第319~320页。

告人的同一犯罪行为进行两次以上的刑事处罚。可见，禁止双重危险和一事不再理虽然侧重点各异，但是均强调"司法裁判活动一经结束，就不能再逆向运行——重新使业已裁判的案件处于待判定状态"。[1]

二、我国刑事诉讼基本原则

聚焦国内，我国刑事诉讼法经过历次修改完善，已经形成了具有中国特色的刑事诉讼基本原则体系，为刑事诉讼法治文明与制度建设奠定了坚实基础。《刑事诉讼法》第 3 条至第 18 条对我国刑事诉讼基本原则进行了全面规定。整体来讲，我国刑事诉讼基本原则包括：侦查权、检察权、审判权由专门机关依法行使；人民法院、人民检察院依法独立行使职权；依靠群众；以事实为根据，以法律为准绳；对一切公民在适用法律上一律平等；分工负责、互相配合、互相制约；人民检察院依法对刑事诉讼实行法律监督；各民族公民有权使用本民族语言文字进行诉讼；两审终审；审判公开；犯罪嫌疑人、被告人有权获得辩护；未经人民法院依法判决，不得确定有罪；保障诉讼参与人的诉讼权利；实行人民陪审；认罪认罚从宽；依照法定情形不予追究刑事责任；追究外国人刑事责任适用我国《刑事诉讼法》。这里仅重点介绍如下基本原则：

第一，侦查权、检察权、审判权由专门机关依法行使原则。《刑事诉讼法》第 3 条规定："对刑事案件的侦查、拘留、执行逮捕、预审，由公安机关负责。检察、批准逮捕、检察机关直接受理的案件的侦查、提起公诉，由人民检察院负责。审判由人民法院负责。除法律特别规定的以外，其他任何机关、团体和个人都无权行使这些权力。人民法院、人民检察院和公安机关进行刑事诉讼，必须严格遵守本法和其他法律的有关规定。"理解该原则应当注意三个方面的内容：其一，侦查权、检察权、审判权的专属性、排他性。刑事司法权力只能由法定的国家专门机关行使，其他任何机关、团体和个人都无权行使。其二，职权分工的明确性。侦查机关、检察机关、人民法院均有自己明确的职责分工与权限范围，不得相互推诿，也不得越俎代庖。其三，国家专门机关必须依法行使职权。依法行使职权是刑事诉讼的基本保障，这

---

〔1〕　陈瑞华：《看得见的正义》，法律出版社 2019 年版，第 167 页。

要求国家专门机关在刑事诉讼过程中必须严格按照法律规定进行诉讼活动，而不得无视或者违反之。

第二，人民法院、人民检察院独立行使职权。《刑事诉讼法》第5条规定："人民法院依照法律规定独立行使审判权，人民检察院依照法律规定独立行使检察权，不受行政机关、社会团体和个人的干涉。"该原则包含四项基本内容：其一，人民法院行使审判权、人民检察院行使检察权，不受行政机关、社会团体和个人的干涉；其二，人民法院行使审判权、人民检察院行使检察权必须依照法律的规定；其三，独立行使审判权、检察权的主体是人民法院、人民检察院，而非个体法官、检察官；其四，人民法院、人民检察院依法独立行使审判权、检察权，并不意味着不受党的领导，不受同级人民代表大会及其常务委员会、社会和民众的监督。

鉴于司法实践中存在的审判权、检察权无法独立行使的问题，自改革开放以来，对保障两机关独立行使职权机制的探索从未中断。自十八届三中全会以来，以确保依法独立公正行使审判权和检察权为目标的改革举措至少包括：推动省级以下地方法院、检察院人财物统一管理；探索建立与行政区划适当分离的司法管辖制度；建立符合职业特点的司法人员管理制度；建立领导干部干预司法活动、插手具体案件处理的记录和责任追究制度和司法人员履行法庭职责保护机制等。诚然，这些改革举措取得了一系列实质性进展，但是还需要从以下方面进一步调整和完善：其一，补足审判人员去行政化的有效措施；其二，细化省级统管人财物的配套保障；其三，明确司法责任制的应有内涵；其四，推动改革成果与刑事诉讼法的衔接和转化。[1]

第三，分工负责、互相配合、互相制约。《刑事诉讼法》第7条规定："人民法院、人民检察院和公安机关进行刑事诉讼，应当分工负责，互相配合，互相制约，以保证准确有效地执行法律。"这一原则的具体含义包含三个方面："分工负责"要求公检法机关依照法律分工各司其职，不可相互替代；"互相配合"要求公检法三机关应当协调一致共同完成刑事诉讼任务，不应各自为战、互不联系，更不应推诿扯皮，互相掣肘；"互相制约"要求各机关对

---

[1] 参见卞建林等：《改革开放40年法律制度变迁：刑事诉讼法卷》，厦门大学出版社2019年版，第42~44页。

于其他机关发生的错误和偏差予以纠正，对重要的刑事诉讼活动应由其他机关把关以达到相互约束的目的，防止权力滥用导致司法腐败。[1]由于该原则强调法院与侦控方的配合，加上配合与制约的界限不清，实践中公安司法机关之间的关系出现了异化，配合有余而制约不足，导致庭审虚化。在当前以"审判为中心"的诉讼制度改革背景下，欲实现刑事庭审实质化的目标，需要在该原则的基础上对司法职权关系进行调整：其一，明确侦查为公诉服务、公诉为审判做准备，确立审判之中心地位；其二，强化对侦查权的制约，在审前阶段引入司法审查机制；其三，调整检警关系，完善检察介入侦查、引导取证机制，保证办案质量，确保每一起案件的侦查、起诉和审判都经得起法律和历史检验。

第四，法律监督原则。《刑事诉讼法》第8条规定："人民检察院依法对刑事诉讼实行法律监督。"检察机关是国家的法律监督机关，有权对刑事诉讼全过程实施法律监督。在刑事诉讼中，检察机关法律监督的内容主要包括：其一，立案监督。通过对侦查机关立案活动的监督，确保依法立案，防止和纠正有案不立和违法立案。其二，侦查监督。检察机关在审查批捕以及审查起诉环节发现侦查机关（部门）的侦查活动有违法行为的，有权要求纠正。其三，审判监督。检察机关对审判活动的监督涵盖对法庭审理活动的监督、对一审裁判的监督、对生效裁判的监督、对死刑复核程序的监督及对特别程序的监督。其四，执行监督。执行监督包含死刑执行的临场监督，监外执行的监督，减刑、假释的监督和对执行机关执行刑罚活动的监督。客观地讲，检察机关法律监督经过不断的发展完善，在规范公权力行使和强化基本人权保障方面发挥了重要作用。与此同时，法律监督在司法实践中依然存在立法缺失和解释龃龉、方式混乱与效力疲软的问题，需要以增强法律监督刚性、完善立法和司法解释、增强对强制性措施的监督、探索对监察机关的监督等为切入点进一步强化检察机关法律监督。[2]

第五，辩护权及诉讼权利保障原则。《刑事诉讼法》第11条后段规定，

---

〔1〕　参见陈光中主编：《刑事诉讼法》，北京大学出版社、高等教育出版社2016年版，第103～104页。

〔2〕　参见卞建林等：《改革开放40年法律制度变迁：刑事诉讼法卷》，厦门大学出版社2019年版，第49～55页。

被告人有权获得辩护，人民法院有义务保证被告人获得辩护。辩护权是犯罪嫌疑人、被告人最基本也是最重要的诉讼权利，在任何情况下不得以任何理由加以限制或者剥夺。相应地，公安司法机关负有保障犯罪嫌疑人辩护权及其他诉讼权利的义务，不仅要及时进行告知，还要为犯罪嫌疑人、被告人进行辩护、行使其他诉讼权利提供便利。根据《刑事诉讼法》第 14 条的规定，犯罪嫌疑人、被告人及其他诉讼参与人对于审判人员、检察人员和侦查人员侵犯公民诉讼权利和人身侮辱的行为，有权提出控告。

第六，未经法院依法判决不得确定有罪原则。《刑事诉讼法》第 12 条规定："未经人民法院依法判决，对任何人都不得确定有罪。"该原则的基本内涵有二：定罪权由人民法院统一行使，其他任何机关、团体和个人均无权行使；人民法院判决被告人有罪，必须严格依照法定程序，组成合格、独立的法庭进行公正、公开的审理，并须给予被告人辩护上所需的一切保障。[1]《刑事诉讼法》相关条款对该原则进行了细化：其一，区分"犯罪嫌疑人""被告人""罪犯"的称谓；其二，明确被告人有罪责任由检察机关或者自诉人承担；其三，确立疑罪从无原则。应当说，该原则体现了无罪推定的基本精神，但又与之存在着明显的差别：其一，该原则意在强调法院的统一定罪权，而未明确赋予被追诉人无罪之法律地位；其二，法律仅明确了有罪无罪存疑案件应当作无罪的处理方式，而未明确罪重罪轻案件如何处理；其三，被追诉人虽然享有不被强迫自证其罪的权利，却无沉默权，反而在讯问中负有"如实陈述"的义务。[2]鉴于在保障诉讼基本人权、维护司法公正方面所具有的无可替代的作用，《刑事诉讼法》应当借鉴国际通行的表述确立无罪推定原则，并对相应配套制度进行改革和完善。

第七，认罪认罚从宽原则。《刑事诉讼法》第 15 条规定："犯罪嫌疑人、被告人自愿如实供述自己的罪行，承认指控的犯罪事实，愿意接受处罚的，可以依法从宽处理。"《刑事诉讼法》在总结试点工作经验的基础上，将认罪认罚从宽作为基本原则写入法典，由此"被追诉人认罪认罚可以从宽处理成

---

〔1〕 参见宋英辉、甄贞主编：《刑事诉讼法学》，中国人民大学出版社 2019 年版，第 84 页。

〔2〕 参见卞建林等：《改革开放 40 年法律制度变迁：刑事诉讼法卷》，厦门大学出版社 2019 年版，第 49~55 页。

为贯穿刑事诉讼全过程的指导性准则"。[1]理解该原则需要注意以下问题：其一，认罪认罚从宽制度在性质上兼具实体法和程序法双重属性。其二，认罪认罚从宽包括认罪和认罚两方面内容，二者缺一不可。认罪是指犯罪嫌疑人、被告人自愿如实供述自己的罪行，承认指控的犯罪事实；而认罚则要求犯罪嫌疑人、被告人明确表示同意检察机关量刑建议，包括同意检察机关建议判处的处罚种类、刑期及刑罚执行方式。[2]其三，对于认罪认罚的犯罪嫌疑人、被告人，可以依法从宽处理。这里的从宽包含两方面内容：一为实体从宽，即根据刑法有关从宽处理的规定，在遵循罪刑责相适应的基础上，对认罪认罚的犯罪嫌疑人、被告人予以从轻、减轻或者免除处罚。二为程序从宽，即"在能够保证诉讼顺利进行的情况下，尽量对犯罪嫌疑人、被告人采取更为轻缓的强制措施和程序处理措施，适用更为便利的诉讼程序，使刑事诉讼过程尽量对包括被告人在内的当事人的各种权利造成较小的影响，使案件能够尽快得到处理，避免当事人及其他人的合法权利长期处于未定状态"。[3]需要注意的是，"可以"从宽应当理解为"没有特殊理由的，都应当体现法律规定和政策精神，从宽处罚"，但绝非"必然从宽、一味从宽"。[4]

第八，具有法定情形不予追究刑事责任原则。《刑事诉讼法》第16条规定："有下列情形之一的，不追究刑事责任，已经追究的，应当撤销案件，或者不起诉，或者终止审理，或者宣告无罪：①情节显著轻微、危害不大，不认为是犯罪的；②犯罪已过追诉时效期限的；③经特赦令免除刑罚的；④依照刑法告诉才处理的犯罪，没有告诉或者撤回告诉的；⑤犯罪嫌疑人、被告人死亡的；⑥其他法律规定免予追究刑事责任的。"对于该原则而言，关键问题在于不同诉讼阶段发现或者出现前述六种情形之一的具体处理方式。在立案审查阶段，应当作出不予立案或者不予受理的决定；在侦查阶段，侦查机关应当作出撤销案件的决定；在审查起诉阶段，检察机关应当作出不起诉决定；在审判阶段，对于第一种情形，应当作出宣告无罪的判决；对于第五种

---

〔1〕　参见胡铭：《刑事诉讼法学》，法律出版社2019年版，第93页。

〔2〕　参见孙谦主编：《认罪认罚从宽制度实务指南》，中国检察出版社2019年版，第34~35页。

〔3〕　王爱立主编：《中华人民共和国刑事诉讼法修改与适用》，中国民主法制出版社2019年版，第46页。

〔4〕　孙谦主编：《认罪认罚从宽制度实务指南》，中国检察出版社2019年版，第36~37页。

情形，应当作出终止审理的裁定或者宣告无罪的判决；对于其他情形，应当作出终止审理的裁定。

经典案例

案例（一）：岳嵩妨害公务案[1]

一、基本案情

广东省深圳市龙岗区人民法院审理查明，2016 年 3 月 29 日 20 时许，深圳市公安局龙岗分局宝岗派出所民警饶某伟及巡防队员屈某辉在执勤过程中，驾驶警车途经龙岗区坂田街道百草园公交站台时，发现被告人岳嵩和其同事马某兴酒后与一出租车司机因拒载发生纠纷，饶某伟遂停车上前表明警察身份，了解情况。岳嵩情绪激动，对民警饶某伟谩骂推搡，并用拳头击打饶某伟脸部；马某兴上前抢民警的执法记录仪。饶某伟发出警告，但岳嵩仍未停止，饶某伟在感到自身安全受到威胁的情况下掏出手枪指向天空，岳嵩用言语挑衅饶某伟并上前抢枪，饶某伟鸣枪示警，岳嵩仍准备继续对饶某伟进行推搡。后来增援警力赶到，在场民警及巡防队员将被告人岳嵩带回派出所调查。经鉴定，饶某伟的损伤程度构成轻微伤。

案发后，被告人岳嵩的家属对民警饶某伟及其所在单位深圳市公安局龙岗分局宝岗派出所表示歉意，赔偿了饶某伟的损失，民警饶某伟及宝岗派出所对岳嵩的行为表示谅解。

深圳市龙岗区法院认为，被告人岳嵩使用暴力袭击正在依法执行职务的人民警察，造成一名民警轻微伤，其行为已构成妨害公务罪。被告人归案后能如实供述自己的罪行，依法可以对其从轻处罚。被告人归案后能积极向涉案民警道歉并取得该民警及所在单位的谅解，在量刑时予以考虑。依照《刑法》第 277 条第 1 款、第 5 款，第 67 条第 3 款之规定，判决被告人岳嵩犯妨害公务罪，判处有期徒刑 6 个月。

一审宣判后，被告人岳嵩上诉提出：其没有过激行为，酒后滋事是因为

---

[1] 参见广东省深圳市龙岗区人民法院（2016）粤 0307 刑初 1973 号刑事判决书、深圳市中级人民法院（2017）粤 03 刑终 187 号刑事判决书。

辨识能力不足，不能判断言语轻重和行为性质，在此过程中言语嚣张无礼但不能视为情节恶劣；其有明显悔罪表现，获得受伤民警谅解，具有从轻处罚情节，请求改判。

深圳市中级人民法院认为，上诉人岳嵩使用暴力袭击正在依法执行职务的人民警察，造成一名民警轻微伤，其行为已构成妨害公务罪。上诉人归案后能如实供述自己的罪行，依法可以对其从轻处罚。上诉人能积极向涉案民警道歉并取得民警及所在单位的谅解，在量刑时予以考虑。对于上诉人所提上诉理由，法院认为，刑罚的目的在于打击和预防犯罪，同时也应充分体现惩罚为辅、教育预防为主的刑罚目的和宽严相济的刑事政策。本案中上诉人归案后能够如实供述罪行，认罪态度好，并以实际行动真诚悔罪，获得民警及所在单位的谅解，有明显的悔罪表现，且没有再犯罪的危险，结合其妻子刚刚产子，需要家人照顾的实际情况，对其判处缓刑，显然更符合刑罚的人道化，也能够实现对其教育改造的刑罚目的。故上诉人岳嵩所提相关上诉理由、辩护意见的合理部分，予以采纳。

原审判决认定事实清楚，证据确实、充分，定罪准确，审判程序合法。鉴于上诉人岳嵩犯罪情节较轻，自愿认罪，有悔罪表现，且没有再犯罪的危险，对其宣告缓刑对其所居住社区没有重大不良影响，依法可以对其宣告缓刑。依照《刑法》第277条、第67条第3款、第72条、第73条，《刑事诉讼法》第225条第1款第2项之规定，深圳中院作出判决：①维持一审判决对原审被告人岳嵩的定罪部分；②撤销一审判决对原审被告人岳嵩的量刑部分；③上诉人岳嵩犯妨害公务罪，判处有期徒刑6个月，缓刑1年。

二、法律问题

本案如何适用认罪认罚从宽原则？

三、法理分析

《刑事诉讼法》第15条规定："犯罪嫌疑人、被告人自愿如实供述自己的罪行，承认指控的犯罪事实，愿意接受处罚的，可以依法从宽处理。"该条为认罪认罚从宽原则。根据《刑事诉讼法》的规定，适用认罪认罚从宽制度需要满足三个要件：一是认罪要件，即犯罪嫌疑人、被告人必须自愿如实供述自己的罪行，承认指控的犯罪事实。而且，犯罪嫌疑人认罪必须是一种积极主动的认罪。二是认罚要件，即犯罪嫌疑人、被告人对司法机关根据其犯罪事实、情节、认罪、悔罪、赔偿或者和解等情况所给出的刑罚表示明确接受，特别是接受人民检察院提出的包括主刑、附加刑以及是否适用缓刑等的具体量刑建议。[1]三是形式要件，即签署具结书。《刑事诉讼法》第174条规定："犯罪嫌疑人自愿认罪，同意量刑建议和程序适用的，应当在辩护人或者值班律师在场的情况下签署认罪认罚具结书。犯罪嫌疑人认罪认罚，有下列情形之一的，不需要签署认罪认罚具结书：①犯罪嫌疑人是盲、聋、哑人，或者是尚未完全丧失辨认或者控制自己行为能力的精神病人的；②未成年犯罪嫌疑人的法定代理人、辩护人对未成年人认罪认罚有异议的；③其他不需要签署认罪认罚具结书的情形。"

除此之外，在实践中适用认罪认罚从宽制度处理案件时，需要注意以下问题：其一，适用案件范围。认罪认罚从宽制度适用于一切案件，包括重罪案件，并没有特定的案件范围限制。其二，认罪认罚后的从宽是指可以从宽，并非一律从宽、一味从宽。其三，认罪认罚案件可以适用刑事案件速裁程序、简易程序或者普通程序。其四，认罪认罚从宽制度并非特别适用于某个诉讼阶段，而是贯穿于整个刑事诉讼程序，即侦查阶段、审查起诉阶段和审判阶段均可适用。当然，控辩双方之间的认罪协商主要在审查起诉和审判阶段。这也有助于促进侦查机关全面收集证据、积极办案，防止办案隐患。

本案被告人使用暴力袭击正在依法执行职务的人民警察，造成一名民警轻微伤的行为，显然构成妨害公务罪。但是，被告人于案发后能真诚悔过，积极向被害人道歉并取得被害人的谅解，并在到案后如实供述自己的罪行，认罪态度较好，符合《刑事诉讼法》第15条所规定的认罪认罚要求，因此上诉法院对其从轻处罚。根据本案二审法院的判决文书，可以看出审理法院主要结合被告人的认罪悔过态度，综合考量是否对其予以从宽处理。对于认罪认罚的案件，有学者提出应当坚持客观真实与法律真实的辩证统一。[2]公安司法机关不仅要审查被追诉人认罪认罚的自愿性、合法性，而且要基于客观

---

〔1〕 王爱立、雷建斌主编：《刑事诉讼法立法精解》，中国检察出版社2019年版，第24页。

〔2〕 陈光中主编：《刑事诉讼法》，北京大学出版社、高等教育出版社2016年版，第173～175页。

真实原则审查判断被追诉人的有罪供述和其他证据是否达到了法定证明标准。只有达到证明标准并符合认罪认罚从宽制度规定的，才可以作出相应的从宽处理。未达到法定证明标准的，即便被追诉人作出了自愿、合法的有罪供述，也不能适用认罪认罚从宽制度。本案被告人的犯罪事实清楚，证据确实充分。二审法院对认罪认罚情节的考量体现了司法实践中对于是否从宽与如何从宽、从宽的方式与程度，法官仍享有较大的自由裁量权。

四、参考意见

1. 认罪认罚从宽制度既体现了我国宽严相济的刑事政策，有利于兼顾公正与效率、优化司法资源配置，也利于化解犯罪人与被害人的矛盾。

2. 二审法院应当根据《刑事诉讼法》第 15 条的规定重点审查被告人归案后的认罪态度，全面审查原审法院对犯罪事实的认定和相关证据，依法对上诉人和辩护人从轻的辩护意见予以采纳，综合被告人的认罪认罚情节予以减轻刑罚。

案例（二）：于英生申诉案[1]

一、基本案情

1996 年 12 月 2 日，于英生的妻子韩某在家中被人杀害。安徽省蚌埠市中市区公安分局认为于英生有重大犯罪嫌疑，于 1996 年 12 月 12 日将其刑事拘留。1996 年 12 月 21 日，蚌埠市中市区人民检察院以于英生涉嫌故意杀人罪，将其批准逮捕。在侦查阶段的审讯中，于英生供认了杀害妻子的主要犯罪事实。蚌埠市中市区公安分局侦查终结后，移送蚌埠市中市区人民检察院审查起诉。蚌埠市中市区人民检察院审查后，依法移送蚌埠市人民检察院审查起诉。1997 年 12 月 24 日，蚌埠市人民检察院以涉嫌故意杀人罪对于英生提起公诉。蚌埠市中级人民法院一审判决认定以下事实：1996 年 12 月 1 日，于英生一家三口在逛商场时，韩某将 2800 元现金交给于英生让其存入银行，但却不愿告诉这笔钱的来源，引起于英生的不满。12 月 2 日 7 时 20 分，于英生送

---

〔1〕 参见最高人民检察院指导性案例 25 号。

其子去上学，回家后再次追问韩某 2800 元现金是哪来的。因韩某坚持不愿说明来源，二人发生争吵厮打。厮打过程中，于英生见韩某声音越来越大，即恼羞成怒将其推倒在床上，然后从厨房拿了一根塑料绳，将韩某的双手拧到背后捆上。接着又用棉被盖住韩某头面部并隔着棉被用双手紧捂其口鼻，将其捂昏迷后匆忙离开现场到单位上班。约 9 时 50 分，于英生从单位返回家中，发现韩某已经死亡，便先解开捆绑韩某的塑料绳，用菜刀对韩某的颈部割了数刀，然后将其内衣向上推至胸部、将其外面穿的毛线衣拉平，并将尸体翻成俯卧状。接着又将屋内家具的柜门、抽屉拉开，将物品翻乱，造成家中被抢劫、韩某被奸杀的假象。临走时，于英生又将液化气打开并点燃一根蜡烛放在床头柜上的烟灰缸里，企图使液化气排放到一定程度，烛火引燃液化气，达到烧毁现场的目的。后因被及时发现而未引燃。经法医鉴定：死者韩某口、鼻腔受暴力作用，致机械性窒息死亡。

1998 年 4 月 7 日，蚌埠市中级人民法院以故意杀人罪判处于英生死刑，缓期 2 年执行。于英生不服，向安徽省高级人民法院提出上诉。

1998 年 9 月 14 日，安徽省高级人民法院以原审判决认定于英生故意杀人的部分事实不清，证据不足为由，裁定撤销原判，发回重审。被害人韩某的父母提起附带民事诉讼。

1999 年 9 月 16 日，蚌埠市中级人民法院以故意杀人罪判处于英生死刑，缓期 2 年执行。于英生不服，再次向安徽省高级人民法院提出上诉。

2000 年 5 月 15 日，安徽省高级人民法院以原审判决事实不清，证据不足为由，裁定撤销原判，发回重审。

2000 年 10 月 25 日，蚌埠市中级人民法院以故意杀人罪判处于英生无期徒刑。于英生不服，向安徽省高级人民法院提出上诉。2002 年 7 月 1 日，安徽省高级人民法院裁定驳回上诉，维持原判。

2002 年 12 月 8 日，于英生向安徽省高级人民法院提出申诉。2004 年 8 月 9 日，安徽省高级人民法院驳回于英生的申诉。后于英生向安徽省人民检察院提出申诉。

安徽省人民检察院经复查，提请最高人民检察院按照审判监督程序提出抗诉。最高人民检察院经审查，于 2013 年 5 月 24 日向最高人民法院提出再审检察建议。

最高人民检察院审查认为，原审判决、裁定认定于英生故意杀人的事实不清，证据不足，案件存在的矛盾和疑点无法得到合理排除，案件事实结论不具有唯一性。

第一，原审判决认定事实的证据不确实、不充分。一是根据安徽省人民检察院复查调取的公安机关侦查内卷中的手写"现场手印检验报告"及其他相关证据，能够证实现场存在的 2 枚指纹不是于英生及其家人所留，但侦查机关并未将该情况写入检验报告。原审判决依据该"现场手印检验报告"得出"没有发现外人进入现场的痕迹"的结论与客观事实不符。二是关于于英生送孩子上学以及到单位上班的时间，缺少明确证据支持，且证人证言之间存在矛盾。原审判决认定于英生 9 时 50 分回家伪造现场，10 时 20 分回到单位，而于英生辩解其在 10 时左右回到单位，后接到传呼并用办公室电话回此传呼，并在侦查阶段将传呼机提交侦查机关。安徽省人民检察院复查及最高人民检察院审查时，相关人员证实侦查机关曾对有关人员及传呼机信息问题进行了调查，并调取了通话记录，但案卷中并没有相关调查材料及通话记录，于英生关于在 10 时左右回到单位的辩解不能合理排除。因此依据现有证据，原审判决认定于英生具有 20 分钟作案时间和 30 分钟伪造现场时间的证据不足。

第二，原审判决定罪的主要证据之间存在矛盾。原审判决认定于英生有罪的证据主要是现场勘查笔录、尸检报告以及于英生曾作过的有罪供述。而于英生在侦查阶段虽曾作过有罪供述，但其有罪供述不稳定，时供时翻，供述前后矛盾。且其有罪供述与现场勘查笔录、尸检报告等证据亦存在诸多不一致的地方，如于英生曾作有罪供述中有关菜刀放置的位置、拽断电话线、用于点燃蜡烛的火柴梗丢弃在现场以及与被害人发生性行为等情节与现场勘查笔录、尸检报告等证据均存在矛盾。

第三，原审判决认定于英生故意杀人的结论不具有唯一性。根据从公安机关侦查内卷中调取的手写"现场手印检验报告"以及 DNA 鉴定意见，现场提取到外来指纹，被害人阴道提取的精子也不是于英生的精子，因此存在其他人作案的可能。同时，根据侦查机关蜡烛燃烧试验反映的情况，该案存在杀害被害人并伪造现场均在 8 时之前完成的可能。原审判决认定于英生故意杀害韩某的证据未形成完整的证据链，认定的事实不能排除合理怀疑。

2013 年 6 月 6 日，最高人民法院将最高人民检察院再审检察建议转交安徽省高级人民法院。2013 年 6 月 27 日，安徽省高级人民法院对该案决定再审。2013 年 8 月 5 日，安徽省高级人民法院不公开开庭审理了该案。安徽省高级人民法院审理认为，原判决、裁定根据于英生的有罪供述、现场勘查笔录、尸体检验报告、刑事科学技术鉴定、证人证言等证据，认定原审被告人于英生杀害了韩某。但于英生供述中部分情节与现场勘查笔录、尸体检验报告、刑事科学技术鉴定等证据存在矛盾，且韩某阴道擦拭纱布及三角内裤上的精子经 DNA 鉴定不是于英生的，安徽省人民检察院提供的侦查人员从现场提取的没有比对结果的他人指纹等证据没有得到合理排除，因此原审判决、裁定认定于英生犯故意杀人罪的事实不清、证据不足，指控的犯罪不能成立。2013 年 8 月 8 日，安徽省高级人民法院作出再审判决：撤销原审判决裁定，原审被告人于英生无罪。

二、法律问题

结合本案谈谈对无罪推定原则的认识？

三、法理分析

如前所述，无罪推定的基本含义是：任何人在未被依法确定为有罪之前，应被推定或者假定为无罪。该原则包含以下基本要求：①在被确定有罪之前，被追诉人应被推定为无罪。②被追诉人不承担证明自己无罪的责任，而由控诉方承担证明被告人有罪的责任。③控诉方对于犯罪事实的证明应当达到法定证明标准，否则不能确定任何人有罪。④在处理有罪、无罪不确定的案件时，应适用"疑罪从无"原则，作出无罪判决；在处理罪轻、罪重不确定的案件时，应适用"疑罪从轻"原则，作出从轻判决。⑤被追诉人在讯问时享有沉默权。[1] 无罪推定原则体现了尊重基本人权和人格尊严的理念；是对刑事诉讼规律认识深化的结果；是人类追求个人自由与社会秩序多元价值体系所做选择的必然结果；是人类对如何界定犯罪嫌疑人、被告人的诉讼地位及对其应当给予怎样的法律保障进行长期思考的结果。[2]

---

〔1〕 参见陈光中、张佳华、肖沛权："论无罪推定原则及其在中国的适用"，载《法学杂志》2013 年第 10 期。

〔2〕 参见宋英辉等：《刑事诉讼原理》，北京大学出版社 2014 年版，第 55～57 页。

我国《刑事诉讼法》虽然没有明确规定无罪推定原则，但是却设立了一系列体现无罪推定原则精神的规则。其一，规定了有罪判决的证据标准。根据《刑事诉讼法》第200条的规定，人民法院判决被告人有罪必须满足三个条件：案件事实清楚，证据确实、充分，依据法律认定被告人有罪。《刑事诉讼法》第55条第2款对"证据确实、充分"进行了解释：①定罪量刑的事实都有证据证明；②据以定案的证据均经法定程序查证属实；③综合全案证据，对所认定事实已排除合理怀疑。其二，明确了疑罪从无的处理方式。《刑事诉讼法》第200条第3项规定，证据不足，不能认定被告人有罪的，应当作出证据不足、指控的犯罪不能成立的无罪判决。一般认为，此处的无罪判决与同条第2项规定的无罪判决性质相同。对比基本案情可知，最高人民检察院提出的三项检察建议——①原审判决认定事实的证据不确实、不充分；②原审判决定罪的主要证据之间存在矛盾；③原审判决认定于英生故意杀人的结论不具有唯一性，正是对前述法律条文最好的注释。

四、参考意见

1. 公安司法机关办理刑事案件必须秉持惩罚犯罪与保障人权并重的理念，严格执行证据裁判原则，摆脱对犯罪嫌疑人、被告人口供的过分依赖，逐步提高发现、收集、固定客观证据的能力，提高侦查办案质量。

2. 立法应当明确规定无罪推定原则；公安司法机关及其工作人员应当改变"有罪推定"的思维定式，在完成侦查任务的同时对犯罪嫌疑人在法律上处于无罪的诉讼主体地位给予充分的尊重；恪守定罪的证明标准，在现有证据无法达到证明标准时，应当敢于作出无罪判决。

拓展资料

1-2 拓展阅读

专题三：管辖制度

知识概要

刑事诉讼中的管辖，是指人民法院、人民检察院、公安机关等国家专门机关依法立案受理刑事案件以及人民法院系统内部审理第一审刑事案件的分工制度。根据《刑事诉讼法》的规定，我国刑事诉讼中的管辖包含两方面的内容：一为立案管辖，即法院、检察机关、侦查机关直接受理刑事案件的职权划分；二是审判管辖，即法院内部审判第一审刑事案件的权限划分。管辖是刑事诉讼活动中需要首先解决的问题，是"通往司法公正道路上的第一道生命线"。[1]在刑事诉讼中明确管辖不仅有利于明确国家专门机关及人民法院系统内部在受理刑事案件上的权限划分与职责分工，避免互争管辖或者相互推诿，从而确保刑事诉讼活动顺利进行，也有助于明晰刑事犯罪检举控告权的行使路径，方便有关机关、团体、企事业单位和公民个人按照管辖范围控告、检举犯罪，防止告状无门现象的出现，方便诉讼参与人参与诉讼，提高诉讼效率。[2]

一、立案管辖

立案管辖，又称职能管辖，是指人民法院、人民检察院和公安机关各自直接受理刑事案件的职权范围。通常情况下，立案管辖主要依据刑事案件的性质、情节、严重程度等情况以及各国家专门机关在刑事诉讼中的角色、职能而确定。在某种程度上可以认为，立案管辖决定着一国刑事诉讼程序的运行模式。《刑事诉讼法》第19条对我国刑事诉讼立案管辖进行了规定，相关规范性文件则对该条规定进行了明确、细化。

根据法律规定，我国刑事诉讼中立案管辖的基本框架如下：

---

〔1〕 李新权、孟军："论刑事诉讼地区管辖中的无权管辖"，载《辽宁大学学报（哲学社会科学版）》2011年第6期。

〔2〕 参见陈国庆主编：《司法工作人员职务犯罪侦查与认定》，中国检察出版社2019年版，第9页。

1. 公安机关直接受理的刑事案件。除法律规定由其他专门机关立案侦查的案件之外，[1]绝大多数的刑事案件均由公安机关负责侦查。

2. 检察机关直接受理的刑事案件。《刑事诉讼法》为了贯彻落实国家监察体制改革要求、理顺监察法与刑事诉讼法的衔接关系，明确监察机关与检察机关的职能分工，对检察机关自侦案件的范围进行了调整，删除了检察机关对贪污贿赂犯罪等案件行使侦查权的规定，保留了检察机关对部分职务犯罪案件的自行侦查权和机动侦查权。具体而言，对诉讼活动实行法律监督中发现的司法工作人员利用职权实施的非法拘禁、刑讯逼供、非法搜查等侵犯公民权利、损害司法公正的犯罪，可以由检察机关立案侦查；对于公安机关管辖的国家机关工作人员利用职权实施的重大犯罪案件，需要由检察机关直接受理的时候，经省级以上人民检察院决定，可以由检察机关立案侦查。[2]

3. 人民法院直接受理的刑事案件。《刑事诉讼法》第19条第3款规定："自诉案件，由人民法院直接受理。"根据《刑事诉讼法》第210条的规定，自诉案件包括三类：一为告诉才处理的案件，包括侮辱、诽谤案（严重危害社会秩序和国家利益的除外），暴力干涉婚姻自由案（致被害人死亡的除外），虐待案（致被害人死亡、重伤或者被害人没有能力告诉或者因受到强制、威吓无法告诉的除外），侵占案；二为被害人有证据证明的轻微刑事案件，包括故意伤害案（轻伤），重婚案，遗弃案，非法侵入住宅案，侵犯通信自由案，生产、销售伪劣商品案（严重危害社会秩序和国家利益的除外），侵犯知识产权案（严重危害社会秩序和国家利益的除外），属于刑法分则第4、5章规定的，可能判处3年有期徒刑以下刑罚的案件；[3]三为"公诉转自诉"案件，即被害人有证据证明对被告人侵犯自己人身、财产权利的行为应当依法追究刑事责任，而公安机关或者人民检察院不予追究被告人刑事责任的案件。

4. 管辖竞合的处理。其一，公民报案、控告、举报不受立案管辖的限制。

---

〔1〕《刑事诉讼法》第4条，第19条第2、3款，第308条；《监察法》第3条。

〔2〕《刑事诉讼法》第19条第2款。

〔3〕需要注意的是，这些案件并非只由人民法院直接受理。根据法律规定，如果被害人向公安机关控告的，公安机关应当受理；如果被害人直接向人民法院起诉的，人民法院应当依法受理，对其中证据不足、可以由公安机关受理的，或者认为对被告人可能判处3年有期徒刑以上刑罚的，应当告知被害人向公安机关报案，或者移送公安机关立案侦查。

其二，公安机关或者检察机关在侦查过程中发现被告人还犯有属于人民法院直接受理的罪行时，应当区分情况加以处理：属于告诉才处理的案件，可以告知被害人直接向法院提起自诉；属于另外两类自诉案件的，可以立案侦查。其三，根据《监察法》第34条第2款的规定，被调查人既涉嫌严重职务违法或者职务犯罪，又涉嫌其他违法犯罪的，一般应当由监察机关为主调查，其他机关予以协助。最高检《规则》第17条规定了检察机关与监察机关的沟通机制，细化了二者在管辖竞合时的处理原则。该条第1、2款规定："人民检察院办理直接受理侦查的案件，发现犯罪嫌疑人同时涉嫌监察机关管辖的职务犯罪线索的，应当及时与同级监察机关沟通。经沟通，认为全案由监察机关管辖更为适宜的，人民检察院应当将案件和相应职务犯罪线索一并移送监察机关；认为由监察机关和人民检察院分别管辖更为适宜的，人民检察院应当将监察机关管辖的相应职务犯罪线索移送监察机关，对依法由人民检察院管辖的犯罪案件继续侦查。"其四，人民法院在审理自诉案件时，发现被告人还涉嫌实施了应当由检察机关提起公诉的案件的，应当将新发现的案件另案移送有管辖权的机关处理。其五，具有下列情形之一的，人民法院、人民检察院、公安机关可以在其职责范围内并案处理：①一人犯数罪的；②共同犯罪的；③共同犯罪的犯罪嫌疑人、被告人还实施其他犯罪的；④多个犯罪嫌疑人、被告人实施的犯罪存在关联，并案处理有利于查明案件事实的。

在当前司法改革的背景下，对于刑事案件立案管辖而言，需要注意如下问题：

第一，检察机关的立案管辖权。如前所述，《刑事诉讼法》保留了检察机关对部分罪名的自行侦查权和机动侦查权。在法律实施之后，准确理解权力范畴与程序规范是检察机关正确行使侦查权的前提和基础。就自行侦查权而言，当前需要把握的重点在于：其一，案件来源。检察机关能够自行侦查的案件只能是在对诉讼活动实行法律监督的过程中发现的案件。此处的诉讼活动应作广义理解，包括民事、行政、刑事诉讼以及执行活动。[1]其二，案件范围。从主体上看，检察机关自行侦查权只针对司法工作人员。根据《刑法》

---

〔1〕 参见陈国庆主编：《司法工作人员职务犯罪侦查与认定》，中国检察出版社2019年版，第9页。

第 94 条的规定，司法工作人员是指有侦查、检察、审判、监管职责的工作人员。对于不在上述范围内的人员实施的相关犯罪，检察机关不能立案侦查。从罪名上看，检察机关管辖的利用职权实施的侵犯公民权利、损害司法公正的犯罪并不仅限于非法拘禁、刑讯逼供、非法搜查三类犯罪。最高检《立案侦查规定》对此进行了扩大解释，认为除立法明示的三类犯罪之外，还包括暴力取证罪，虐待被监管人罪，滥用职权罪，玩忽职守罪，徇私枉法罪，民事、行政枉法裁判罪，执行判决、裁定失职罪，执行判决、裁定滥用职权罪，私放在押人员罪，失职致使在押人员脱逃罪，徇私舞弊减刑、假释、暂予监外执行罪等共计 14 种罪名。需要指出的是，最高检《规则》在检察机关管辖的案件范围的规定上，并未采取最高检《立案侦查规定》的立法表述，而保持与《刑事诉讼法》相同的表述，[1]这无疑有限缩之虞，令人产生《立案侦查规定》所规定的 14 类案件还能否由检察机关立案侦查的疑窦。其三，权力行使。根据《监察法》第 11 条、第 34 条的规定，监察机关负责对包括贪污贿赂、滥用职权、玩忽职守、权力寻租、利益输送、徇私舞弊以及浪费国家资财在内的所有职务犯罪进行调查；相应地，检察机关在工作中发现的全部职务犯罪问题线索，应当移送监察机关进行调查；监察机关在调查被调查人的其他违法犯罪案件时，需要检察机关协助的，后者应当给予协助。《刑事诉讼法》第 19 条第 2 款赋予检察机关对特定的司法工作人员职务犯罪的管辖权，显然与前述规定之间是不协调的。问题的关键是如何把握《监察法》之刚性确权与《刑事诉讼法》之柔性授权之间的关系。在监察机关与检察机关对于前述司法工作人员的职务犯罪均有管辖权的现实情形下，如何防止互相推诿或者互争管辖现象的出现变得至关重要。

就机动侦查权而言，需要注意的问题在于：其一，权力性质。机动侦查权是检察机关对其他侦查机关之立案活动是否合法所进行的监督，属于法律监督权的范畴。其二，权力行使。检察机关只能在经过省级以上检察机关决定的基础上针对公安机关不立案或者不便立案的个别重大犯罪案件行使机动

---

〔1〕 最高检《规则》第 13 条规定："人民检察院在对诉讼活动实行法律监督中发现的司法工作人员利用职权实施的非法拘禁、刑讯逼供、非法搜查等侵犯公民权利、损害司法公正的犯罪，可以由人民检察院立案侦查。对于公安机关管辖的国家机关工作人员利用职权实施的重大犯罪案件，需要由人民检察院直接受理的，经省级以上人民检察院决定，可以由人民检察院立案侦查。"

侦查权。[1]

第二，人民法院的管辖权。如前所述，人民法院能够直接受理的只能是自诉案件。所谓自诉案件，是指法律规定可以由被害人或其法定代理人、近亲属，直接向法院起诉要求追究被告人刑事责任，而人民法院可以直接受理的刑事案件。[2]自诉案件与公诉案件的分野，背后蕴含着被害人追诉主义与国家追诉主义的区分。回溯历史会发现，私人起诉为原始控诉方式，然而国家追诉取代私人起诉成为刑事起诉最为基本和主要的方式亦是历史之必然。当然，这并不意味着私人起诉在现代刑事诉讼中无法占据一席之地。实际上，自诉制度在维护被害人利益，保障被害人诉讼权利，节约司法资源，集中力量打击严重犯罪，促进轻微刑事案件解决、维护社会秩序等[3]方面所具有的独特价值彰显着其自身的正当性。我国自 1979 年《刑事诉讼法》以来一直坚持公诉为主、自诉为辅的追诉机制。1979 年《刑事诉讼法》第 13 条第 1 款规定："告诉才处理和其他不需要进行侦查的轻微的刑事案件，由人民法院直接受理，并可以进行调解。"由于"其他不需要进行侦查的轻微的刑事案件"规定过于含混，在实践中难以把握，且 1979 年《刑事诉讼法》偏重维护公诉权，欠缺被害人权利的保护条款，实践中出现了被害人告状无门的情况。有鉴于此，1996 年《刑事诉讼法》对自诉案件的案件范围进行了调整。2012 年《刑事诉讼法》、2018 年《刑事诉讼法》均沿用了这一规定。

客观而言，1996 年《刑事诉讼法》在扩大自诉案件范围的同时，也导致了自诉权与公诉权关系的复杂化；[4]同时，由于立法技术粗疏、法律规定设置不尽合理、配套制度阙如等因素掣肘，刑事自诉制度在司法实践中面临着严重的适用困境，二十多年的实践运行表明它不仅未能实现立法预定目的，反而徒增新的问题与矛盾。经验显示，我国现行刑事自诉案件范围规定在司法实践中主要存在如下问题：其一，自诉案件的"公诉化"现象突出。在某些情况下，公安机关往往会基于各种因素的考量，将自诉案件作为公诉案件

---

[1] 王爱立、雷建斌主编：《刑事诉讼法立法精解》，中国检察出版社 2019 年版，第 34 页。

[2] 陈光中主编：《刑事诉讼法》，北京大学出版社、高等教育出版社 2012 年，第 309 页。

[3] 参见卞建林等：《改革开放 40 年法律制度变迁：刑事诉讼法卷》，厦门大学出版社 2019 年版，第 267 页。

[4] 吴宏耀："刑事自诉制度研究"，载《政法论坛》2000 年第 3 期。

处理。其二，自诉案件的证据门槛过高。根据现行法律规定，自诉案件想要获得法院立案，被害人一方必须有确实充分的证据证明犯罪事实，而这显然超出了被害人一方的诉讼能力，造成被害人自诉权行使困难。其三，诸如在被害人有证据证明的轻微刑事案件中，公诉与自诉之间界限的模糊导致"同案不同罚"，显失公平。[1]之所以如此，大抵是因为现行立法对于自诉案件范围的规定存在如下缺陷：①告诉才处理案件的罪名选择与条件设置不当。例如，侮辱、诽谤罪危害程度的判断标准不清晰、不周延；[2]又如，暴力干涉婚姻自由罪和虐待罪缺乏作为自诉案件的现实可行性；[3]再如，侵占罪作为告诉才处理案件的合理性不足。[4]②被害人有证据证明的轻微刑事案件立法模糊且存在诉权冲突。立法模糊主要体现为案件范围的开放性；而诉权冲突集中表现为此类案件中公诉权与自诉权并存且界限不明。③公诉转自诉案件的正当性成疑，现行立法冲突且程序紊乱。有观点认为，公诉转自诉制度的确立，能够形成对追诉机关正确行使权力的制约。然而，公诉转自诉机制也存在着明显的缺陷：一是没有注意到对不追诉决定的审查和对错误不追诉决定的纠正的区别；二是没有注意到救济程序应当具有纠正错误和维护正确决定双重功能；三是没有注意到被不起诉人与被害人之间的利益平衡。[5]

当前，刑事自诉制度仍然具有合理性和现实必要性。对于上文所述该制度存在的种种弊端或者不足，应当以发展的眼光加以看待，并通过在立法层面对自诉案件范围进行重置的方式加以消除或者弥补。从立法论的角度考量，自诉案件范围的重置应当注意理顺公诉与自诉的关系，适当划清二者界限；把握犯罪性质和社会危险性双低标准，将范围边界确定在轻微刑事案件之内；注重犯罪所侵犯法益的个体性。具体而言，改革的方向如下：对于告诉才处理的案件，将暴力干涉婚姻自由罪、侵占罪等予以剥离，吸收诸如亲属之间的财产犯罪、过失犯罪等轻微刑事案件；对于被害人有证据证明的轻微刑事

---

〔1〕　参见吴小帅：《刑事自诉圈重构论》，法律出版社2018年版，第120~127页。

〔2〕　参见汪海燕等：《刑事诉讼法解释研究》，中国政法大学出版社2017年版，第138页。

〔3〕　参见吴小帅：《刑事自诉圈重构论》，法律出版社2018年版，第136页。

〔4〕　崔丽："中国刑事自诉案件范围的考量"，载《大连海事大学学报（社会科学版）》2016年第2期。

〔5〕　参见卞建林等：《改革开放40年法律制度变迁：刑事诉讼法卷》，厦门大学出版社2019年版，第269页。

案件,在肯定公诉权与自诉权并存的基础上确立自诉权优先原则,同时缩小案件范围;[1]对于公诉转自诉案件,在废除该机制不现实的情况下,进一步明确此类案件的受理条件,为被害人提供自诉救济的可行性保证,同时兼顾被不起诉人的合法权利。[2]

二、审判管辖

审判管辖是指人民法院审判第一审刑事案件在职权范围上的分工,包括各级人民法院之间、同级人民法院之间以及普通人民法院与专门人民法院之间在审判第一审刑事案件上的权限划分。审判管辖旨在解决某一具体刑事案件由哪一个法院作为一审法院进行审理的问题。在我国,刑事案件的审判管辖分为级别管辖、地区管辖、指定管辖和专门管辖。概括而言:

(1)级别管辖。级别管辖是各级人民法院在审判第一审刑事案件上的分工。根据法律规定,最高人民法院、高级人民法院管辖全国性、全省(自治区、直辖市)性的重大刑事案件;中级人民法院管辖危害国家安全、恐怖活动案件以及可能判处无期徒刑、死刑的案件;[3]基层人民法院管辖除前述案件之外的第一审普通刑事案件。为了适应复杂多样的实践状况,上级人民法院在必要的时候,可以审判下级人民法院管辖的第一审刑事案件;下级人民法院认为案情重大、复杂需要由上级人民法院审判的第一审刑事案件,可以请求移送上一级人民法院审判。另外,对于一人犯数罪、共同犯罪或者其他需要并案审理的案件,只要其中一人或者一罪属于上级人民法院管辖,全案由上级人民法院管辖。[4]

(2)地区管辖。地区管辖,意指同级人民法院之间在第一审刑事案件职权上的划分。根据相关规定,地区管辖有两项基本规则:一为犯罪地为主,居住地为辅。原则上,刑事案件由犯罪地的人民法院管辖,如果由被告人居住地的人民法院管辖更为适宜的,可以由被告人居住地的人民法院管辖。二

---

〔1〕 参见吴小帅:《刑事自诉圈重构论》,法律出版社 2018 年版,第 181~213 页。

〔2〕 参见卞建林等:《改革开放 40 年法律制度变迁:刑事诉讼法卷》,厦门大学出版社 2019 年版,第 269~270 页。

〔3〕 根据《刑事诉讼法》第 291 条、第 299 条之规定,适用缺席审判程序与犯罪嫌疑人、被告人逃匿、死亡案件违法所得没收程序的案件,由中级人民法院审理。

〔4〕 《刑事诉讼法》第 20~24 条、最高法《解释》第 15 条。

为最初受理地为主，主要犯罪地为辅。几个同级人民法院都有管辖权的案件，由最初受理的人民法审判，在必要的时候，可以移送主要犯罪地的人民法院审判。[1] 同级人民法院之间出现管辖权争议的，应当在审限内协商解决；协商不成的，由争议各方分别逐级报请共同的上一级人民法院指定管辖。另外，司法实践中，刑事案件错综复杂，有些特殊刑事案件不能或者不宜适用前述地区管辖的基本规则。为此，最高法《解释》在现行立法基础上了明确了 10 种特殊刑事案件的地区管辖。[2]

（3）指定管辖。指定管辖，是在法定的审判管辖制度外，为有效解决管辖不明或者管辖权争议等情况确立的特殊管辖方式。《刑事诉讼法》第 27 条规定："上级人民法院可以指定下级人民法院审判管辖不明的案件，也可以指定下级人民法院将案件移送其他人民法院审判。"可见，指定管辖适用于以下两种案件：一是地区管辖不明的刑事案件，例如犯罪案件发生在两个甚至多个管辖区交界处，导致犯罪地具体在哪个法院辖区不明的；二是地区管辖不能的刑事案件，也即原本有管辖权的人民法院因故不适宜或者不能审判的，例如在原来有管辖权的法院审判则诉讼有不能顺利进行或者发生危险的可能性，法院因院长需要回避而不能行使审判权等。对于以上情形，通过上级人民法院指定管辖，可以避免案件无人管辖或因管辖争议而延误案件的处理。

（4）专门管辖。专门管辖的主要功能在于解决专门法院之间，以及专门法院与普通法院之间就第一审刑事案件的职权范围进行划分。《刑事诉讼法》第 28 条规定："专门人民法院案件的管辖另行规定"。我国专门法院中仅有军事法院和铁路运输法院拥有刑事案件审判权：军事法院管辖的主要是现役军人和军内在编职工涉嫌《刑法》分则第十章规定的军人违反职责罪的犯罪案件；铁路运输法院在划归地方之后，主要负责审理涉及铁路运输犯罪的各类公诉案件以及有关刑事自诉案件。

对于审判管辖而言，有待进一步解决的问题有二：

第一，指定管辖。根据程序法定原则，任何案件在确定审判法院或者法

---

〔1〕《刑事诉讼法》第 25、26 条，最高法《解释》第 2、3 条。
〔2〕 最高法《解释》第 4～13 条。

官时，"必须有一套符合正当法律程序并保障人民基本程序权利的合理机制，通过这一具有可预测性的机制，来防止当权者以其权力恣意地操纵司法，防止其在特定案件中安排合乎自己心意的法官以损害司法公正、侵害民众权益"，也即"法定法官"原则。[1]在此原则指引下，公安司法机关应当遵守立法所确立的管辖制度，坚持法定管辖的基本立场。但是，不容否认的是，指定管辖作为法院根据案件特殊情况下所做的灵活变通，在维护司法公正、提高诉讼效率、合理配置司法资源等方面具有积极作用。在某种角度上可以认为，指定管辖是对法定管辖的柔化与补充，具有理论正当性和现实必要性。当然，这种积极作用的发挥以立法完善与执行得当为前提。

如前所述，《刑事诉讼法》第27条仅明确上级法院可以指定下级法院将案件移送其他法院，但是对于指定标准却语焉不详。相关解释性文件除了增加"情况特殊""必要"这些弹性条件之外，并未作出实质性的解释和限制。法律规定的粗疏导致司法实践中指定管辖适用随意、操作混乱。另外，对于指定管辖的程序，如由谁指定、如何指定、指定给谁，缺乏明确的规范指引，全凭办案机关自行掌握。为统一司法适用、防止制度异化，立法有必要对指定管辖的基本原则、案件适用范围和适用程序予以细化、明确。其一，需要明确的是，指定管辖是法定审判管辖的补充，属于例外情形。指定管辖，意味着可以根据案件的特殊情况突破立法有关审判管辖的规定，通过个案调整的方式人为改变管辖秩序，实为"人定法官"。由于其含有与法治精神相悖之处，指定管辖相对于法定管辖而言只能作为例外适用。其二，明确指定管辖的适用范围。从根本上讲，将案件从有权管辖的主体手中剥离，目的是为了排除干扰，确保司法公正。以此为据，除了管辖权不明的案件外，指定管辖应当适用于如下情形：案件涉及本单位领导需要回避或者涉及单位整体利益的；当地主要领导涉嫌犯罪，可能影响司法公正的；案件涉及本地区重大利益，可能受到行政力量干扰，影响司法公正的；其他重大刑事案件，因存在某些特殊情况，改变管辖有利于案件办理的公正与效率的，包括存在舆论偏向、地方保护主义影响以及实现侦查效益的特殊要求等。[2]其三，明确指定

---

〔1〕 龙宗智："刑事诉讼指定管辖制度之完善"，载《法学研究》2012年第4期。

〔2〕 参见龙宗智："刑事诉讼指定管辖制度之完善"，载《法学研究》2012年第4期。

管辖的具体程序，包括指定管辖应采用正式的法律文书，而不是内部公函的形式，应采取逐级上报和逐级下达的流程等。[1]其四，必须明确指定管辖次数。对于同一案件，上级司法机关是否可以多次进行指定管辖，法律没有进行限制。实务中不时有这样的案件：当上级法院已经指定某一下级法院办理案件后，下级法院向上级提出不希望审理该指定案件，上级法院又会同上级检察院重新指定起诉机关和审判机关。这种做法，显然有悖于指定管辖权的权威性和确定性。[2]为此，应当在解释性文件中规定，指定管辖应以一次为限。

与此同时，立法应当确立指定管辖规定前置和侦查指定管辖预决原则。[3]我国刑事诉讼管辖制度是以审判阶段为标准建立的，然后根据机关对应原则倒推出适格的侦查机关和审查起诉机关。这一立法模式是不合理的。其一，从诉讼认识规律来看，侦查活动具有自身特点，在侦查之初案件事实和证据尚不充分，犯罪性质也处于变动之中，此时很难以审判管辖的标准来确定侦查管辖。其二，英美法系国家仅规定审判管辖制度，乃基于其对于侦查、起诉仅为诉讼准备，审判才是实质意义上诉讼的理论和认知。我国刑事诉讼实行公安司法机关分工负责、互相配合、互相制约的诉讼阶段构造，刑事侦查是与审判处于同一序列的独立诉讼阶段，有着独特的诉讼任务。而且，以审判为中心的诉讼构造不会在管辖设置上抹除侦查管辖的独立地位。其三，侦查处于诉讼程序的起点，一旦出现犯罪线索就面临由谁侦查的问题，因此侦查管辖需要先于审判管辖得到确定和解决。在确立侦查管辖制度的基础上，应当明确侦查指定管辖的预决效力。侦查机关指定管辖的，审判机关应当予以尊重和贯彻，如果有异议，提请各自上级机关协商解决。目前，公安部和最高检的解释文件中已经规定了侦查指定管辖的内容，但与《刑事诉讼法》确定的审判指定管辖相比，其效力等级较低，审判机关完全可以援引立法规定否定侦查指定管辖行为。建议通过立法解释的形式对侦查指定管辖及其预

---

[1]　参见龙宗智："刑事诉讼指定管辖制度之完善"，载《法学研究》2012年第4期。

[2]　张曙："刑事诉讼管辖协商机制研究"，载《华东政法大学学报》2014年第1期。

[3]　李忠诚："刑事诉讼指定管辖研究——兼谈职务犯罪侦查管辖预决原则的确立"，载《人民检察》2012年第11期。

决效力加以规定。[1]

第二，管辖异议权。刑事诉讼管辖异议权，是指在刑事诉讼中，当事人在司法机关违背管辖规定，管辖了其无权管辖的案件或者认为其他司法机关更适合管辖的情况下，在法定期限内向有审查权的法院提出要求该司法机关将案件移送有管辖权或更适合管辖的司法机关管辖的主张。[2]作为一项重要的救济性程序权利，管辖权异议制度已经在域外国家得到较为普遍的采用。但是，时至今日，《刑事诉讼法》并未对此作出明确规定。最高法《解释》第228条对管辖权异议问题有所涉及。根据该条规定，召开庭前会议，审判人员可以就是否对案件管辖有异议向控辩双方了解情况、听取意见。最高法《庭前会议规程》第11条则对被告人及辩护人的管辖异议如何处理作出了规定：人民法院经审查认为异议成立的，应当依法将案件退回人民检察院或者移送有管辖权的人民法院；认为本院不宜行使管辖权的，可以请求上一级人民法院处理；认为异议不能成立的，应当依法驳回异议。两部司法解释赋予了控辩双方对审判管辖的异议权，也明确了法院对异议的审查义务和可能的处理结果，管辖权异议制度的基本框架已初步形成。然而，遗憾的是，两部司法解释均未涉及异议理由、适用案件范围、法院审查规则、权利救济与程序性制裁等制度基本内容。

作为对"任何人不得充当自己案件的法官"之自然正义的体现，管辖权异议制度已经成为国际刑事司法准则所要求的被告人公正审判权的重要保证，因而应当作为基本诉讼制度写入我国刑事诉讼法文本当中。从立法论的角度考察，有必要从以下方面对刑事诉讼管辖权异议制度进行补充和完善：其一，确立被告人的管辖异议权。从现有规范来看，被告人及辩护人管辖异议的提出以审判人员召开庭前会议为前提，具有明显的被动性和依附性。为了实现司法公正、保护被告人的诉讼权利，立法应当明确提出管辖权异议是被告人的基本诉讼权利，无需依附任何程序而可主动行使。其二，明确提出管辖异议的具体理由。结合我国现行立法与司法实践，提出管辖异议的具体理由可以分为两类：一为管辖错误。如前所述，我国管辖分为职能管辖和审判管辖，

---

[1] 汪海燕等：《刑事诉讼法解释研究》，中国政法大学出版社2017年版，第142页。
[2] 石晓波："刑事诉讼管辖权异议制度研究"，载《中国刑事法杂志》2004年第4期。

相应的，管辖错误也分为职能管辖错误和审判管辖错误。控辩双方尤其是被告人一方可以针对这两类管辖错误提出异议。二为管辖不适宜。所谓管辖不适宜，是指"办案机关依照法律规定享有管辖权，但是由于某种原因或特殊情况仍然管辖可能会发生不正当的后果"。[1]由此可见，管辖不适宜与指定管辖在目的上是共通的，因而二者可以共用具体事由。其三，管辖异议之诉的处理模式。管辖权异议本质上是程序性救济权利。为了增加诉讼性与可救济性，法院对控辩双方的管辖权异议进行审查后应当以裁定形式单独制作裁判文书。其四，明确异议成立的后果。一般情况下，管辖权异议一旦被认定成立，最直接的后果即是依法移送至有管辖权的法院。除此之外，为了规范刑事案件管辖秩序，防止指定管辖权的滥用，立法有必要在一般后果的基础上增加程序性制裁："一是对无管辖权机关的管辖行为进行否定，从而宣告依法有管辖权的主体开始介入；二是因错误或不宜管辖之事由成为上诉或者抗诉的理由。案件在进入二审程序时，上级法院会因一审法院无管辖权而作出否定性裁判，即撤销原判，并同时裁定或者发回重审，或者直接将案件移送至有权管辖的法院行使审判管辖权。"[2]

经典案例

案例：辽源市中级人民法院集体回避案[3]

一、基本案情

被告人王成忠系吉林省辽源市中级人民法院民三庭原庭长，因涉嫌民事枉法裁判罪于2017年12月28日被提起公诉。2018年1月16日，辽源市中级人民法院指定的辽源市西安区人民法院公开审理此案，并于2月9日对其作出了3年有期徒刑的有罪判决。被告人王成忠不服，遂上诉至辽源市中级人民法院。同年11月8日上午，辽源市中级人民法院开庭审理此案。在二审开庭审理期间，被

---

〔1〕 桂梦美、刘成江："构建刑事诉讼管辖权异议制度之逻辑展开"，载《河北法学》2019年第5期。

〔2〕 桂梦美："刑事诉讼管辖权异议之诉的模式选择"，载《政法论坛》2018年第6期。

〔3〕 参见http://www.guidalaw.cn/info/39a6f38f9e874ad69ba17f8813de71b0，最后访问日期：2019年10月5日。

告人及其辩护人提出被告人王成忠是辽源市中院民三庭的法官，与本案合议庭的刑庭法官都是同事关系，如此二审会影响公正审判，因此提出辽源市中院的法官应当"整体回避"。审判长认为被告人及其辩护律师申请理由不符合回避规定，当庭驳回其请求。最终，此案二审庭审只持续了 40 余分钟即告休庭。2018 年 11 月 12 日，辽源市中级人民法院书面报请吉林省高级人民法院，请求将王成忠、张大庆涉嫌民事枉法裁判案指定其他法院审理。2018 年 11 月 22 日，吉林省高级人民法院作出决定，将此案指定通化市中级人民法院依照刑事第二审程序审判。此案引发舆论高度关注，社会各界亦围绕回避、指定管辖等问题展开了激烈的讨论。

二、法律问题

指定管辖适用于第二审刑事案件吗？

三、法理分析

从上述案件事实不难看出，被告人王成忠及其辩护人在二审法庭上申请辽源市中级人民法院整体回避，而吉林省高级人民法院将本案二审交由通化市中级人民法院管辖，是本案备受各界关注的主要原因。其中，引发刑事诉讼理论界与实务界论争的核心焦点在于：指定管辖适用于第二审刑事案件吗？具体而言，吉林省高级人民法院将王成忠案二审指定给通化市中级人民法院的合法性、正当性何在。吉林省高级人民法院认为，在刑事二审指定管辖上该院开创了历史之先河。反对的观点认为，从法律解释学的角度考量，管辖的确定应当从一审案件开始，一审管辖确定则二审管辖自然确定；而且，不能因为立法条文中没有明确写明一审法院而想当然地将法院扩大解释为包括二审法院。不难看出，此种观点以所谓的刑事诉讼管辖系属论为理论分析工具。支持的观点则认为，《刑事诉讼法》第 27 条的指定管辖制度不仅适用于一审，也适用于二审。因为该制度设置的目的是为了处理不宜由法定管辖法院审判的情形。二审法院可以将案件呈报至直接上级法院，由直接上级法院以裁定将案件移送至辖区内与原二审法院同级的其他法院。[1]

---

〔1〕 参见单子洪："刑事二审指定管辖问题研究——以吉林省辽源市中院'整体回避案'为切入"，载《西部法学评论》2019 年第 3 期。

实际上，双方观点都认为不应当由辽源市中院继续审理此案，争论的焦点在于指定管辖的具体程序：能否直接由二审法院直接上报上一级法院并由其指定管辖。《刑事诉讼法》第 27 条仅概括性规定："上级人民法院可以指定下级人民法院审判管辖不明的案件，也可以指定下级人民法院将案件移送其他人民法院审判。"从字面上看，该条规定并没有对法院、案件等进行任何明确限制，将其理解为包含二审案件、二审法院及其上级法院并未超出条文的可能文义范围。就此而言，吉林省高院的做法难言是违法的。实际上，之所以本案会出现刑事二审指定管辖的争议，除了法律规范的粗疏外，更因为管辖权异议制度的缺失。从长远的角度考量，结合上文关于指定管辖和管辖权异议的论述，在立法论上，有必要进一步明确指定管辖的案件范围包括二审刑事案件，被告人一方如果认为二审法院需要整体回避或者存在其他不应继续审理此案的情形时，可以向上一级法院提出管辖权异议之诉。

❖ 拓展资料

1 - 3　拓展阅读

专题四：辩护制度

❖ 知识概要

一、辩护制度

辩护，是指刑事案件的被追诉人[1]及其辩护人反驳对被追诉人的指控，

---

　[1]　如无特别说明，本章中"被追诉人"一词指代犯罪嫌疑人和被告人。

提出有利于被追诉人的事实和理由，论证被追诉人无罪、罪轻或者应当减轻、免除处罚，维护被追诉人的程序性权利，以保障被追诉人合法权益的诉讼活动。[1]辩护权是犯罪嫌疑人、被告人最基本、最核心的权利，我国《宪法》第130条规定被告人有权获得辩护。《刑事诉讼法》在"辩护与代理"中通过专章对辩护相关内容进行了细化。依据我国《刑事诉讼法》第33～35条的规定，我国的辩护种类包括自行辩护、委托辩护和法律援助辩护三种。辩护人在享有会见通信、阅卷和调查取证等权利的同时，应履行一定的义务并承担相应的责任。

辩护制度在我国经历了较为漫长的发展历程，1979年《刑事诉讼法》规定的被追诉人获得律师帮助的权利局限较多，律师只有在审判阶段才能介入刑事诉讼；1996年《刑事诉讼法》修改将律师介入诉讼的时间提前至侦查阶段，但是并未赋予该阶段的律师"辩护人"身份；2012年《刑事诉讼法》再修改，律师可在侦查阶段以辩护人身份介入诉讼，从而更为全面地保障了被追诉人辩护权的实现；2018年《刑事诉讼法》修改，在"辩护与代理"一章中新增"值班律师制度"，更进一步丰富和发展了法律援助制度的内涵。

2017年10月11日，最高人民法院、司法部出台《关于开展刑事案件律师辩护全覆盖试点工作的办法》指出，对于所有刑事案件，均要求律师介入提供辩护，刑事辩护全覆盖成为我国刑事辩护制度发展的重要目标之一。刑事辩护全覆盖是指刑事案件突破既往法定援助情形对象范围的限制，要求在每一起案件的每一审判阶段都为犯罪嫌疑人、被告人提供辩护或者其他形式的法律帮助。辩护权作为刑事司法中的一项重要权利，对之保障程度的高低将直接影响到被追诉人的人权保障以及案件能否得到公平公正处理，反映出国家法治的发展水平。尤其是在认罪认罚从宽制度改革和以审判为中心的诉讼制度改革背景之下，对刑事辩护提出了更高的要求，实现刑事辩护的全覆盖更是应有之义。就实现刑事辩护全覆盖而言，理论界存在多种主张，如设

---

[1] 陈光中主编：《刑事诉讼法》，北京大学出版社、高等教育出版社2016年版，第142页。

立公设辩护人、完善政府购买法律服务机制等。[1]我们认为,实现刑事辩护全覆盖是一项系统工程,应逐步实现委托辩护与法律援助辩护比率的双重提升。就法律援助辩护来说,应明确政府是负有法律援助责任的正当主体,同时适时扩展法律援助辩护案件的范围,健全司法救助体系。此外,刑事辩护全覆盖的实现离不开对值班律师制度效用的充分发挥,充实值班律师所应享有的诉讼权利,明确值班律师诉讼行为的性质,使其为刑事辩护全覆盖的发展实现提供持续助力。[2]

当前,在辩护制度中仍存在一定的理论争议,主要集中在律师在场权、律师作证豁免权的规定等方面。就律师在场权而言,广义的律师在场权是指在刑事诉讼的各个阶段,公安司法机关采取讯问、搜查、扣押、勘验等措施时,律师有权在场。而狭义的律师在场权则专指在侦查阶段,侦查机关讯问犯罪嫌疑人时,律师有权在场。律师在场权是辩护权内涵的适当延伸,已获得部分域外国家的认可和立法确认,[3]尤其是在确立了沉默权制度的英美法系国家中,律师在场权更是一项维护被追诉人宪法性权利的重要制度。我国在立法中并未正式确立律师在场权,理论中对是否引入律师在场权存在争议。否定者认为,律师在场权的确立一定程度上会妨碍侦查活动的进行,降低侦查效率,且可以通过录音录像以及非法证据排除规则等制度的建立、完善来消弭律师不在场所带来的弊端。[4]尽管律师在场权存在着一定的不足,但支持律师在场制度确立的观点占据多数,尤其是在认罪认罚从宽制度正式写入刑事诉讼法之后,明确规定认罪认罚从宽具结书的签署需要辩护人或者值班律师在场,从而在一定意义上开创了律师在场的先河。总体而言,律

---

〔1〕 相关论述详见谢佑平、吴羽:"刑事法律援助与公设辩护人制度的建构——以新《刑事诉讼法》第34条、第267条为中心",载《清华法学》2012年第3期;王正航等:"法律援助政府购买服务机制研究",载《中国司法》2016年第5期。

〔2〕 关于值班律师的相关内容,本书有专节阐述,此不赘言。

〔3〕 如美国通过一系列判例确立律师在场这一基本原则,早在20世纪50年代,美国最高法院的部分法官就已表明犯罪嫌疑人享有使其律师在讯问时在场的宪法性权利。详见:〔美〕伟恩·让拉费弗等著:《刑事诉讼法》(上册),卞建林等译,中国政法大学出版社2003年版,第352页。在法国,预审法官在对犯罪嫌疑人进行讯问时,除当事人明确放弃之外,只有其律师在场或者按规定传唤律师到场的情况下,才能听取当事人陈述、进行讯问等。详见罗结珍译:《法国刑事诉讼法典》,中国法制出版社2006年版,第111~112页。

〔4〕 宋英辉主编:《刑事诉讼法学研究述评(1978-2008)》,北京师范大学出版社2009年版,第179页。

师在场制度的确立对于更好地监督侦查机关的讯问活动、实现控辩平等对抗、确立完备的刑事辩护制度具有积极的意义。在现阶段，可以采取循序渐进的方式逐步确立律师在场权，如可将律师在场的案件范围限制在未成年人犯罪案件、可能判处 10 年以上有期徒刑、无期徒刑、死刑的案件等。同时可采取"看得见，但听不见"的方式以消除律师在场对侦查带来的不利影响。[1]

律师免证特权是英美法系国家一项重要的证据法制度，该特权免除了律师在诉讼中作证的义务，从而更好地维护律师与当事人之间的信赖关系。随着刑事诉讼理论的发展，大陆法系国家也逐步发展出契合国情的律师免证制度。[2]律师免证特权与作证义务紧密相关，众所周知，证人具有不可替代性，各国立法普遍规定知道案件情况的人负有作证的义务，如我国《刑事诉讼法》第 62 条规定："凡是知道案件情况的人，都有作证的义务。生理上、精神上有缺陷或者年幼，不能辨别是非、不能正确表达的人，不能作证人。"由此可见，律师身份并不能免除其证人资格，作为知晓案件情况的律师也应负有作证的义务。而律师在现代刑事司法中作用的发挥主要系围绕被追诉人的权益而展开，联合国《律师作用基本原则》规定"律师应始终真诚地尊重其委托人的利益"，且应"以一切适当的方法帮助委托人"，[3]由此，为保护被追诉人与律师之间的信任关系，需要免除律师作证的义务，由此衍生出律师作证豁免权。

我国《刑事诉讼法》第 48 条规定，"辩护律师对在执业活动中知悉的委托人的有关情况和信息，有权予以保密"。同时也规定"辩护律师在执业活动中知悉委托人或者其他人，准备或者正在实施危害国家安全、公共安全以及严重危害他人人身安全的犯罪的，应当及时告知司法机关"。由此可以看出，立法赋予辩护律师拥有拒绝作证的权利，可以视作是对作证义务的免除，但是这种免除并不是一种普遍情形，而是律师对其执业活动中知

---

〔1〕 汪海燕、付奇艺："辩护律师诉讼权利保障的法治困境"，载《中国司法》2014 年第 1 期。

〔2〕 如日本《刑事诉讼法》149 条规定律师因受业务上委托应当知晓的事实可能涉及他人秘密的，对此律师可以拒绝作证。详见 [日] 田口守一：《刑事诉讼法》，刘迪等译，法律出版社 2000 年版，第 233 页。

〔3〕 杨宇冠、杨晓春：《联合国刑事司法准则》，中国人民公安大学出版社 2003 年版，第 379 页。

晓的被追诉人与案件有关的情况应予保密，同时作证豁免权的行使还存在着例外情形。

二、值班律师制度[1]

值班律师制度是指法律援助机构在人民法院、看守所等场所派驻值班律师，为犯罪嫌疑人、被告人提供法律咨询、程序选择建议、申请变更强制措施、对案件处理提出意见等法律帮助的制度。2018 年《刑事诉讼法》修改新增值班律师制度。作为一种全新的制度形式，就立法本意而言，值班律师制度的确立一定程度上可以弥补律师资源尤其是刑事辩护律师资源匮乏带来的弊端，可以为犯罪嫌疑人、被告人提供及时的法律帮助，是对传统辩护制度的发展与补充。可以说，值班律师制度以其"迅捷性""及时性"的特征，与传统法律援助制度相辅相成，共同致力于保障犯罪嫌疑人、被告人合法权益，促进司法公平正义的实现。

关于值班律师的诉讼地位，当前理论界存在较多争议，主要围绕"值班律师是否具有辩护人身份"这一问题展开。有观点认为值班律师职责与辩护律师职责在本质上没有差别，故而应赋予值班律师以辩护人身份。[2]有观点认为在当前背景下，起码应赋予值班律师"准辩护人"身份。[3]亦有观点认为值班律师提供的是一种"特殊形式的法律援助"，应回归其原有的应急作用。[4]可以说，上述观点代表了当前理论界对"值班律师"这一新生事物的基本态度。

抛却值班律师身份的定位理论争议，从立法上而言，《刑事诉讼法》对值班律师的职能定位是"为犯罪嫌疑人、被告人提供法律咨询、程序选择建议、申请变更强制措施、对案件处理提出意见等法律帮助"。据此，在法律层面，值班律师的定位是法律帮助人，即通过专业知识为被追诉人提供即时性和临时性法律帮助，维护其合法权利。根据《刑事诉讼法》第 36 条的规定，值班

---

〔1〕　此部分内容参见汪海燕："三重悖离：认罪认罚从宽程序中值班律师制度的困境"，载《法学杂志》2019 年第 12 期。

〔2〕　顾永忠："追根溯源：再论值班律师的应然定位"，载《法学杂志》2018 年第 9 期。

〔3〕　姚莉："认罪认罚程序中值班律师的角色与功能"，载《法商研究》2017 年第 6 期。

〔4〕　吴宏耀："我国值班律师制度的法律定位及其制度构建"，载《法学杂志》2018 年第 9 期。

律师主要在以下四个方面发挥重要作用：其一，为犯罪嫌疑人、被告人提供法律咨询；其二，为被追诉人提供程序选择建议、申请变更强制措施等程序性法律帮助；其三，为被追诉人提供案件实体处理意见方面的法律帮助；第四，见证犯罪嫌疑人认罪认罚从宽具结书的签署。由此可见，从法典层面来看，值班律师既没有会见权，也没有阅卷权，更没有调查核实证据权和申请公安司法机关收集证据的权利。

首先，《刑事诉讼法》没有赋予值班律师主动会见犯罪嫌疑人、被告人的权利，而只能由当事人"约见"。[1] 显然，"会见"与"约见"二者性质并不相同。会见是律师主动要求与当事人在看守所见面会谈，律师具有主动性；约见是当事人要求与律师见面，律师具有被动性。众所周知，会见权可以保证律师根据案情择机与当事人进行充分、有效交流，因此其往往是律师履行职责的第一步，也是行使辩护权最基本、最重要的方式之一。但是，在约见权制度下，律师并不具有主动权，选择见面的时间以及见面的次数并不取决于律师，而是当事人要求或者公安司法机关的安排。对于律师而言，由于值班具有轮班制和强烈的义务色彩，其主动要求会见当事人的情形也较为鲜见。

其次，《刑事诉讼法》没有赋予值班律师阅卷权，收集、调查核实证据和申请收集证据的权利。《刑事诉讼法》第173条规定，人民检察院审查案件，应当听取值班律师的意见；犯罪嫌疑人认罪认罚的，应当就涉嫌的犯罪事实、罪名及适用的法律规定，从轻、减轻或者免除处罚等从宽处罚的建议，认罪认罚后案件审理适用的程序以及其他需要听取意见的事项听取值班律师的意见；同时，检察机关还应当提前为值班律师了解案件有关情况提供必要的便利。依据此条，不难看出，值班律师并不享有传统辩护人所拥有的阅卷权；如果有为了解案件有关情况之需要，检察机关应当为值班律师提供"必要的便利"——显然，此种便利是否允许值班律师阅卷以及阅卷内容的多寡完全取决于检察机关。就此而言，值班律师通过检察机关了解案情的手段和方式也具有很强的被动性。

---

[1] 我国《刑事诉讼法》第36条第2款规定："人民法院、人民检察院、看守所应当告知犯罪嫌疑人、被告人有权约见值班律师，并为犯罪嫌疑人、被告人约见值班律师提供便利。"

毋庸置疑，会见权、阅卷权等是律师进行有效法律帮助的基础和前提，这一规则应通行于辩护律师和值班律师群体之内。可喜的是，两院三部于2019年10月联合发布的《关于适用认罪认罚从宽制度的指导意见》第12条第2款规定："值班律师可以会见犯罪嫌疑人、被告人……自人民检察院对案件审查起诉之日起，值班律师可以查阅案卷材料、了解案情。"这从解释性文件的角度承认了值班律师享有会见权和阅卷权，也为今后上述权利写入《刑事诉讼法》奠定了基础。最高检《规则》在2019年修改时也将会见权、阅卷权赋予值班律师，即269条第2款规定："依照前款规定听取值班律师意见的，应当提前为值班律师了解案件有关情况提供必要的便利。自人民检察院对案件审查起诉之日起，值班律师可以查阅案卷材料，了解案情。人民检察院应当为值班律师查阅案卷材料提供便利。"最高法《解释》在2021年修改时也明确规定了值班律师的阅卷权，即第53条第1款、第2款、第3款规定："辩护律师可以查阅、摘抄、复制案卷材料。其他辩护人经人民法院许可，也可以查阅、摘抄、复制案卷材料。合议庭、审判委员会的讨论记录以及其他依法不公开的材料不得查阅、摘抄、复制。辩护人查阅、摘抄、复制案卷材料的，人民法院应当提供便利，并保证必要的时间。值班律师查阅案卷材料的，适用前两款规定。"这无疑对值班律师为犯罪嫌疑人、被告人提供有效法律帮助大有裨益。然而，需要指出的是，最高检《规则》和最高法《解释》所赋予的值班律师"阅卷权"只是一种有限的阅卷权，其只能"查阅"，而不享有与辩护律师一样的摘抄、复制案卷材料的权利。这将使值班律师难以真正有效行使阅卷权，是故，从目前来看，如何完善值班律师的阅卷权等，使值班律师能够有效行使权利为当务之急。

三、代理制度

代理制度是指代理人接受法定主体的委托参与诉讼，维护被代理人的合法权益，而将其代理行为的结果归于被代理人的一种行为。这里的法定主体包括公诉案件的被害人及其法定代理人、近亲属；自诉案件的自诉人及其法定代理人以及附带民事诉讼的当事人及其法定代理人。由此，代理制度可以依据诉讼关系的不同区分为公诉案件的代理制度、自诉案件的代理制度和附带民事诉讼案件的代理制度，其中又以公诉案件占据主要比例。在国家追诉占据主导地位的情况下，对被告人各项诉讼权益的保障也日益完善，相对而言，对被害人在刑事诉讼中的地位重视不足。被害人隐匿在公诉机关背后，其利益无法得到直接的彰显，人民检察院作为国家的公诉机关，还兼有法律监督者的身份，难以保证完全反映被害人的利益诉求，此时，代理人不仅能够在法律技术上为被害人提供支持，也能在某些被害人难以出庭的场合代为参与诉讼，这便是刑事代理制度的设置意义所在。通过赋予被害人在刑事诉讼中独立自主的当事人地位，确保其诉求得到实现，维护司法公正。目前我国的代理制度尚有可完善之空间，诸如代理人权利义务不明，代理程序规定粗糙，代理人诉讼地位模糊等问题有待进一步讨论确定。

经典案例

案例（一）：林某故意杀人案；狄某故意伤害案（律师无效辩护）[1]

一、基本案情

2017 年 3 月 15 日，河北省石家庄市人民检察院向河北省石家庄市中级人民法院指控被告人林某犯故意杀人罪案，被告人狄某犯故意伤害罪案，由于两被告人均未委托辩护人，且可能判处死刑，符合强制指定辩护的情形，经人民检察院通知，当地法律援助机构指派律师刘某担任林某的辩护人，指派刘某及其助理律师裴某担任狄某的辩护人。在林某故意杀人案中，刘律师的辩护理由是，被告人主动投案，如实供述，认罪态度良好，符合自首的规定，且该犯罪行为系初犯、偶犯，建议法院从轻处罚。在狄某故意伤害案中，刘律师以病假作为理由并未出庭并提出了书面的辩护意见，由其助理裴某代为宣读，其辩护理由与前文相同。一审法院通过审查发现，两被告人犯罪手段残忍，情节恶劣，二者并非"偶犯、初犯"，现有证据足以证明其实施了有预谋的杀人和伤害行为。一审法院遂分别作出死刑立即执行和死刑缓期两年执行的判决，而对辩护人刘某和裴某口头及书面的辩护意见不予认可。

两被告人对判决不服遂上诉，二审法院开庭审理，均认为本案"在原审

---

〔1〕 根据陈瑞华教授在其论文中引用的真实案例进行改编，参见陈瑞华："有效辩护问题的再思考"，载《当代法学》2017 年第 6 期。

人民法院的审判过程中存在违反法律规定的诉讼程序的情形，可能影响到公正审判"，故作出撤销原判、发回重审的裁定。

一审法院经过查证核实，造成上述两起案件被发回重审的直接原因均为辩护律师在开庭前并未按照要求会见被告人，而在狄某故意伤害案中，出席庭审的律师助理裴某某更是提交了与庭审口头辩护不同的辩护意见，经查，其为律师刘某在庭前已经写好的辩护意见。因此，一审法院认为，该两位法律援助律师接受指派后未能依照执业规范和要求，为被告人提供辩护，使所谓的法律援助流于形式，可能影响案件公正审判。另外，律师接受法律援助中心指派后，未在开庭前征得被告人同意认可其担任辩护人，致使律师此后进行的一切辩护工作及其参与的审判工作均归于无效，严重浪费了司法资源。

据此，河北省石家庄市中级人民法院向相关部门提出了司法建议书。在建议书中，法院提到了若干措施：首先，针对涉案律师所在律师事务所，应当反思其对于律师管理培训方面的不足，从而建立较为健全的规章制度，避免类似情况再次发生。其次，对法律援助中心而言，应当设立必要的"淘汰"机制，即加强对法律援助律师执业效果的考察和监督，对不符合要求和规范的律师应当责令其退出法律援助中心，失去接受指派的资格。再次，对律师协会，法院建议其加强执业道德伦理和专业技能方面的教育培训，使律师自觉遵守行业规范并进行更为专业化的辩护和代理活动。最后，对司法行政机关，建议其强化监管力度，指导制定较为完善的规章和标准，落实对律师的依法管理。

在收到法院的建议书后，几方主体分别查找了自身的不足与问题，其中，经过法律援助中心调查核实，在没有客观原因的干扰或阻碍下，律师刘某确未在庭前按照规定会见被告人，仅开庭前与其进行了简单的交流，在案件宣判后，该律师还伪造了会见的笔录编于案卷中。其生病理由亦被证明为不愿出庭的借口。针对这一调查结果，各方均认识到了现有辩护制度在有效性审查上的不充分性，刘律师及其裴姓助理也受到了写书面检讨、退还法律援助补贴、责令退出法律援助队伍等惩罚。

二、法律问题

1. 如何看待辩护律师的权利和义务？

2. 如何看待无效辩护制度？

三、法理分析

（一）从被告人的利益出发，如何理解辩护律师的权利和义务

根据《刑事诉讼法》的规定，在刑事诉讼的过程中，律师在不同阶段可以享有人身保障权、会见和通信权、阅卷权、调查取证权等基本权利，也有义务根据事实和法律提出犯罪嫌疑人、被告人无罪、罪轻或可以减轻、免除处罚的材料和意见，依法维护犯罪嫌疑人、被告人的合法利益，当然，律师还负有不得帮助犯罪嫌疑人、被告人串供、隐匿、毁灭、伪造证据，不得威胁、引诱证人改变证言或者作伪证及进行其他干扰司法机关诉讼活动的行为。对于辩护律师权利和义务应从多种维度展开解读，换句话说，辩护律师提出有利于被追诉人的辩护意见并得到法官的采纳是其辩护的根本任务之一，而法律为其设置的权利乃是为这一职业要求而服务的，其内涵在于无违法情况下，国家专门机关和其他主体不得随意干涉律师行使上述权利，例如，根据《刑事诉讼法》的规定，在审查起诉阶段，律师有权查阅、摘抄、复制本案的诉讼文书、技术性鉴定材料，其他辩护人经人民检察院许可后也可以行使上述权利。最高检《规则》第 49 条规定：……因办案部门工作等原因无法及时安排的，应当向辩护人说明，并自即日起 3 个工作日内安排辩护人阅卷，办案部门应当予以配合。最高法《解释》第 53 条也规定了，辩护人查阅、摘抄、复制案卷材料的，人民法院应当提供便利，并保证必要的时间。可以说"法律意义下的辩护"是建立在控辩审三方构造之下的，辩护律师应从其委托人的利益出发，通过行使权利来获得委托人利益的最大化。从某种程度上讲，律师行使权利并不是绝对自由的，其与被告人自行辩护的权利不同，律师行使权利的行为更多的是为其更好地展开辩护、维护当事人利益做铺垫，因此并不能够随意放弃。

（二）如何理解无效辩护制度

无效辩护制度作为一项舶来品，英文原意为"effective representation"或"effective assistance of counsel"，最初并未出现在我国刑事司法领域。1932 年，美国联邦最高法院在"鲍威尔诉亚拉巴马州"案件中，作出了"里程碑"式的裁决，将获得辩护律师的有效帮助作为正当程序的必要条件。1984 年，美国联邦最高法院在 Strickland v. Washington 案件中，对律师辩护的效力问题进行了全面的论述并确立了较为清晰的无效辩护的标准——是否满足《宪法第

六修正案》预期的辩护目标。[1]

对于无效辩护制度的理解，应当首先认清两个观点：其一，无效辩护与有效辩护并不能周延辩护的全部效果，也即，二者并非是非此即彼的；其二，单纯以辩护手段（过程）或结果界定有效辩护都是不完整的，也是有所偏颇的。有学者指出，有效辩护不仅是一种衡量辩护效果的标准，也是一种价值理念，如同正义和公平一样是我们期待实现的目标。[2]无效辩护可以出现在诉讼的各个阶段中，在审前阶段可以体现为对案件准备不足，了解不够充分，缺少相关证据的调查核实；在审判中，律师处于消极颓靡的状态，如以醉酒状态进行辩护活动；在应当提出管辖权异议或非法证据排除等程序性或实体性问题时未提出。由此，无效辩护的标准可以区分为形式标准和实质标准两方面，前者是指，一旦辩护律师出现了某种法定的行为，即可以认定辩护行为无效；后者是指，需要依据辩护行为是否从根本上影响了诉讼程序的公正性进行判断。那么司法实践中，即便是在无效辩护的诞生地——美国，对于无效辩护的认定也并非易事。其一，就在于对无效辩护形式和实质标准的选择上，究竟律师行为从形式上符合无效辩护构成要件就成立无效辩护，还是从实质上影响诉讼程序和结果的公正性方才构成无效辩护，这是司法实践中面临的第一大难题。其二，就实质无效而言，需满足"辩护行为从根本上影响诉讼程序的公正性"这一要件，但是判决结果充满变数并非可以预知，在这一要件的满足程度上同样存在着举证困难的情形。其三，就我国司法实践而言，无效辩护尚属于较新的概念，立法对此也鲜少涉及，因此对于无效辩护制度的研究仍有待深入。

四、参考意见

1. 辩护律师的职责是提出犯罪嫌疑人无罪、罪轻或可以减轻、免除处罚的材料和意见，最终说服法官采信辩护意见。这是对其执业内容的基本要求。因此，刑事诉讼法律赋予辩护律师多项权利以实现这一目的。出于对委托人负责的角度和基本的职业伦理，律师不得随意放弃其诉讼权利。本案中，刘姓律师在庭审前未会见被告人，甚至伪造了相关的笔录文书以证明其会见的

---

〔1〕　参见李本森："美国刑事无效辩护制度及其对我国的借鉴"，载《北方法学》2016年第6期。

〔2〕　参见陈瑞华："有效辩护问题的再思考"，载《当代法学》2017年第6期。

过程，这种行为严重影响了被告人的辩护权的行使，控辩双方看似力量对等，实质上辩护力量薄弱，两位律师的行为不仅是对受援人的不负责，更直接导致了诉讼程序的不公正。

2. 我国目前尚未建立无效辩护制度，但通过美国等西方法治国家尤其是实行对抗主义模式的国家可以对这一制度有粗略的了解。当前在我国引入无效辩护制度仍存在立法和司法方面的困难，对无效辩护制度的确立和发展应立足我国国情，以适应我国刑事司法实践发展的需要。

案例（二）：莫焕晶放火、盗窃案[1]

一、基本案情

浙江省杭州市人民检察院以杭检刑诉〔2017〕123 号起诉书指控被告人莫焕晶犯放火罪、盗窃罪，于 2017 年 8 月 21 日向杭州市中级人民法院提起公诉。根据其指控，被告人莫焕晶因长期沉迷赌博而身负高额债务，为躲债于 2015 年外出打工。2016 年 9 月，被告人莫焕晶经中介应聘到被害人朱某 1 等家中从事住家保姆工作。2017 年 3 月至 6 月间，被告人莫焕晶多次窃取被害人朱某 1 家中的金器、手表等贵重物品进行典当、抵押，得款人民币 18 万余元（以下币种均为人民币）。至案发时，尚有评估价值 19 万余元的物品未赎回。同时，被告人莫焕晶又编造老家买房等虚假理由向被害人朱某 1 借款 11.4 万元。上述款项全部被其用于赌博挥霍一空。2017 年 6 月 21 日晚，被告人莫焕晶又用手机上网赌博，为了筹措赌资，莫焕晶决定采取放火再救火的方式博取被害人感激以便再次开口借钱。6 月 22 日凌晨，被告人点燃书本引燃客厅沙发、窗帘等易燃物品，火势迅速蔓延导致屋内 4 人在火场吸入一氧化碳中毒身亡，并造成房屋损毁等重大财产损失。被告人此前还曾利用保姆身份之便利多次盗取雇主家财产，均被雇主发现后追回。

杭州中院于同年 11 月 2 日组织召开了庭前会议，同年 12 月 21 日对此案进行公开开庭审理。根据其判决书所述，因原辩护人擅自退庭，拒绝辩护，

---

[1] 参见莫焕晶放火罪、盗窃罪一审刑事判决书：（2017）浙 01 刑初 121 号；新华社："杭州中院回应'保姆案'强行指定律师质疑：系被告人提出"，http://www.xinhuanet.com/legal/2018 - 01/08/c_1122228660.htm，最后访问日期：2019 年 3 月 13 日。

遂决定依法休庭，征询莫焕晶意见后通知杭州市法律援助中心为其指派律师进行辩护。杭州中院于 2018 年 1 月 26 日再次组织控辩双方及被害人诉讼代理人召开了庭前会议，同年 2 月 1 日公开开庭审理了本案。经审理，杭州中院对指控事实予以认定，被告人莫焕晶故意使用打火机点燃室内易燃物品，造成 4 人死亡和重大财产损失，其行为构成放火罪；在从事保姆工作期间，被告人多次盗窃雇主家财物，数额巨大，依法构成盗窃罪。

本案在指定辩护的问题上存在一定的争议，被告人最初委托党琳山律师为其进行辩护，而党琳山律师一直对杭州中院管辖权正当性持有异议，并坚持要求异地管辖。经法院多次释明而没有效果，党琳山律师在开庭 26 分钟时自行退出法庭。对此，杭州中院视为律师拒绝辩护。根据杭州中院官方微博 1 月 8 日的通报，12 月 27 日，被告人莫焕晶向该院书面提出不再委托辩护人，由法律援助律师为其辩护。根据 2012 年《刑事诉讼法》第 34 条之规定，杭州中院依法通知市法律援助中心指派律师为被告人莫焕晶提供辩护。12 月 29 日，法援中心指派的两位律师在杭州市看守所会见了被告人莫焕晶，莫同意了该两位律师为其提供辩护。

而根据党琳山律师在其新浪微博客户端上公开的内容，被告人曾于 12 月 9 日写下一则声明，表明"在任何情况下都不解除党琳山律师的委托，在任何情况下都不再请其他律师。"据新华社杭州 1 月 8 日电（记者陈晓波），8 日上午，律师党琳山发文质疑审理"蓝色钱江"保姆放火、盗窃案的杭州中院，称该院在被告人莫焕晶有委托律师的情况下强行指定法律援助律师。8 日上午，党琳山个人微博称，其与另一位何姓律师前往杭州市看守所看望被告人莫焕晶遭到拒绝，理由是其"已经有两名律师了"。而党琳山声称其并未收到被告人解除委托的声明，另一名律师也在规定时间内向法院递交了委托手续。根据记者在采访中调查得知，该何姓律师为中稳律师事务所律师何兵，其于 2018 年 1 月 5 日下午，通过杭州中院诉讼服务中心材料收转窗口提交了被告人之父签名的代为委托辩护的材料。对此，杭州中院的回应是："鉴于莫焕晶先前已明确表示接受法律援助律师为其辩护，不再另行委托辩护人，为依法充分保障其权利……听取莫焕晶本人意见后依法处理。"

二、法律问题

指定辩护的适用条件与程序。

三、法理分析

我国关于刑事诉讼法律援助的规定主要见于《刑事诉讼法》及其司法解释,《法律援助条例》和最高人民法院、最高人民检察院、公安部、司法部《关于刑事诉讼法律援助工作的规定》等文件中,根据《刑事诉讼法》第35条、第278条、第293条、第304条的规定,对被追诉人的法律援助可以分为依申请指派律师援助和法定指派律师援助两种情形。前者是指犯罪嫌疑人、被告人因经济困难或者其他原因没有委托辩护人的,本人及其近亲属可以向法律援助机构提出申请。对符合法律援助条件的,法律援助机构应当指派律师为其提供辩护。后者则规定了满足以上条文规定的情形下,犯罪嫌疑人、被告人没有委托辩护人的,人民检察院、人民法院和公安机关应当通知法律援助机构指派律师为其提供辩护。这些情形主要包括:①犯罪嫌疑人、被告人是盲、聋、哑人,或者是尚未完全丧失辨认或控制自己行为能力的精神病人;②犯罪嫌疑人、被告人可能被判处无期徒刑、死刑的;③犯罪嫌疑人、被告人是未成年人的;④人民法院缺席审判的案件;⑤人民法院审理强制医疗案件。需要指出的是,最高法《解释》在2021年修改时第47条增加了两种法定指派律师援助的情形,即高级人民法院复核死刑案件以及死刑缓期执行期间故意犯罪的案件。以上情形适用的共同前提是犯罪嫌疑人、被告人(被申请人)及其法定代理人、近亲属没有(代为)委托辩护人或诉讼代理人。反之,如果存在合法的委托关系,则不适用法律援助的有关规定。《法律援助条例》第23条第3项、《关于刑事诉讼法律援助工作的规定》第22条第3项对此均作出明确规定。[1]

本案中,被告人莫焕晶触犯放火罪和盗窃罪、造成4人死亡和重大财产损失,可能被判处死刑,如果其未委托辩护人,则人民法院、人民检察院及公安

---

[1]《法律援助条例》第23条:办理法律援助案件的人员遇有下列情形之一的,应当向法律援助机构报告,法律援助机构经审查核实的,应当终止该项法律援助:①受援人的经济收入状况发生变化,不再符合法律援助条件的;②案件终止审理或者已被撤销的;③受援人又自行委托律师或者其他代理人的;④受援人要求终止法律援助的。《关于刑事诉讼法律援助工作的规定》第22条:具有下列情形之一的,法律援助机构应当作出终止法律援助决定,制作终止法律援助决定书发送受援人,并自作出决定之日起3日内函告公安机关、人民检察院、人民法院:①受援人的经济收入状况发生变化,不再符合法律援助条件的;②案件终止办理或者已被撤销的;③受援人自行委托辩护人或者代理人的;④受援人要求终止法律援助的,但应当通知辩护的情形除外;⑤法律、法规规定应当终止的其他情形。公安机关、人民检察院、人民法院在案件办理过程中发现有前款规定情形的,应当及时函告法律援助机构。

机关有义务通知法律援助机构指派律师为其提供辩护。但其是否适用强制辩护或者说法定指派律师进行援助的情形呢？根据杭州中院的通告，被告人莫焕晶的父亲代为委托了何兵律师进行辩护，而原辩护人党琳山是否构成拒绝辩护并因此失去辩护人资格尚且存疑。何兵律师在规定的时间内接受了委托并按时提交了委托手续，此时按照规定，法律援助机构应当终止该法律援助，人民法院应当及时函告法律援助机构，显然杭州市中院并未采取这样的做法。

此外，根据最高人民法院、最高人民检察院、公安部等《关于依法保障律师执业权利的规定》第 8 条规定，在押的犯罪嫌疑人、被告人提出解除委托关系的应当满足一定的程序：其一，办案机关应当要求其出具或签署书面文件，并在 3 日以内转交受委托的律师或者律师事务所。其二，辩护律师可以要求会见在押的犯罪嫌疑人、被告人，当面向其确认解除委托关系，看守所应当安排会见；但犯罪嫌疑人、被告人书面拒绝会见的除外（由看守所转交有关书面材料）。其三，在押的犯罪嫌疑人、被告人的监护人、近亲属解除代为委托辩护律师关系的，经犯罪嫌疑人、被告人同意的，看守所应当允许新代为委托的辩护律师会见，由犯罪嫌疑人、被告人确认新的委托关系；犯罪嫌疑人、被告人不同意解除原辩护律师的委托关系的，看守所应当终止新代为委托的辩护律师会见。而依据党琳山律师发布的微博，2018 年 1 月 8 日其与何兵教授前往杭州市看守所会见，但是杭州市看守所以有两名辩护律师为由不予安排会见，并且一直未见到被告人解除委托的书面材料。看守所的做法确有不合乎规范之处。

四、参考意见

根据《关于依法保障律师执业权利的规定》，犯罪嫌疑人、被告人在押时，其近亲属可以代为委托辩护人，此时看守所应当允许新代为委托的辩护律师会见，由犯罪嫌疑人、被告人确认新的委托关系。如果其不同意解除原辩护律师的委托关系的，看守所应当终止新代为委托的辩护律师会见。本案中看守所未允许被告人的父亲代为委托的律师会见被告人，确实存在程序上的不当之处。进而言之，如果被告人确认了委托关系，则依据《刑事诉讼法》《法律援助条例》等规定，法院无义务也不能通知法援机构指派律师进行辩护，否则也将有悖于法律援助制度设立的初衷。

◈ 拓展资料

1-4 拓展阅读

专题五：强制措施

◈ 知识概要

强制措施是指在刑事诉讼过程中，公安机关、人民检察院和人民法院为保证刑事诉讼活动顺利进行，依法采用强制手段，在一定期限内临时限制或剥夺犯罪嫌疑人、被告人的人身自由的各种措施。

毫无疑问，强制措施是国家机关对犯罪嫌疑人、被告人采取的具有强制力的手段，其适用不以被适用者的意志为转移。实践中，强制措施会对犯罪嫌疑人、被告人的人身自由造成不同程度的限制甚至剥夺，这就要求强制措施必须由法定主体，依照法律明文规定的种类、条件、程序以及期限，将其适用于法定对象。根据《刑事诉讼法》第六章的规定，刑事诉讼活动中的强制措施仅限于五种，包括拘传、取保候审、监视居住、拘留和逮捕。上述措施的实施主体只能是公安机关、人民检察院和人民法院，对象限于犯罪嫌疑人、被告人，不能扩大到其他诉讼参与人或者诉讼外的公民。从实施目的来看，强制措施的适用是为了保证诉讼活动顺利进行，而不是为了惩罚或者制裁犯罪嫌疑人、被告人，正是这一点使得强制措施根本区别于刑罚和行政处罚。也因此，一旦影响诉讼顺利进行的因素被消除或者不再存在，有关机关应当立即解除强制措施，即强制措施仅具有临时性。

为了使刑事诉讼活动顺利进行与公民合法权利受有保障之间维持平衡,[1]公安司法机关在适用强制措施时必须将合法性原则、必要性原则和比例原则纳入考量。根据合法性原则、必要性原则的要求,强制措施的适用应当严格遵守法律规定的适用主体、适用对象、适用程序和适用期限等,且只有为保证刑事诉讼顺利进行确有必要时方可适用。需要特别强调的是比例原则,它是指"使用手段"与"所达目的"之间形成比例,这是国家干预公民基本权利时必须恪守的底线。在刑事诉讼中,比例原则要求强制措施的选择及采用要与案情相适应,并根据诉讼活动的变化及时调整,不得超出必要限度而使用强度较高的强制措施,反之亦然。在我国,拘传、取保候审、监视居住、拘留和逮捕五种强制措施一起构成了轻重衔接的有机体系。实务中,办案机关应当根据案件情况,综合考虑犯罪嫌疑人、被告人实施行为的社会危害性,以及是否有逃避侦查、起诉和审判或者进行各种妨害刑事诉讼行为的可能性,选择与案情需要形成比例的强制措施,做到具体问题具体分析,使比例原则切实贯彻于刑事强制措施的适用中。

如上述所言,强制措施的实施是为了保证刑事诉讼活动顺利进行,它可以有效防止犯罪嫌疑人、被告人逃跑或逃避诉讼,毁灭、伪造证据或者串供,防止其打击报复证人、被害人或自杀、自残等。但是,"在刑事诉讼领域,秩序价值包含两种含义:其一是通过追究犯罪以恢复社会秩序;其二是追究犯罪的活动必须是有序的,不得导致无序状态"。[2]故从另一个角度来看,刑事强制措施对于保障人权、规范公安司法机关的行为也具有至关重要的意义。基于此,不只是强制措施的程序、期限等具体设计须体现对被追诉者人权的保护,在相关机关违反法定程序使用强制措施时,其违法行为必须及时受到制裁。具言之,办案机关收集到的证据将被认定为非法证据,情节严重时,相关人员还可能受到刑事追诉。

放眼域外,为了满足强制措施内在提出的人权保障要求,除合法性原则、必要性原则和比例原则以外,域外国家还纷纷确立了令状原则,并通过司法审查制度将该项原则落实于实务之中,"即由经法律授权行使司法权力的审判

---

〔1〕　参见卞建林:"我国刑事强制措施的功能回归与制度完善",载《中国法学》2011年第6期。

〔2〕　[英]彼得·斯坦、约翰·香德:《西方社会的法律价值》,王献平译,中国人民公安大学出版社1990年版,第38页。

官或者其他官员对强制措施的合法性、必要性进行审查以决定是否适用"。[1]回视我国,为了进一步加强人权保障,关于刑事强制措施的规定也进行了一系列的修改。具体而言:其一,2012 年《刑事诉讼法》修改时增加了检察院在审查批准逮捕时讯问犯罪嫌疑人,听取辩护律师意见的规定,[2]使得检察院在审查批准逮捕时不仅要审查公安机关报批的书面材料,而且可以讯问犯罪嫌疑人,听取辩护律师的意见。其二,2012 年《刑事诉讼法》修改时增加了逮捕以后检察机关对被追诉者羁押必要性审查的规定,2019 年最高检《规则》修改更是在第十三章中用专节对羁押必要性审查作出专门规定。这些规定对保障被追诉人的诉讼权利大有裨益。然而,需要指出的是,就审查批准逮捕时讯问犯罪嫌疑人的规定而言,尽管这是一大进步,但检察机关审查时公安机关和辩方并非同时在场,这种现状反映出我国刑事强制措施在人权保障方面仍有较大的完善空间。

◈ 经典案例

案例(一):陈某某故意毁坏财物案[3]

一、基本案情

2019 年 1 月 2 日晚,犯罪嫌疑人陈某某至青岛市黄岛区小区,将自己车

---

〔1〕 卞建林:"我国刑事强制措施的功能回归与制度完善",载《中国法学》2011 年第 6 期。

〔2〕 2012 年《刑事诉讼法》第 86 条规定:"人民检察院审查批准逮捕,可以讯问犯罪嫌疑人;有下列情形之一的,应当讯问犯罪嫌疑人:①对是否符合逮捕条件有疑问的;②犯罪嫌疑人要求向检察人员当面陈述的;③侦查活动可能有重大违法行为的。人民检察院审查批准逮捕,可以询问证人等诉讼参与人,听取辩护律师的意见;辩护律师提出要求的,应当听取辩护律师的意见。"2012 年底修改的最高检《规则》第 305 条第 1 款也规定:"侦查监督部门办理审查逮捕案件,可以讯问犯罪嫌疑人;有下列情形之一的,应当讯问犯罪嫌疑人:①对是否符合逮捕条件有疑问的;②犯罪嫌疑人要求向检察人员当面陈述的;③侦查活动可能有重大违法行为的;④案情重大疑难复杂的;⑤犯罪嫌疑人系未成年人的;⑥犯罪嫌疑人是盲、聋、哑人或者是尚未完全丧失辨认或者控制自己行为能力的精神病人的。"2019 年最高检《规则》修改时将犯罪嫌疑人认罪认罚作为"应当"讯问犯罪嫌疑人的情形之一,即第 280 条第 1 款规定:"人民检察院办理审查逮捕案件,可以讯问犯罪嫌疑人;具有下列情形之一的,应当讯问犯罪嫌疑人:①对是否符合逮捕条件有疑问的;②犯罪嫌疑人要求向检察人员当面陈述的;③侦查活动可能有重大违法行为的;④案情重大、疑难、复杂的;⑤犯罪嫌疑人认罪认罚的;⑥犯罪嫌疑人系未成年人的;⑦犯罪嫌疑人是盲、聋、哑人或者是尚未完全丧失辨认或者控制自己行为能力的精神病人的。"

〔3〕 案情改编自山东省青岛市黄岛区人民法院(2019)鲁 0211 刑初 774 号刑事判决书。

牌号×某的北京现代伊兰特轿车停放于被害人逢某租赁的小区××车位上。次日8时左右陈某某发现自己的车辆被一辆车牌号为×某的黑色本田雅阁轿车（所有人逢某）挡住，陈某某遂驾驶自己的车辆，故意倒车撞击该本田雅阁轿车，直至将自己的车辆倒出车位驶离现场，导致该本田雅阁轿车的一扇左后门车壳、一页左后方的叶子板、一个左后外尾灯、一个后保险杠和一个后桥损毁，经价格认定逢某的本田雅阁轿车毁损价值人民币11 560元。

案件发生后，犯罪嫌疑人陈某某于当日主动前往公安机关投案认罪，具有自首、坦白情节，认罪态度较好。经了解，陈某某系初犯、偶犯，没有前科，犯罪前一贯表现良好；且事发后陈某某已向被害人逢某赔偿损失，并取得了逢某谅解。公安机关结合陈某某所实施的罪行及其案发后的表现，于1月8日决定对犯罪嫌疑人陈某某采取取保候审的强制措施，并根据《刑事诉讼法》第68条的规定责令陈某某出保证人或者交纳保证金。陈某某遂提出其妻子刘某作为保证人，刘某本人对此表示同意。经公安机关调查核实，刘某具备监督被保证人陈某某履行取保候审义务的能力，于是由刘某向公安机关出具保证书，对犯罪嫌疑人陈某某进行取保候审。

在2015年1月14日发生的另一起类似案件[1]中，犯罪嫌疑人卢某某至上海市南丹路×××号某之光某号楼地下一层大堂电梯口，为发泄个人怨恨，故意划开该处悬挂的两幅写意山水油画。经鉴定，上述油画损害部分的损失价格合计人民币9833元，卢某某的行为涉嫌触犯《刑法》第275条关于故意毁坏财物罪的规定。同月19日，嫌疑人卢某某主动前往徐家汇派出所自首，如实供述了上述犯罪事实，赔偿了被害单位损失。鉴于卢某某的上述表现，徐家汇派出所欲依照《刑事诉讼法》第67条之规定对其适用取保候审的强制措施。但由于投案后，卢某某既不能提出保证人，又无法交纳保证金，徐家汇派出所最终决定在卢某某于本市的固定住处对其进行监视居住。

二、法律问题

1. 取保候审的适用条件及其程序如何？

---

〔1〕 案情改编自上海市徐汇区人民法院（2015）徐刑初字第809号刑事判决书。

2. 监视居住的适用条件、执行主体及执行方式如何？

三、法理分析

（一）公安机关对犯罪嫌疑人陈某某适用取保候审是否符合法律规定

根据必要性原则和比例原则的要求，在诉讼过程中，办案机关若能对犯罪嫌疑人、被告人采取强制程度低的措施，则不应采取强制程度高的措施，这一来可有效防止被追诉者逃避或者妨碍诉讼活动，二来也能避免因强制措施适用不当对公民的人身权利造成侵害。在我国刑事强制措施体系中，取保候审是一种强制力度相对较轻的措施，可适用于社会危害性小、人身危险性低的犯罪嫌疑人、被告人。根据《刑事诉讼法》第 67 条的规定，取保候审的适用条件包括以下四种情形：①可能判处管制、拘役或者独立适用附加刑的；②可能判处有期徒刑以上刑罚，采取取保候审不致发生社会危险性的；③患有严重疾病、生活不能自理，怀孕或者正在哺乳自己婴儿的妇女，采取取保候审不致发生社会危险性的；④羁押期限届满，案件尚未办结，需要采取取保候审的。此外，根据《刑事诉讼法》第 68 条的规定，被取保候审的，应当提供法律要求的担保，即提出保证人或者交纳保证金。

在第一起案件中，犯罪嫌疑人陈某某的行为涉嫌故意毁坏财物罪，根据《刑法》第 275 条之规定，故意毁坏公私财物、数额较大或者有其他严重情节的，处 3 年以下有期徒刑、拘役或罚金；数额巨大或者有其他特别严重情节的，处 3 年以上 7 年以下有期徒刑。考虑到本案嫌疑人陈某某故意毁坏逢某汽车的起因、案发后主动自首和及时赔偿被害人经济损失等情节，陈某某有很大的概率被判处拘役、管制或独自适用附加刑，[1]且陈某某系初犯、偶犯，犯罪前一贯表现良好，妨碍诉讼活动进行的可能性并不大，亦不大可能继续危害社会。因此，公安机关对犯罪嫌疑人陈某某作出取保候审的决定是合法且合理的。

（二）徐家汇派出所对犯罪嫌疑人卢某某作出监视居住的决定以及执行方式是否合法

《刑事诉讼法》第 74 条对监视居住的适用条件作出了详细规定。根据该

---

[1] 青岛市黄岛区人民法院最终认定被告人陈某某犯故意毁坏财物罪，判处拘役 6 个月，缓刑 1 年。

条，人民法院、人民检察院和公安机关对符合逮捕条件，但有下列情形之一的犯罪嫌疑人、被告人，可以采取监视居住：①患有严重疾病、生活不能自理的；②怀孕或者正在哺乳自己婴儿的妇女；③系生活不能自理的人的唯一扶养人；④因为案件的特殊情况或者办理案件的需要，采取监视居住措施更为适宜的；⑤羁押期限届满，案件尚未办结，需要采取监视居住措施的。此外，对符合取保候审条件，但犯罪嫌疑人、被告人不能提出保证人，也不交纳保证金的，可以监视居住。由此观之，一方面，监视居住是作为逮捕的替代措施而存在，也就是对该公民该捕，但因客观情况不宜适用逮捕或者适用监视居住更好时，则选取监视居住为强制措施，体现了《刑事诉讼法》的人权保障精神；另一方面，立法将监视居住作为取保候审的补充措施，即对于符合取保候审条件，但犯罪嫌疑人、被告人既不能提出保证人，也不能交纳保证金时，也可适用监视居住。根据《刑事诉讼法》第74条、第75条，监视居住由公安机关具体执行，原则上，执行地点应当为犯罪嫌疑人、被告人的住处，而当其无固定住处时，可以在指定的居所执行。

第二起案件中，犯罪嫌疑人卢某某的主观恶性及其实施行为的社会危害性与第一起案件基本相当。且案发后，卢某某能够主动到案、赔偿被害单位损失，悔罪态度良好，本应适用取保候审。但因卢某某既不能提出保证人，又无法交纳保证金，故徐家汇派出所决定对其进行监视居住。经调查，卢某某于本市有固定住处，监视居住的执行地点也随之确定下来。综上，本案中的监视居住是作为取保候审的补充措施而被适用，派出所对犯罪嫌疑人卢某某于其居所进行监视居住符合法律规定。

四、参考意见

1. 取保候审的适用条件是犯罪嫌疑人、被告人具有《刑事诉讼法》第67条规定的四种情形之一。实践中，公安司法机关必须对取保候审是否符合法定情形谨慎作出认定，防止当取保而不取、不当取保而取之的情况出现。

2. 根据《刑事诉讼法》第74条的规定，监视居住的适用条件包括六种情形，其中，前五种情形下的监视居住是作为逮捕的替代措施，第六种情形的监视居住是作为取保候审的替代措施。监视居住的执行主体是公安机关，执行地点应当为犯罪嫌疑人、被告人的住处，当其无固定住处时，可以在指定的居所执行。对于涉嫌危害国家安全犯罪、恐怖活动犯罪，在住处执行可能有碍侦查的，经上一级公安机关批准，也可以在指定的居所执行。需要注意的是，监视居住执行场所的选取应当严格依照法律规定，不得为监视居住建立专门场所，不得在看守所或办案机关的工作场所监视居住，也不得在被监视居住人有住处的情况下另行指定居所，要警惕监视居住异化为对被追诉者的变相羁押。

案例（二）：吴某某强奸案[1]

一、基本案情

被害人袁某系犯罪嫌疑人吴某某妻兄（路某 3）的前妻。2017 年 6 月 9 日 13 时许，犯罪嫌疑人吴某某来到怀来县沙城镇金泉小区 6 号楼 1 单元 302 室袁某的租住房，欲与袁某发生性关系。因二人是旧识，嫌疑人吴某某敲门进入室内，并尾随袁某进入卧室，采取搂、压等手段，在袁某不情愿，并抓伤、咬伤其的情况下，强行与袁某在卧室床上发生性关系。事后袁某痛哭并立即用手机拨打 110 报警，嫌疑人吴某某怕事情败露，与袁某争抢报警手机并挂断报警电话。袁某随即打电话给其朋友余某让其帮忙报警，并自己再次拨打 110 报警电话。后犯罪嫌疑人吴某某离开现场，于当日 18 时许在怀来县沙城镇理想上城小区西门被公安民警抓获。此时公安机关已对其作出拘留决定，但由于执行拘留时过于匆忙，抓捕民警并未携带拘留证。吴某某被拘留后，办案人员因忙于其他突发案件，并未及时对其进行讯问，且在两天之后才将吴某某送往看守所；吴某某在看守所被关押 1 月有余，公安机关也未将情况通知其亲属或所在单位，吴某某的姐姐事后通过邻居方才得知此事。

二、法律问题

1. 拘留的适用条件有哪些？

2. 公安机关执行拘留的程序是什么？

---

[1] 案情改编自河北省张家口市中级人民法院（2018）冀 07 刑终 131 号刑事判决书。

三、法理分析

（一）公安机关决定对吴某某进行拘留是否符合法律规定

不同于行政拘留是公安机关针对行政违法者的一种行政处罚措施，刑事诉讼中的拘留是指公安机关在侦查过程中遇有紧急情况，依法临时剥夺现行犯或者重大嫌疑分子人身自由的一种强制措施。根据《刑事诉讼法》第82条的规定，公安机关对于现行犯或者重大嫌疑分子，如果有下列情形之一的，可以先行拘留：①正在预备犯罪、实行犯罪或者在犯罪后即时被发觉的；②被害人或者在场亲眼看见的人指认他犯罪的；③在身边或者住处发现有犯罪证据的；④犯罪后企图自杀、逃跑或者在逃的；⑤有毁灭、伪造证据或者串供可能的；⑥不讲真实姓名、住址，身份不明的；⑦有流窜作案、多次作案、结伙作案重大嫌疑的。

本案中，犯罪嫌疑人吴某某对袁某实施强奸后，被害人袁某立即用手机多次拨打110报警，向公安机关指认了吴某某对其实施强奸的犯罪事实。此时，吴某某在法律地位上属于重大嫌疑分子，且兼具可以适用拘留的第一种和第二种法定情形，即犯罪后即时被发觉以及被害人指认其犯罪。基于此，公安机关对吴某某作出拘留的决定是符合法律规定的。

（二）公安机关在对吴某某执行拘留时，哪些行为违反了《刑事诉讼法》

根据《刑事诉讼法》和《公安机关办理刑事案件程序规定》中的有关规定[1]，拘留实行内部审批制度，并分为有证拘留和无证拘留两种。公安机关执行拘留时，必须出示拘留证，遇有紧急情况进行无证拘留的，应当将犯罪嫌疑人带至公安机关后立即审查，办理法律手续。为防止公安机关在拘留后、送看守所前对犯罪嫌疑人非法讯问，应当在拘留后立即将嫌疑人送至看守所，至迟不得超过24小时。对被拘留的犯罪嫌疑人，公安机关应当在24小时内进行讯问，除无法通知或者涉嫌危害国家安全犯罪、恐怖活动犯罪通知可能有碍侦查的情形[2]以外，应当在拘留后24小时以内，将拘留的原因和羁押

---

〔1〕 参见《刑事诉讼法》第82~86条、《公安机关办理刑事案件程序规定》第120~128条。

〔2〕 根据《公安机关办理刑事案件程序规定》第109条第2款，"无法通知"是指：①不讲真实姓名、住址、身份不明的；②没有家属的；③提供的家属联系方式无法取得联系的；④因自然灾害等不可抗力导致无法通知的。根据第123条第3款，"有碍侦查"是指：①可能毁灭、伪造证据，干扰证人作证或者串供的；②可能引起同案犯逃避、妨碍侦查的；③犯罪嫌疑人的家属与犯罪有牵连的。无法通知、有碍侦查的情形消失以后，应当立即通知被拘留人的家属。

处所通知被拘留人的家属。对犯罪嫌疑人讯问、审查后，公安机关要根据案件情况作出相应的处理决定：①发现不应当拘留的，必须立即释放；②认为需要逮捕的，应当在拘留期限内依法向检察机关提请批准逮捕；③认为应当追究刑事责任但不需要逮捕的，应当依法直接（或者依法办理取保候审或监视居住手续后）向检察院公诉部门移送审查起诉；④拘留期限届满，案件尚未办结，需要继续侦查的，依法办理取保候审或者监视居住手续。

拘留的期限可以分为以下三种情形：一是公安机关认为需要逮捕的，应当在拘留后的 3 日以内，提请人民检察院审查批准。人民检察院应当在收到提请批准逮捕书的 7 日内决定是否逮捕。此种情形下，拘留的期限为 10 日。二是在特殊情况下，提请审查批准的时间可以延长 1 日至 4 日，加之检察机关审查批捕的 7 日，此种情形下拘留的最长期限为 14 日。三是特殊的三类犯罪，即对流窜作案、多次作案、结伙作案的重大嫌疑分子，提请批捕的时间可以延长至 30 日，加之检察机关审查批捕的 7 日，此种情形下拘留的最长期限为 37 日。

结合上述规定，公安机关在对犯罪嫌疑人吴某某执行拘留的程序中存在三处违法情形。其一，本案属于有证拘留的情形，但办案人员在拘留吴某某时未携带拘留证，未能当场向吴某某出示此证。其二，办案人员在拘留吴某某之后，没有在法律规定的时间内将其送至看守所羁押以及对其进行讯问；在本案并不属于"无法通知"或"有碍侦查"的情况下，也未依法按时将拘留原因和地点通知其家属或所在单位。其三，本案并不属于特殊的三类犯罪，故对嫌疑人吴某某拘留的最长期限不应超过 14 日，然而吴某某却在看守所被羁押 1 月有余，由此可知拘留期限届满后，公安机关并未依法向检察机关申请对吴某某批准逮捕或者将强制措施变更为取保候审或监视居住。

四、参考意见

1. 公安机关对犯罪嫌疑人决定拘留时，必须符合两个条件：其一，拘留的对象必须是现行犯或重大嫌疑分子，现行犯是指正在进行犯罪的人，重大嫌疑分子是指有证据证明具有重大犯罪嫌疑的人；其二，具有《刑事诉讼法》第 82 条规定的法定紧急情形之一。

2. 概括起来，拘留的程序包括：内部审批、现场拘留、及时送看、及时讯问、通知家属以及审查处理。其中，为保障犯罪嫌疑人的基本权利受有保障，及时送看、及时讯问、通知家属三项一般应当立即执行，至迟不得超过拘留后的 24 小时。根据《刑事诉讼法》第 97 条的规定，犯罪嫌疑人及其法定代理人、近亲属或者辩护人认为拘留的法定羁押期限届满，可以向公安机关提出释放犯罪嫌疑人或者变更强制措施的要求。

案例（三）：马某某故意杀人案[1]

一、基本案情

1998 年 9 月 11 日晚上 12 时许，犯罪嫌疑人马某甲在银川监狱砖厂夜间劳动值勤过程中趁机脱逃。1998 年 9 月 18 日晚 12 时左右，马某甲潜逃至吴忠市利通区金积镇阀门厂东侧某商店，与店主吴某甲发生冲突，嫌疑人马某甲翻越柜台持店内酒瓶猛击被害人吴某甲的头部数下，致其倒地当场死亡后逃离。次日早晨 7 时许，被害人吴某甲之妻孙某某来到商店发现丈夫吴某甲遇害遂报警，后经送医院确诊吴某甲已死亡。经法医鉴定，被害人吴某甲系被钝器多次打击致颅脑严重损伤而死亡。案发现场勘验中，公安民警依法提取了现场玻璃柜台上遗留的潜血手印指纹一枚，泥手掌印一枚。2017 年 2 月初，在开展命案积案专项工作行动中，吴忠市公安局利通区分局刑侦大队将 1998 年 9 月 19 日现场所提取血指纹入库比对，确认马某甲有作案嫌疑，经询问马某甲狱友贺某、张某某和周某某，其均曾听闻马某甲说"这次事情干大了""把人干死了，是个男的"。2017 年 3 月 3 日，公安机关将犯罪嫌疑人马某甲在吴忠市利通区某北侧抓获归案并将其转移至看守所进行拘留，于当月 30 日向检察机关正式提请批捕。在马某甲被刑事拘留的前 6 个月中，公安机关曾多次向检察院提请批准逮捕，但检察院以事实不清、证据不足为由，不予批捕。公安机关虽然未成功提请批捕，却也一直未释放马某甲。2017 年 9 月 7 日，检察院批准逮捕马某甲。此后，因证据不足该案被区检察院和市检察 3 次退回补充侦查，直到 2018 年 11 月 5 日，市检察院才对马某甲提起公诉。

---

〔1〕　案情改编自宁夏回族自治区吴忠市中级人民法院（2018）宁 03 刑初 15 号刑事附带民事判决书。因事实不清，证据不足，该案被告人马某甲最终被判无罪。

被羁押后，犯罪嫌疑人马某甲对办案机关指控其犯故意杀人罪提出异议，辩称案发当晚 12 时左右其因买香烟进入某商店，看到被害人侧卧在地上，其跳进柜台看被害人是否活着，就用右手摸了被害人左右颈动脉，发现被害人已死亡，当时脑子一片空白，就又从柜台翻出来，随手拉上店门便离开了现场，其没有实施杀害被害人吴某甲的行为。

二、法律问题

1. 逮捕的适用条件有哪些？

2. 《刑事诉讼法》中，逮捕的相关期限是如何规定的？

三、法理分析

（一）公安机关对马某甲适用逮捕的强制措施是否符合法律规定

根据《刑事诉讼法》第 81 条的规定，逮捕的适用有十分严格的条件，只有同时满足这些条件时，方可适用逮捕。具言之，即对有证据证明有犯罪事实[1]，可能判处徒刑以上刑罚的犯罪嫌疑人、被告人，采取取保候审尚不足以防止发生下列社会危险性的，应当予以逮捕：①可能实施新的犯罪的；②有危害国家安全、公共安全或者社会秩序的现实危险的；③可能毁灭、伪造证据，干扰证人作证或者串供的；④可能对被害人、举报人、控告人实施打击报复的；⑤企图自杀或者逃跑的。对有证据证明有犯罪事实，可能判处 10 年有期徒刑以上刑罚的，或者有证据证明有犯罪事实，可能判处徒刑以上刑罚，曾经故意犯罪或者身份不明的，应当予以逮捕。被取保候审、监视居住的犯罪嫌疑人、被告人违反取保候审、监视居住规定，情节严重的，可以予以逮捕。为了与认罪认罚从宽制度相衔接，体现对被追诉人程序上的从宽，2018 年修改后的《刑事诉讼法》在该条中补充规定了"批准或者决定逮捕，应当将犯罪嫌疑人、被告人涉嫌犯罪的性质、情节，认罪认罚等情况，作为是否可能发生社会危险性的考虑因素"。

在我国刑事强制措施体系中，逮捕是强制力度最高的一项措施，如果错

---

[1] 证据条件具体包括：有证据证明发生了犯罪事实；有证据证明该犯罪事实是犯罪嫌疑人、被告人实施的；证明犯罪嫌疑人、被告人实施犯罪行为的证据已经查证属实。

误或者不当适用逮捕，可能会对公民的人身自由权利造成严重侵害，损害司法公信力。因此，有关机关对逮捕的适用应遵循"慎捕""少捕"方针，即不仅要严格适用逮捕的条件，而且对于能够不捕的尽量不捕，更不能以捕代侦，任意逮捕。[1]

本案中，马某甲涉嫌触犯故意杀人罪，根据《刑法》第 232 条的规定，"故意杀人的，处死刑、无期徒刑或者 10 年以上有期徒刑；情节较轻的，处 3 年以上 10 年以下有期徒刑"。决定对马某甲进行逮捕的关键因素在于，判断是否"有证据证明有犯罪事实"。综观本案证据，嫌疑人马某甲始终没有供认其实施了杀害被害人的行为，无法确认其杀人动机、作案手段和过程。证人贺某、张某某等陈述听马某甲说干死他人的对象不明，内容模糊，是否对应为本案被害人不清，证明力较低。作案工具没有收集到案，据以鉴定的关键痕迹物证血指纹、泥掌印来源不明，无法证实被害人死亡与嫌疑人马某甲存在因果关联。因此，马某甲并不符合逮捕的条件，检察院批准逮捕马某甲的决定是不正确的。

（二）本案是否存在超期羁押问题

逮捕后的羁押期限和办案期限是两个不同的概念，前者是指对未经审判的犯罪嫌疑人、被告人在专门场所内临时限制人身自由、处于羁押状态的时限，后者是指办案机关办理案件必须遵守的时限。我国《刑事诉讼法》对未决犯的羁押期限和各诉讼阶段的办案期限合二为一，并未采取分开计算的模式。《刑事诉讼法》第 91 条规定了公安机关提请批捕和检察院审查批捕的时限：①公安机关对被拘留的人，认为需要逮捕的，应当在拘留后的 3 日以内，提请人民检察院审查批准。在特殊情况下，提请审查批准的时间可以延长 1 日至 4 日。对于流窜作案、多次作案、结伙作案的重大嫌疑分子，提请审查批准的时间可以延长至 30 日。②人民检察院应当自接到公安机关提请批准逮捕书后的 7 日以内，作出批准逮捕或者不批准逮捕的决定。根据《刑事诉讼法》第 156 条至第 157 条的规定，对犯罪嫌疑人逮捕后的侦查羁押期限一般不得超过 2 个月，最多可延长至 7 个月，即逮捕的最长期限可以达到 7 个月。

---

〔1〕 参见汪海燕主编：《刑事诉讼法》，中国政法大学出版社 2015 年版，第 133 页。

首先，公安机关提请批准逮捕超过了法定期限。本案不属于可延长提请批捕期限的情况，公安机关最多在 7 日内要完成提请批捕的工作，马某甲于 2017 年 3 月 3 日被公安机关拘留，当月 30 日才报请批捕，超法定期限 20 天。

其次，人民检察院应当自接到公安机关提请批捕书后的 7 日内进行审查，检察院不批准逮捕的，公安机关应当在接到通知后立即释放；对于需要继续侦查，并且符合取保候审、监视居住条件的，依法取保候审或者监视居住。本案中，公安机关多次提请批捕均未成功，却也一直未释放马某甲，并将其以刑事拘留的名义羁押达 6 个月之久，已构成超期羁押。进入审查起诉阶段，检察机关数次将案件退回公安机关补充侦查，此时马某甲又被羁押了近 14 个月。本案中，犯罪嫌疑人马某甲被超期羁押不仅是由于公安机关未遵守相关法律规定，立法将羁押期限与办案期限合一的设计也是超期羁押现象屡见不鲜的主要原因。

四、参考意见

1. 根据逮捕条件的不同，逮捕可以分为四类。第一类是对有证据证明有犯罪事实，可能判处徒刑以上刑罚的犯罪嫌疑人、被告人，采取取保候审尚不足以防止发生社会危险性的，应当逮捕。此种情形中，逮捕犯罪嫌疑人应同时满足证据条件、刑罚条件、社会危险性三个条件。这是实践中运用最多的情形。第二类是有证据证明有犯罪事实，可能判处徒刑以上刑罚，曾经故意犯罪或者身份不明的，应当逮捕。第三类是有证据证明有犯罪事实，可能判处 10 年有期徒刑以上刑罚的，应当逮捕。第四类是对违反取保候审、监视居住规定，情节严重的，根据案件情况，可以逮捕。[1]

2. 《刑事诉讼法》第 91 条对公安机关提请批捕和检察院审查批捕的时限作出了明确规定，关于逮捕的最长期限，立法则并未明晰。根据《刑事诉讼法》第 156 条至第 160 条的规定，侦查羁押期限最长可达到 7 个月，而其他诉讼阶段并未设置独立的羁押期限，实践中羁押期限均依照诉讼期限来确定。

---

[1] 根据最高法《解释》第 166 条："对可能判处徒刑以下刑罚的被告人，违反取保候审、监视居住规定，严重影响诉讼活动正常进行的，可以决定逮捕。"

因此，逮捕的最长期限实际上等于侦查羁押期限与各诉讼阶段的诉讼期限之和。由于我国的羁押率较高、羁押时间较长，为了防止羁押的滥用，减少、缩短捕后羁押，2012 年修改《刑事诉讼法》时，增设了羁押必要性审查制度。犯罪嫌疑人、被告人被逮捕后，人民检察院仍应当对羁押的必要性进行审查。对不需要继续羁押的，应当建议予以释放或者变更强制措施。

拓展资料

1－5 拓展阅读

| 第二章 |

刑事诉讼法证据论专题

专题一：非法证据排除规则

📚 知识概要

　　非法证据排除规则是指某些证据对案件事实虽然有证明价值，但取证的手段违法，基于立法者的预先设定或者司法者的据情考量，认为该种证据的使用将违背法律原则以及法律精神所应当体现的社会价值观念，进而对这种证据的资格作出否定性结论的规则。[1]非法证据排除规则起源于美国 1914 年威克斯诉美利坚合众国一案（Weeks v. U.S），该案将警察违反《宪法第四修正案》所获取的非法证据予以排除，不得证明被告人有罪。之后排除范围扩大不止限于《宪法第四修正案》，包括其他违反第五、六修正案等情形获取的证据也应予以排除。

　　我国最早于 1979 年《刑事诉讼法》中规定不得以刑讯逼供等非法方法收集证据，但并未明确确立非法证据排除规则。2010 年两院三部《办理死刑案件证据规定》和《非法证据排除规定》将非法证据排除规则细化为具体规则。2012 年《刑事诉讼法》正式确立了非法证据排除规则，对于排除的范围、排除阶段、排除程序等作了具体规定。其中，第 54 条区分了言词证据和实物证据："采用刑讯逼供等非法方法收集的犯罪嫌疑人、被告人供述和采用暴力、

---

　　〔1〕 宋英辉、汤维建主编：《证据法学研究述评》，中国人民公安大学出版社 2006 年版，第 252 页。

威胁等非法方法收集的证人证言、被害人陈述，应当予以排除。收集物证、书证不符合法定程序，可能严重影响司法公正的，应当予以补正或作出合理解释；不能补正或者作出合理解释的，对该证据应当予以排除。在侦查、审查起诉、审判时发现有应当排除的证据的，应当依法予以排除，不得作为起诉意见、起诉决定和判决的依据。"2013 年党的十八届三中全会《决定》提出"健全错案防止、纠正、责任追究机制，严禁刑讯逼供、体罚虐待，严格实行非法证据排除规则"，2014 年党的十八届四中全会《决定》提出"健全落实罪刑法定、疑罪从无、非法证据排除等法律原则的法律制度"。2017 年 6 月 27 日两院三部《严格实行非法证据排除规定》，对于非法证据排除规则作了系统性规定，进一步完善了非法证据排除规则。2018 年《刑事诉讼法》未体现对非法证据排除规则的修改。2019 年 12 月 31 日施行的最高检《规则》与 2021 年 3 月 1 日施行的最高法《解释》对非法证据排除规则相关内容进行了修订。《监察法》第 33 条规定"监察机关在收集、固定、审查、运用证据时，应当与刑事审判关于证据的要求和标准相一致"。

我国的非法证据排除规则主要包括以下内容：

一、非法言词证据的排除

《刑事刑事诉讼法》第 56 条将非法证据划分为非法言词证据与非法实物证据。其中，非法言词证据包括犯罪嫌疑人、被告人供述、证人证言和被害人陈述。非法取证的手段包含了刑讯逼供、暴力、威胁等非法方法。但是，《刑事诉讼法》中对"刑讯逼供""等非法方法"等用语的语意未做进一步解释。最高法《解释》与最高检《规则》对此作了统一解释规定。最高法《解释》第 123 条与最高法《规则》第 67 条统一规定，采用下列非法方法收集的犯罪嫌疑人、被告人供述，应当予以排除：①采用殴打、违法使用戒具等暴力方法或者变相肉刑的恶劣手段，使犯罪嫌疑人、被告人遭受难以忍受的痛苦而违背意愿作出的供述；②采用以暴力或者严重损害本人及其近亲属合法权益等相威胁的方法，使犯罪嫌疑人、被告人遭受难以忍受的痛苦而违背意愿作出的供述；③采用非法拘禁等非法限制人身自由的方法收集的供述。

《严格实行非法证据排除规定》第 2 条规定："采取殴打、违法使用戒具等暴力方法或者变相肉刑的恶劣手段，使犯罪嫌疑人、被告人遭受难以忍受的痛苦而违背意愿作出的供述，应当予以排除"。根据该规定，刑讯逼供包含了三个条件：一是使用肉刑或者变相肉刑等恶劣手段，如冻、饿、晒、烤和疲劳审讯等非法方法；二是在肉体上或精神上遭受了难以忍受的痛苦；三是违背犯罪嫌疑人、被告人意愿而作出。除了刑讯逼供之外，《严格实行非法证据排除规定》还规定了以下几种情形下取得的言词证据要排除：其一，采用以暴力或者严重损害本人及其近亲属合法权益等进行威胁、非法拘禁等非法限制人身自由的方法等获取的犯罪嫌疑人、被告人供述；其二，采用暴力、威胁以及非法限制人身自由等非法方法收集的证人证言、被害人陈述，应当予以排除。

关于采用刑讯逼供等非法方法获取的犯罪嫌疑人、被告人重复性供述的排除。《严格实行非法证据排除规定》第 5 条将言词证据排除的范围扩展至"毒树之果"，即对采用刑讯逼供方法使犯罪嫌疑人、被告人作出供述，之后犯罪嫌疑人、被告人受该刑讯逼供行为影响而做出的与该供述相同的重复性供述，应当一并排除，但存在两种例外情形：①侦查期间，根据控告、举报或者自己发现等，侦查机关确认或者不能排除以非法方法收集证据而更换侦查人员，其他侦查人员再次讯问时告知诉讼权利和认罪的法律后果，犯罪嫌疑人自愿供述的；②审查逮捕、审查起诉和审判期间，检察人员、审判人员讯问时告知诉讼权利和认罪的法律后果，犯罪嫌疑人、被告人自愿供述的。这可以说是一大进步，2019 年修订的最高检《规则》以及 2021 年修订的最高法《解释》均确定上述言词证据在排除范围之列。[1]

需要说明的是，对于非法取得的证人证言、被害人陈述，我国学界有不同的观点。一些学者认为，应当将暴力、威胁、欺骗等非法手段取得的证人证言和被害人陈述纳入排除的范围；也有学者主张，排除的范围不包括非法取得的证人证言和被害人陈述。[2]由此可见，对于非法取得的证人证言、被害人陈述排除与否，有待进一步研究。

二、非法实物证据的排除

就非法实物证据排除而言，《刑事诉讼法》确认了非法取得的物证和书证

---

〔1〕 参见最高检《规则》第 68 条及最高法《解释》第 124 条。

〔2〕 郑旭：《非法证据排除规则》，中国法制出版社 2009 年版，第 209 页。

排除的规则。较之非法言词证据排除而言，排除非法物证和书证要同时具备三个条件：一是取证"不符合法定程序"；二是"可能严重影响司法公正"；三是在排除之前要经过"予以补正或者作出合理解释"的程序。反而言之，如果能够补正或者做出合理解释的，则不予排除。需要指出的是，最高法《解释》第126条第2款对何谓"可能严重影响司法公正"作了进一步解释，即规定："认定'可能严重影响司法公正'，应当综合考虑收集证据违反法定程序以及所造成后果的严重程度等情况。"但是，根据官方的解释，"可能严重影响司法公正"是指收集物证、书证不符合法定条件程序的行为明显违法或情节严重，可能对司法机关办理案件的公正性、权威性以及司法的公信力产生严重的损害。"补正"是指对取证程序上的非实质性的瑕疵进行补救。"合理解释"是指对取证程序的瑕疵作出符合逻辑的解释。[1]由此可见，上述内容中将可"补正和合理解释"的非法实物证据解释为瑕疵证据，即收集手段或过程中出现手段不当，与"严重影响司法公正"的非法证据程度并不一致，使得两个解释的内容看起来相互矛盾。因此，如何界定严重影响司法公正以及是否将非法实物证据予以排除，需要审判人员在实践中根据案件具体情形进行自由裁量。而且，对于非法言词证据衍生的物证、书证（"毒树之果"）是否排除，非法搜查、扣押等方式取得的物证、书证是否可采，通过侵犯公民隐私权等方式非法获取的录音带或者日记一类物品是否应当排除，以及以"犯意型诱惑侦查"[2]方式取得的物证能否作为定案的根据等问题，《刑事诉讼法》及相关司法解释皆语焉不详，这些问题都有待进一步明确。

三、排除非法证据程序的启动

《刑事诉讼法》第58条规定："法庭审理过程中，审判人员认为可能存在本法第56条规定的以非法方法收集证据情形的，应当对证据收集的合法性进行法庭调查。当事人及其辩护人、诉讼代理人有权申请人民法院对以非法方

---

〔1〕　全国人大常委会法制工作委员会刑法室编：《〈关于修改《中华人民共和国刑事诉讼法》的决定〉条文说明、立法理由及相关规定》，北京大学出版社2012年版，第56页。

〔2〕　"诱惑侦查"分为"机会提供型诱惑侦查"和"犯意诱发型诱惑侦查"。对于毒品案件，还有"数量诱惑侦查"。对于"机会提供型诱惑侦查"的合法性，理论界和实务界基本无争议；在理论界，基本认为"犯意诱发型诱惑侦查"不具有正当性，从而认为法律应当予以禁止。

法收集的证据依法予以排除。申请排除以非法方法收集的证据的，应当提供相关线索或者材料。"据此，我国非法证据排除程序的启动有两种模式：第一种为职权启动模式，即由审判人员启动，审判人员认为存在第56条规定的以非法方法收集证据的情形的，应当对证据的收集合法性进行法庭调查。司法实践中此种启动方法较为少见，更多的是第二种启动方法。第二种为诉权启动模式，即由当事人、辩护人及其诉讼代理人提出，向法院申请或者在侦查阶段向检察院申请排除非法证据。当事人、辩护人及其诉讼代理人在提出申请排除非法证据时应当提供"线索或材料"。需要特别注意的是，当事人等申请排除非法证据不需要承担证明责任，而是只需要提供线索即可，提供之后也不能直接启动排除非法证据程序，而是要法官审查相关线索证据后决定是否启动调查程序。

《刑事诉讼法》第59条规定："在对证据收集的合法性进行法庭调查的过程中，人民检察院应当对证据收集的合法性加以证明。现有证据材料不能证明证据收集的合法性的，人民检察院可以提请人民法院通知有关侦查人员或者其他人员出庭说明情况；人民法院可以通知有关侦查人员或者其他人员出庭说明情况。有关侦查人员或者其他人员也可以要求出庭说明情况。经人民法院通知，有关人员应当出庭。"该条规定了法院启动调查程序之后，由检察机关作为控诉方承担证据收集合法的证明责任。最高法《解释》第135条规定："法庭决定对证据收集的合法性进行调查的，由公诉人通过宣读调查、侦查讯问笔录、出示提讯登记、体检记录、对讯问合法性的核查材料等证据材料，有针对性地播放讯问录音录像，提请法庭通知有关调查人员、侦查人员或者其他人员出庭说明情况等方式，证明证据收集的合法性。讯问录音录像涉及国家秘密、商业秘密、个人隐私或者其他不宜公开内容的，法庭可以决定对讯问录音录像不公开播放、质证。公诉人提交的取证过程合法的说明材料，应当经有关调查人员、侦查人员签名，并加盖单位印章。未经签名或者盖章的，不得作为证据使用。上述说明材料不能单独作为证明取证过程合法的根据。"

四、程序性裁判理论的兴起

我国对于非法证据排除已确立了诸多具体的规则，内容逐步发展与完善，目前已确立了强制性排除、裁量型排除和瑕疵证据补正的三元鼎立的证据排除模式。[1]我国的刑事法庭审判是对被告人要承担的刑事责任问题进行认定，既包括定罪裁判问题，还包括量刑裁判问题，这也是传统意义上的实体裁判，与之相对应的就是程序性裁判。随着近些年程序性问题在诉讼法中越来越受到重视，程序性裁判理论逐渐兴起。程序性裁判旨在解决程序性问题，贯穿于整个刑事诉讼过程中，作为一种重要的程序性裁判程序，非法证据排除程序通常发生在刑事审判过程之中，带有实体性裁判程序的"附属程序"性质。[2]我国确立了在开庭审理前提出非法证据排除申请这一项内容，如被告人及其辩护人提出了有效的排除非法证据申请，就启动庭前会议。而在庭审中进行实体审判时因正当理由提出的排除非法证据申请时，应当暂停实体性裁判而优先进行程序性裁判。从这一意义上讲，程序性裁判不仅具有前置性，还具有优先性。

经典案例

案例（一）：孙某入室抢劫杀人案[3]

一、基本案情

2014年6月12日夜，警察接到报案某小区发生了入室抢劫杀人案，到案发现场后被害人王某已被杀害，现场留有血迹和疑似凶器的水果刀，通过对现场进行勘察鉴定发现现场除了被害人王某的A型血之外，还存在小部分O型血。通过对小区周围的走访调查，保安人员称案发时看到一男子身穿黑色风衣且神色可疑，匆匆忙忙从该栋楼离开，据此警方经过排查怀疑保安看到的是嫌疑人孙某，遂在对孙某采取强制措施之后，没有搜查证的情况下对孙某住处进行了搜查，搜到了黑色卫衣和一双鞋，并在鞋的缝隙中鉴定出了A型血的痕迹，但是该件黑色卫衣上无任何血迹。对孙某血型鉴定也为O型，恰好和案发现场的血型都为O型。且现场的水果刀来源不明无法证实，孙某

---

[1] 陈瑞华：《刑事证据法的理论问题》，法律出版社2015年版，第59页。

[2] 陈瑞华：《非法证据排除程序的理论展开》，载《比较法研究》2018年第1期。

[3] 参见国家统一法律职业资格考试辅导用书编辑委员会组编：《2018年国家统一法律职业资格考试案例分析指导用书》，法律出版社出版2018年版。

的妻子证实案发时与孙某在一起。办案人员在讯问过程中对孙某进行疲劳审讯，并不准其吃饭，脱光衣服赶到室外彻夜受冻，孙某忍受不住后供述自己将作案所穿的带血的衣服扔到了小区门外的花园里，随后办案人员也未找到这件血衣。在庭审时，孙某的辩护律师提出了非法证据排除，却遭到了法官的驳回，经审查法官认为律师申请的情形不存在，最终作出了孙某有罪的判决。

二、法律问题

1. "冻、饿、晒、烤、疲劳审讯"等非法取证情形是否属于排除对象？
2. 非法证据排除的证明责任由谁承担？

三、法理分析

（一）"疲劳审讯"等情形获取的言词证据是否构成刑诉法规定的非法证据

《刑事诉讼法》仅规定了刑讯逼供、威胁、引诱等非法方法，而对疲劳审讯等非法方法并未作规定。2013年10月9日，最高人民法院发布《关于建立健全防范刑事冤假错案工作机制的意见》，突破了刑事诉讼法关于非法证据排除的规定。《关于建立健全防范刑事冤假错案工作机制的意见》第8条明确规定："采用刑讯逼供或者冻、饿、晒、烤、疲劳审讯等非法方法收集的被告人供述，应当排除。除情况紧急必须现场讯问以外，在规定的办案场所外讯问取得的供述，未依法对讯问进行全程录音录像取得的供述，以及不能排除以非法方法取得的供述，应当排除。"

两院三部《严格实行非法证据排除规定》第2条规定："采取殴打、违法使用戒具等暴力方法或者变相肉刑的恶劣手段，使犯罪嫌疑人、被告人遭受难以忍受的痛苦而违背意愿作出的供述，应当予以排除。"根据该规定，刑讯逼供包含了三个条件：一是使用肉刑或者变相肉刑等恶劣手段，如冻、饿、晒、烤和疲劳审讯等非法方法；二是在肉体上或精神上遭受了难以忍受的痛苦；三是违背犯罪嫌疑人、被告人意愿而作出。《人民法院办理刑事案件排除非法证据规程（试行）》第1条明确规定："采用下列非法方法收集的被告人供述，应当予以排除：①采用殴打、违法使用戒具等暴力方法或者变相肉刑的恶劣手段，使被告人遭受难以忍受的痛苦而违背意愿作出的供述；②采用以暴力或者严重损害本人及其近亲属合法权益等进行威胁的方法，使被告人遭受难以忍受的痛苦而违背意愿作出的供述；③采用非法拘禁等非法限制人身自由的方法收集的被告人供述。"

根据以上法律规定，"冻、饿、晒、烤、疲劳审讯"非法方法收集的言词证据属于非法证据，应当予以排除。从这一案例中可以看出孙某的言词证据系采用冻、饿、晒、烤、疲劳审讯等非法方法收集的被告人供述，应当予以排除。

（二）非法证据排除的证明责任由谁承担

非法证据排除规则中的证明责任分为两个方面：

第一，非法证据排除程序启动的初步证明责任，该责任由提出非法证据排除申请的被追诉方承担。《刑事诉讼法》第58条规定："……当事人及其辩护人、诉讼代理人有权申请人民法院对以非法方法收集的证据依法予以排除。申请排除以非法方法收集的证据的，应当提供相关线索或者材料。"《严格实行非法证据排除规定》第20条进一步规定："犯罪嫌疑人、被告人及其辩护人申请排除非法证据，应当提供涉嫌非法取证的人员、时间、地点、方式、内容等相关线索或者材料。"第24条规定："被告人及其辩护人在开庭审理前申请排除非法证据，未提供相关线索或材料，不符合法律规定的申请条件的，人民法院对申请不予受理。"

可见，犯罪嫌疑人、被告人及其辩护人若要申请启动非法证据排除程序，必须承担提供相关线索或者材料的证明责任。所谓的"相关线索"，主要是指被告人及其辩护人提供的涉嫌刑讯的人员、时间、地点、方式等细节信息，如被告人明确指出某讯问人员于特定的时间在看守所以外的特定场所对其实施刑讯，以及被告人及其辩护人提供的能够证明非法取证情形的同监羁押人员和其他在场人员信息等。所谓"相关材料"，主要指被告方提供的反映被告人因刑讯逼供致伤的病历、看守所体检证明、被告人体表损伤及衣物损害情况；反映被告人遭受刑讯逼供的看守所看管人员及被告人同监关押人员的书面证言；反映讯问程序违反法律规定的讯问笔录和录音录像等。

第二，非法证据排除的证明责任，证据是否通过非法方法取得的证明责任由控诉方承担。法官主动启动或者批准辩方申请启动非法证据排除程序后，由控方承担证明合法性的证明责任。《刑事诉讼法》第59条规定："在对证据收集的合法性进行法庭调查的过程中，人民检察院应当对证据收集的合法性加以证明。现有证据材料不能证明证据收集的合法性的，人民检察院可以提请人民法院通知有关侦查人员或者其他人员出庭说明情况；人民法院可以通知有关侦查人员或者其他人员出庭说明情况。有关侦查人员或者其他人员也可以要求出庭说明情况。经人民法院通知，有关人员应当出庭。"《严格实行非法证据排除规定》第31条第1款规定："公诉人对证据收集的合法性加以证明，可以出示讯问笔录、提讯登记、体检记录、采取强制措施或者侦查措施的法律文书、侦查终结前对讯问合法性的核查材料等证据材料，有针对性地播放讯问录音录像，提请法庭通知侦查人员或者其他人员出庭说明情况。"

在本案中，孙某及其辩护人申请启动非法证据排除程序，按照法律规定应当提供相应线索或者材料，否则法庭有权驳回其申请。如果孙某及其辩护人提交了受到刑讯逼供的线索或者材料，达到了法律规定的要求，法庭仍然驳回就违反了法律规定。

四、参考意见

1. 非法证据排除的对象范围包含了非法言词证据与非法实物证据，其排除范围不仅取决于非法取证行为对于公民权利侵犯的程度，还要取决于该证据自身的特性。总之，要在发现案件事实真相与保护公民合法权益之间形成平衡。

2. 控诉方是掌握公权力的国家机关，根据无罪推定原则，由代表国家公权力的公诉方承担证明被告人有罪的证明责任。同理，在证明证据合法性时，也应当由占据优势的一方，也就是国家公权力机关承担更多的责任。

案例（二）：刘晓鹏、罗永全贩卖毒品案[1]

一、基本案情

被告人刘晓鹏，男，1975年2月23日出生，农民。2012年11月30日因

---

[1] 参见中华人民共和国最高人民法院刑事审判第一、二、三、四、五庭主办：《中国刑事审判指导案例07》，法律出版社2017年版，第126页。

涉嫌犯贩卖毒品罪被逮捕。

被告人罗永全，男，1971年2月8日出生，农民。2012年10月26日因涉嫌犯贩卖毒品罪被逮捕。

重庆市人民检察院第二分院以被告人刘晓鹏、罗永全犯贩卖毒品罪，向重庆市第二中级人民法院提起公诉。

被告人刘晓鹏辩称：本案系罗永全出资购买毒品，其受罗永全委托代为联系验货、运送毒资人民币（以下币种同）279 000元；其挎包内的毒品是用于自己吸食，并非用于贩卖。刘晓鹏在庭审中还提出，其归案后被公安人员连续讯问5天5夜，直至昏睡，公安人员将其拍醒后在讯问笔录上签字，其在侦查阶段的有罪供述内容不真实。

刘晓鹏的辩护人基于以下理由请求对刘晓鹏减轻处罚：刘晓鹏参与贩卖毒品的数量应当认定为464.84克，其他毒品系其个人吸食，不应计入贩卖数量；刘晓鹏为罗永全联系购买毒品并验货，在共同犯罪中应当认定为从犯；本案系犯罪未遂，毒品含量低，且有特情介入，毒品不可能流入社会造成危害。

被告人罗永全对起诉书指控的犯罪事实及罪名无异议，请求从轻处罚。

罗永全的辩护人基于以下理由请求对其罗永全减轻处罚：本案属于犯罪未遂；罗永全在共同犯罪中起次要作用，系从犯；罗永全归案后认罪态度较好。

重庆市第二中级人民法院经审理查明：2012年9月中旬，被告人刘晓鹏、罗永全电话联系他人购买麻古，拟出售给熊进全等人牟利。9月20日上午，刘晓鹏、罗永全先后驾驶渝FH9227宝马轿车、渝FDZ666马自达轿车赶到重庆市梁平县城北乡高都村气矿增压站附近，交付毒资8980元后收到5000粒麻古。罗永全携带麻古离开时被公安人员抓获，刘晓鹏等人见状逃离。公安人员在罗永全驾驶的渝FDZ666马自达轿车内查获麻古5000粒，净重464.84克，直板TELSDA手机、直板2012旗舰版CHANGHONG手机、直板GNET手机各一部。公安人员又在现场查获一包麻古净重1114.46克（约12 000粒）、现金89 800元以及刘晓鹏遗弃的iPhone手机一部、深棕色男式单肩挎包一个。从该挎包内查获麻古净重4.51克、冰毒净重0.37克、现金3400元、渝FH9227车辆证件、刘晓鹏的驾驶证等物。经鉴定，查获的1114.46克麻古、

464.84 克麻古、4.51 克麻古中均检出甲基苯丙胺和咖啡因成分；查获的 0.37 克冰毒中检出甲基苯丙胺成分。10 月 25 日，公安人员将刘晓鹏抓获归案。

重庆市第二中级人民法院认为，被告人刘晓鹏贩卖甲基苯丙胺 469.72 克，被告人罗永全贩卖甲基苯丙胺 464.84 克，其行为均构成贩卖毒品罪，且系共同犯罪。公诉机关指控的事实及罪名成立。但是，公诉机关出示的刘晓鹏在侦查阶段的有罪供述及录音录像资料不能作为定案根据。经查，刘晓鹏的辩解不能得到其他证据印证。刘晓鹏、罗永全为出售而购买麻古 5000 粒计 464.84 克，并支付毒资 89 800 元，应当以犯罪既遂论处。根据现有证据，刘晓鹏、罗永全系共同参与毒品交易活动，二人在共同犯罪中的地位及作用相当，不宜划分主、从犯。关于刘晓鹏当庭提出系罗永全出资购买毒品，其受罗委托代为联系、验货、运送毒资 279 000 元的辩解以及二被告人的辩护人均提出本案属于犯罪未遂、二被告人均系从犯的辩护意见不能成立。刘晓鹏伙同罗永全购买麻古 5000 粒欲出售给熊进全，因此其挎包内查获的毒品应当计入犯罪数量。同时，无证据证实本案存在特情引诱的情节，故关于刘晓鹏提出现场挎包内的少量毒品系用于吸食，不应计入贩卖数量及其辩护人提出本案存在特情引诱的意见不予采纳。此外，查获的 5000 粒麻古甲基苯丙胺含量为 9.6%，量刑时可以酌情从轻处罚。被告人罗永全归案后能够如实供述自己的罪行依法可以从轻处罚。据此，依照《刑法》第 347 条第 1 款、第 2 款第 1 项、第 25 条第 1 款、第 56 条第 1 款、第 57 条第 1 款、第 55 条第 1 款、第 64 条之规定，重庆市第二中级人民法院判决如下：

1. 被告人刘晓鹏犯贩卖毒品罪，判处无期徒刑，剥夺政治权利终身，并处没收个人全部财产；

2. 被告人罗永全犯贩卖毒品罪，判处有期徒刑 15 年，剥夺政治权利 5 年，并处没收个人财产 6 万元；

3. 查获的麻古 1583.81 克、冰毒 0.37 克及扣押在案的渝 FH9227 宝马轿车一辆、渝 FDZ666 马自达轿车一辆、现金 93 200 元、直板 iPhone 手机、直板 TELSDA 手机、直板 2012 旗舰版 CHANGHONG 手机、直板 GNET 手机各一部予以没收。

宣判后，二被告人未提出上诉，公诉机关亦未提出抗诉，现该判决已发生法律效力。

二、法律问题

庭审中如何开展证据收集合法性的调查程序？

三、法理分析

《刑事诉讼法》第58条第2款规定："当事人及其辩护人、诉讼代理人有权申请人民法院对以非法方法收集的证据依法予以排除。申请排除以非法方法收集的证据的，应当提供相关线索和材料。"本案中，被告人刘晓鹏当庭提出归案后被公安人员连续讯问5天5夜直至昏睡，其有罪供述内容不真实。根据最高法《解释》第132条的规定，当事人及其辩护人、诉讼代理人在开庭审理前未申请排除非法证据，在庭审过程中提出申请的，应当说明理由。人民法院经审查，对证据收集的合法性有疑问的，应当进行调查；没有疑问的，驳回申请。根据最高法《解释》第135条第1款的规定，法庭决定对证据收集的合法性进行调查的，由公诉人通过宣读调查、侦查讯问笔录、出示提讯登记、体检记录、对讯问合法性的核查材料等证据材料，有针对性地播放讯问录音录像，提请法庭通知有关调查人员、侦查人员或者其他人员出庭说明情况等方式，证明证据收集的合法性。具体到本案中：

1. 法庭首先审查了刘晓鹏在侦查阶段的全部供述。经查，刘晓鹏归案后在侦查阶段共有六次供述，第一、二次未供认贩卖毒品的行为，第三次供述最详细。在该次供述中，刘晓鹏供认与上家秦锦华联系购买2400克麻古，自己先前往与秦锦华交易，中途安排妻子李某筹集毒资交给罗永全，指使罗永全送来毒资89 800元并拿走50 008元麻古出售给下家熊进全，见罗永全被抓捕即逃离现场。刘晓鹏在第四、五、六次供述时推翻原有供述，辩称未参与贩卖毒品。开庭审理中，刘晓鹏供认参与本案毒品交易，辩解系罗永全出资购买毒品出售，自己代为介绍、验货，受罗永全指使交给上家毒资279 000元。

2. 法庭重点审查了刘晓鹏第三次供述的背景情况。该份供述时间起于2012年10月28日21时7分，止于同日23时26分；讯问地点在重庆市梁平县看守所三楼。经实地察看，该讯问地点并非正式讯问室，中间没有隔离设施。同时，刘晓鹏的提讯证记载，刘晓鹏于2012年10月26日17时被押解出看守所，于同年 10 月 29 日 3 时还押，持续时间为 2 天 3 夜 58 小时（中途没有送回看守所关押监室），而刘晓鹏第三份供述正是形成于这段时间。

3. 法庭审查了刘晓鹏第三份供述的同步录音录像。经查，该份供述中注明了对该次讯问进行同步录音录像，但笔录记载讯问时长 2 小时 19 分，而同步录音录像资料仅持续 12 分 10 秒。法庭播放了该录音录像，发现录音录像的内容仅为侦查人员向刘晓鹏宣读讯问笔录，不能反映讯问过程。并且，录像中反映刘晓鹏有一定疲倦表情。该录音录像并不能印证刘晓鹏有罪供述收集的合法性。

4. 法庭审查了检察机关提交的证明取证合法性的材料。侦查机关作出书面说明，称讯问期间给刘晓鹏留有足够休息时间，没有刑讯逼供等非法行为。因录音录像设备只能录制十多分钟，因此未能全程录音录像。除此之外，公诉机关未再提请法庭通知相关侦查人员出庭作证，也未提交其他证明材料。而根据最高法《解释》第 135 条第 3 款的规定，公诉人提交的取证过程合法的说明材料不能单独作为证明取证过程合法的根据。

法庭经过全面、综合审查，认为本案中证明刘晓鹏在侦查阶段有罪供述系合法收集的证据并未达到"确实、充分"的证明标准，依法将之认定为"不能排除存在以非法方法收集证据情形"，从而将刘晓鹏在侦查阶段的第三份供述认定为非法证据，并依法予以排除，不作为本案的定案根据。法庭当庭宣布上述决定后，控辩双方均未提出异议。

法庭依法排除刘晓鹏在侦查阶段的有罪供述后，根据庭审质证确认的其他在案证据，包括查获的毒品，毒资，毒品上、下家的供述，刘晓鹏之妻李某的证言，同案被告人罗永全的供述以及刘晓鹏在庭审中的供述，认定刘晓鹏贩卖毒品的事实清楚，证据确实、充分，且刘晓鹏在共同犯罪中系主犯。

综上，法庭在庭审中根据刘晓鹏的申请启动了证据合法性的调查程序，虽然并无证据明确证实刘晓鹏遭到刑讯逼供，但综合案件情形，无法排除其受到刑讯逼供的可能性，因此依法对该证据予以排除。在此基础上，法庭根据在案其他证据认定案件事实，既充分保障了被告人的权利，又有力维护了审判的公正、公平，彰显了司法的严肃性。

四、参考意见

随着程序制度的不断完善，实践中侦查人员调查取证更加规范文明，但仍然不能杜绝以较为隐蔽的方式变相逼取被告人供述的情形，如采取冻、饿、晒、烤、疲劳审讯、精神折磨等方法。在上述情形下，被告人身体并无明显的伤痕，当其提出排除非法言词证据的申请时，难以提供明确的证据材料，只能提供相关的线索。因而，在司法实践中如果将被告人及其辩护人提供的关于侦查机关所获取的证据系"以非法方法取得"的证明标准设置过高，那么非法证据排除制度的效果和意义必定大打折扣。

案例（三）：王维喜强奸案[1]

一、基本案情

被告人王维喜，男，1970 年 7 月 11 日出生，无业。1988 年 8 月 16 日因犯盗窃罪被判处有期徒刑 6 个月；1989 年 8 月 3 日因犯盗窃罪被判处有期徒刑 7 年；1990 年 11 月 23 日因犯脱逃罪被判处有期徒刑 1 年 6 个月；1994 年 1 月 29 日因犯故意伤害罪被判处有期徒刑 15 年，2005 年 6 月 21 日刑满释放；2007 年 12 月 17 日因犯盗窃罪被判处有期徒刑 9 个月，2008 年 7 月 21 日刑满释放；2010 年 5 月 31 日因涉嫌犯强奸罪、侮辱尸体罪被逮捕。

浙江省宁波市人民检察院指控：

2010 年 5 月 11 日晚上 8 时许，被告人王维喜在其位于浙江省慈溪市长河镇宁丰村金小路的暂住房内将过来玩耍的隔壁女孩吴某（6 周岁）按倒在床上，用手掐住吴某颈部，脱下其裤子，强行与其发生性关系，并导致其当场窒息死亡。之后，王维喜又拿来菜刀，朝吴某的尸体阴部砍了数刀。经法医鉴定，吴某系因机械性窒息死亡。

2007 年 9 月 27 日下午 1 时许，王维喜窜至安徽省怀远县城关镇某小学，见该校女生孙某（11 周岁）上厕所，遂用绳子勒住孙某的脖子，强行将其抱至厕所旁的石榴林内，孙某大声呼救，王维喜又用手掐住其脖子，并言语威胁，而后脱掉其裙子，强行与其发生性关系。

浙江省宁波市人民检察院以被告人王维喜犯强奸罪、侮辱尸体罪，向宁

---

[1] 参见中华人民共和国最高人民法院刑事审判第一、二、三、四、五庭主办：《中国刑事审判指导案例07》，法律出版社 2017 年版，第 99 页。

波市中级人民法院提起公诉。宁波市人民检察院在指控王维喜强奸孙某的事实时提供了如下证据：

1. 被害人孙某于案发当日下午陈述，案发当时，其被一个前额有黑痣的男子从女厕所抱到石榴林中，那人还用细塑料绳子勒住其脖子，将其裙子拽烂了。上述陈述与孙某母亲杨某、老师周某的证言相印证。

2. 同学冯某的证言证实，2007 年 9 月 27 日中午，在厕所附近，看到一个额头上长有黑痣的男子，将其学校的一个小女孩从厕所抱出并放到石榴林中的地上。

3. 被害人父亲孙某甲于 2010 年 7 月 14 日陈述，案发后，其妻专门问过女儿阴部有没有被侵犯，孙某讲没有，并讲当时内裤没有脱下来，后经查看，其妻在孙某的阴部没有发现性侵犯痕迹。

4. 公安机关出具的说明材料证实，案发后，刑警大队从孙某母亲处提取到孙当时所穿的内裤，并于 2008 年 5 月 30 日将该内裤送交安徽省公安厅检验。

5. 安徽省公安厅出具的生物物证检验报告证实，在孙某内裤上检验的精斑，在对该精斑的基因型进行检验后录入全国公安机关 DNA 数据库应用系统。

6. 浙江省公安厅物证鉴定中心于 2010 年 7 月 21 日作出 DNA 检验报告，证实孙某内裤上的精斑为王维喜所留。

7. 公安机关于 2010 年 7 月 15 日制作的现场勘验检查笔录和照片证实，案发现场的具体方位、环境等情况。

被告人王维喜辩称，起诉书指控其在安徽省怀远县城关镇某小学强奸孙某不是事实，其根本没有实施该行为。辩护人提出，公诉机关指控王维喜于 2007 年 9 月 27 日强奸孙某的证据不足，对该起犯罪事实应当不予认定。

宁波市中级人民法院经审理查明：

2010 年 5 月 11 日晚 8 时许，被告人王维喜酒后回到其位于浙江省慈溪市长河镇宁丰村金小路的暂住房，邻家小女孩吴某到王维喜的暂住房内玩耍，王维喜用手掐住吴某颈部，将其按倒在床上，并脱下其裤子，强行与其发生性关系，并致其窒息死亡。之后，王维喜又拿来菜刀，朝吴某的尸体阴部砍了数刀，又用被单将吴某的尸体包裹起来，于当晚将尸体抛弃在附近一小河中。

关于公诉机关指控王维喜强奸被害人孙某的事实，经审理查明，孙某于2007年9月27日下午在安徽省怀远县城关镇兴昌小学的厕所内被一男子挟持到旁边的石榴林中的事实客观存在。由于孙某的陈述，证人冯某、杨某、孙某甲、周某的证言均未提及孙某遭到了强奸，而且孙某甲的证言直接否定孙某遭到强奸，故仅凭安徽省公安厅出具的生物物证检验报告反映的孙某内裤上有精斑这一客观情况不能推断出孙某遭到强奸的必然结论。虽然安徽省公安厅出具的生物物证检验报告和浙江省公安厅物证鉴定中心出具的DNA检验报告证实，案发当时被害人孙某所穿的内裤上检见的精斑为被告人王维喜所留，被害人孙某与证人冯某均提到案犯脸上长有黑痣的特征与王维喜两眉之间所长的黑痣相吻合，但除此之外，没有其他证据证明挟持孙某的男子是王维喜。本案孙某的内裤是生物物证检验报告和DNA检验报告的重要检材，但该关键物证既未严格按照物证收集程序收集，也未制作照片并妥善保存。

宁波市中级人民法院认为，被告人王维喜采用暴力手段强行与幼女发生性关系，并致人死亡，事后又侮辱被害人的尸体，其行为已分别构成强奸罪和侮辱尸体罪，依法应予并罚。公诉机关指控的罪名成立，但指控王维喜强奸孙某的事实不清，证据不足。王维喜曾因多次故意犯罪被判处有期徒刑，且在前次犯罪被判处的有期徒刑刑罚执行完毕后5年之内，又故意犯应当判处有期徒刑以上刑罚之罪，是累犯，依法应当从重处罚。依照《刑法》第236条、第302条、第65条第1款、第57条第1款、第69条、第64条、第36条第1款之规定，宁波市中级人民法院以被告人王维喜犯强奸罪，判处死刑，剥夺政治权利终身；犯侮辱尸体罪，判处有期徒刑1年；决定执行死刑，剥夺政治权利终身。

一审宣判后，被告人王维喜提出上诉。浙江省高级人民法院经二审后裁定驳回上诉，维持原判，并报请最高人民法院核准。最高人民法院经复核核准了宁波市中级人民法院关于对被告人王维喜判处死刑的判决。

二、法律问题

对于来源不明的"物证"以及对该"物证"所作的鉴定意见能否作为定案证据？

三、法理分析

司法实践中，侦查人员违反法定程序收集证据材料的现象并不少见。这类违反法定程序收集的证据，一般称为"瑕疵证据"。如本案中被害人孙某的内裤，因在提取时侦查人员未依法制作提取笔录或清单，属于典型的瑕疵证据。未依法定程序取得的瑕疵证据与利用非法手段取得的非法证据有本质的区别，两院三部《办理死刑案件证据规定》对瑕疵证据的采信和排除作了明确规定，一、二审法院准确适用相关规定，对被告人王维喜第二起强奸事实未予认定是正确的。具体阐述如下：

1. 对被害人孙某内裤的收集、复制保管工作均不符合相关法律规定，导致该内裤来源存疑，且有关办案人员无法补正或者作出合理解释，因此孙某的内裤不能作为定案证据。《办理死刑案件证据规定》第9条第3款规定："对物证、书证的来源及收集过程有疑问，不能作出合理解释的，该物证、书证不能作为定案的根据。"同时，根据《办理死刑案件证据规定》第9条第2款的规定，对于物证、书证的收集程序、方式存在该规定所列瑕疵，通过有关办案人员的补正或者作出合理解释的，可以采用。可见，对瑕疵证据并非绝对排除，而是附条件地采信。如果所附条件不具备，则不应采信。

本案中，对被害人孙某内裤的收集、复制、保管工作存在多处违反法律规定的地方，具体体现在：一是侦查人员在提取内裤时没有制作提取笔录，或者通过扣押物品清单客观记录提取情况，导致有关内裤来源的证据不充分。二是根据《办理死刑案件证据规定》第8条的规定，"据以定案的物证应当是原物。只有在原物不便搬运、不易保存或者依法应当由有关部门保管、处理或者依法应当返还时，才可以拍摄或者制作足以反映原物外形或者内容的照片、录像或者复制品"。起诉书的证据目录虽然记载提取了被害人孙某的内裤，但未将该内裤随案移送。考虑到该物证的特殊性且所附生物检材易污染需要特殊条件保存，可采用照片形式对该内裤予以复制移送，但相关机关均未做此项工作。三是法律规定对证据的原物原件要妥善保管，不得损毁、丢失或者擅自处理。由于该起犯罪久未侦破，其间办案人员更换，加之移交、登记、保管等环节存在疏漏，被害人孙某的内裤已遗失，导致出现疑问后相关复核工作无法进行。

一审期间，公安机关曾就被害人孙某内裤的收集、复制、保管工作出具了说明材料："案发后，某县公安局将孙某的内裤进行了提取，后一直放在刑警支队保管。2008 年 5 月 30 日，民警将孙某的内裤送到省公安厅刑警总队进行 DNA 鉴定。现此内裤已作技术处理。"该说明材料没有对未制作提取笔录或扣押物品清单、未拍摄照片复制以及为何将内裤处理等情况进行合理的解释。因此除非通过重新开展相关工作进行补正，否则本案被害人孙某的内裤不能作为定案根据。然而，因孙某的内裤已遗失，即使通过询问被害人、被害人亲属，重现提取过程，也无法通过辨认、质证等方式确认被害人、被害人亲属所述的内裤与侦查机关曾经提取的内裤的关联关系，被害人孙某的内裤来源存疑问题无法解决，根据《办理死刑案件证据规定》第 9 条第 3 款的规定，被害人孙某的内裤不能作为定案的根据。

2. 被害人孙某的内裤是生物物证鉴定意见和 DNA 鉴定意见能够作为证据的基础，被害人孙某的内裤不能作为定案的根据，上述鉴定意见也不能作为定案的根据。鉴定意见是由专业人员以其专业知识对既有证据的证明力进行的说明，其合法性和关联性首先要依附既有证据的合法性和关联性。从某种角度来讲，既有证据与对其进行的相关鉴定是个整体，既有证据被排除了，相关鉴定意见也不能作为定案根据。这与西方学者针对非法证据所主张的"毒树之果"理论不同。在"毒树之果"理论中，"树"与"果"是两种不同的证据材料，各自相对独立，只不过"树"提供了发现"果"的线索。因此，对以非法方法收集的证据为线索，通过合法方法收集的证据，并不绝对排除。

根据《办理死刑案件证据规定》第 23 条第 4 项、第 24 条第 6 项的规定，对鉴定意见，应当审查检材的来源、取得、保管、送检是否符合法律及有关规定，与相关提取笔录、扣押物品清单等记载的内容是否相符，检材是否充足、可靠。送检材料、样本来源不明或者确实被污染且不具备鉴定条件的，鉴定意见不能作为定案的根据。联系本案，针对被害人孙某内裤的取证工作违反了相关法律规定，属于送检材料、样本来源不明情形。因此，对该内裤的生物物证鉴定意见、DNA 鉴定检查意见不能作为定案的根据。

3. 本案的言词证据不能证实王维喜对孙某实施了强奸。本案的言词证据非但不能证实王维喜对孙某实施了强奸，反而否定王维喜对孙某实施了强奸行为。一是王维喜本人一直否认强奸过孙某,孙某的陈述以及相关证人的证言均未提及孙某遭到了强奸;二是孙某的父亲还作证,其妻在案发后问过女儿阴部是否被侵犯,孙某讲当时内裤没被脱下来,后经查看,其妻没有发现女儿阴部有被侵犯的痕迹。

综上,一、二审法院认定公诉机关指控被告人王维喜强奸被害人孙某的事实不清,证据不足,不予认定该起犯罪事实是正确的。

四、参考意见

我国立法对于非法言词证据和非法实物证据的排除方式存在区别,对于前者一经发现强制排除,法官没有裁量空间,而对于后者采取裁量排除。对于违反程序获取的非法实物证据,或称瑕疵证据,要看公安司法人员对于该证据是否能够补正或者作出合理解释,还要考量该证据对于案件定罪量刑的作用大小等因素。

◈ **拓展资料**

2-1　拓展阅读

专题二:刑事证明责任

◈ **知识概要**

证明责任在证据制度中占有十分重要的地位,不同的诉讼模式的发展史上诉讼证明制度的内容也不大相同。证明责任最早起源于古罗马法中的"谁主张,谁举证"原则,到了近代德国逐渐发展到了繁荣阶段。刑事证明责任是解决在刑事诉讼活动中,由谁承担公诉、自诉案件事实的证明责任,即查明刑事案件事实真相。[1]在奉行当事人主义的英美法系刑事诉讼中，诉讼由控辩双方通过举证质证共同推动诉讼进行，法官居中裁判、陪审团中立，法官和陪审团不得主动调查证据，完全依靠庭审活动。在这一审判模式下控辩双方平等对抗显得十分重要。英美法系的刑事证明责任分配的原理是"利益衡量说"，旨在结合社会政策背景做到利益均衡，证明责任由最有条件接触或者改变现状的一方承担证明责任。

英美法系的证明责任分为提出证据责任和说服责任。提出证据责任是指当事人在庭审中提出足够的证据，通过法官的义务推动诉讼的进行。说服责任是指在法庭上承担说服法官以及陪审团相信争议事实是否存在的责任，并且要承担败诉的风险。在大陆法系，证明责任分配的学说主要被分为两大类，一类是按照证明对象的性质进行分类，再看主张者是否承担证明责任，比如主张消极事实和外界事实的人不需要承担证明责任。第二类则是按照法律构成要件的事实，根据不同构成来进行证明责任的分配。其中，罗森贝克的证明责任分配理论被称为"规范说"。规范说以预设的权力产生规范、权力妨碍规范和权力消灭规范为三种标准，以演绎推理的方法在具体的问题中引出证明责任的分配。[2]大陆法系的证明责任被分为主观证明责任和客观证明责任，主观证明责任指当事人为了避免败诉而通过自己的活动对争议事实进行证明的责任，也就是行为责任。客观证明责任是指争议事实真伪不明时，由承担客观证明责任的一方来承担不利后果，即结果责任。主观证明责任、客观证明责任和德国的规范说，两套体系都是罗森贝克集大成总结出来的，是对实体法和程序法的完美结合。日本的主观的举证责任也称为争点形成责任，与英美法中的提出证据责任相对应。日本的证明责任类似于英、美、德的结合体，争点形成责任是主观证明责任，而证明责任则对应客观证明责任。日本客观证明责任主要在检方，有一些诉讼法律事实适用严格证明，争点形成责任都在被告方，比如日本《刑法》规定诽谤罪的证明责任由被告人承担。[3]

---

〔1〕 最高人民法院、中国法学会等编：《中国审判实务大辞典》，法律出版社1994年版，第1215页。

〔2〕 [德]莱奥·罗森贝克：《证明责任论》，庄敬华译，中国法制出版社2002年版，第16页。

〔3〕 日本《刑法》第230条规定：公然指摘事实，损毁他人名誉的，不问事实有无，处3年以下惩役或监禁或50万日元以下罚金。但是，经认定是与公共利害有关的事实，而其目的又出于公益，则应判断事实的真伪，如证明其为真实时，不予处罚。被告人对事实的真实性承担（客观）证明责任。

在学术著作中，人们较多地使用证明责任的概念；而在司法实践中，人们则更多地使用举证责任的概念。就我国法律而言，《刑事诉讼法》第51条规定："公诉案件中被告人有罪的举证责任由人民检察院承担，自诉案件中被告人有罪的举证责任由自诉人承担。"从字面意思上看，举证的含义是举出证据或者提供证据；证明的含义是用证据来表明或者说明。严格来讲，举证责任只是举出证据的责任，证明责任则是运用证据证明案件事实的责任，二者的侧重显然有所不同。但是，二者是相互联系的，证明必须以举出证据为基础，而举证的目的是为了证明案件事实。实际上，人们长期以来已经将举证责任赋予了证明责任的含义。但是，我们可以根据不同语境选择使用举证责任还是证明责任的术语。

我国的刑事证明责任包括以下主要内容：

1. 在公诉案件中，刑事证明责任由检察机关承担，即由控方承担证明被告有罪的证明责任。在公诉案件中，检察机关代表国家行使公诉权，处于控方的地位，检察机关（其代表为公诉人）负有向法庭提出证据证明被告人有罪的责任。这是因为：其一，刑事诉讼的过程是国家主动追究犯罪，实现国家刑罚权的活动。除了少数侵犯公民个人权利的案件交由被害人提起自诉外，绝大多数案件是由检察机关代表国家进行追诉，行使公诉权，因而理所当然地负有举证责任。其二，这是无罪推定原则的要求。该原则主张任何人在未经法院生效判决确定为有罪之前均应推定无罪，而推翻这项推定的责任在控诉方，如果控诉方不能举出证据并达到法定的证明要求，被告人将被判无罪。该原则在当今世界各国的刑事诉讼中普遍实行，我国参加或缔结的许多国际公约条约也有此规定。因此，在确定举证责任的分担原则时必须遵循这一原则的要求。其三，是基于被告人在诉讼中所处的特殊地位之考虑。被告人作为被追诉的对象，可能被采取强制措施以限制其人身自由。他既没有强制收集证据的权力，也没有自行收集证据的能力。因此，除法律有特别规定外，不能要求被告人承担举证责任。而且，无罪的证明责任也由控方承担。检察机关除了要保障有罪的人受到追诉的同时也要保障无罪的人免受追诉，因此犯罪嫌疑人、被告人无罪的证明责任也由检方承担。

2. 自诉案件中证明被告人有罪的责任由自诉人承担。根据《刑事诉讼法》第211条的规定，人民法院审查自诉案件后，对缺乏罪证的自诉案件，如果自诉人提不出补充证据，应当说服自诉人撤回自诉，或者裁定驳回。根据这一规定，自诉人向人民法院提起自诉前，应当已经收集到一定的有罪证据。由于自诉案件并不经过侦查阶段，不可能由侦查机关通过侦查手段为被害人收集到证明被告人有罪的证据，因此这类证据只能由自诉人自行收集。

3. 被告人除法律另有规定外不负证明自己无罪的责任。在现代诉讼中，根据无罪推定原则，被告人无论在公诉案件中还是在自诉案件中都不负举证责任，即不承担提出证据证明自己无罪的责任。在我国刑事诉讼中，被告人也不承担任何提出证据证明自己无罪的责任，人民法院不能因为被告一方不愿意或者没有提出证据，而不顾控方提出的证据是否确实充分就作出被告人有罪的判决。被告方主动提出证据，一般都是为了支持某一辩护理由，即为了被告人自己的利益。被告人对自己提出的辩护主张虽然也会提出证据加以支持，但这是被告人的辩护权利，而不是举证责任。

但是，我国刑事法律中的确也存在结果意义上的举证责任的例外情形。如在《刑法》第395条规定的"巨额财产来源不明"案件中，被告人需提出证据证明财产差额部分的来源是合法的，否则差额部分以非法所得论。这是为了有效地惩治国家工作人员的贪污贿赂行为而设立的一项特殊规则。另外《刑法》第282条第2款规定，非法持有属于国家绝密、机密的文件、资料或者其他物品，拒不说明来源与用途的，构成非法持有国家绝密、机密、文件、资料、物品罪。在上述非法持有型犯罪的案件中被告人要承担举证责任。不过需要说明的是，在这类案件中，辩护方虽然承担一定的结果意义上的举证责任，但是辩护方仅仅只是对其中的部分事实承担结果证明责任，而且其前提是控方先证明被告人有巨额财产或持有该类文件资料和物品。因而，我国举证责任的例外是指根据法律明确规定由被告人负举证责任的情形。除非法律规定其有举证责任，被告人可以不收集任何证据。但为了保证辩护权的实现，辩护方有权在刑事诉讼中收集证明他无罪或罪轻的证据，有权利在法庭上提出有利于自己的证据。这是其权利而不是义务。

同时，我们还注意到在两大法系的双重证明责任理论体系中都要求辩护方承担一定的行为意义上的举证责任。这种行为意义上的举证责任，其性质是提供证据、推动诉讼的责任，而非最终的结果责任。也就是说，辩护方应当提出证据证明与被告人密切相关的、对案件定性有影响的事实，但如果该事实处于真伪不明状态时，会产生该积极主张得不到法院支持的后果，但并不一定就会导致被告人有罪。借鉴两大法系辩护方有关推动诉讼责任承担的情况，在刑事诉讼中辩护方应当对以下事项承担推进责任：一是辩护方对法律明确规定可以推定的事实予以否认的，如已生效裁判认定的事实等；二是辩护方提出其无刑事责任能力、正当防卫、不可抗力、紧急避险等阻却违法性及有责性的事实；三是辩护方提出的没有犯罪时间、不在犯罪现场等积极抗辩性的事实；四是辩护方主张的回避理由等程序性事实。

4. 公安司法机关应当履行证明职责。刑事诉讼中的证明职责或称查明职责是指公安、司法机关基于职责，负有收集、审查、判断证据，对刑事案件事实的证明达到法定证明标准的义务。公安机关、人民检察院、人民法院对案件所作出的追诉犯罪或者有罪处理的决定或裁判，在证据上应当达到法律所规定的证明要求。赋予国家专门机关职务上的证明职责，对于正确实现刑事诉讼任务，避免诉讼证明行为的怠慢，保证严把事实关和证据关，其必要性与重要性是显而易见的。

在公诉案件中，证明职责要求由公安、司法机关承担。人民法院、人民检察院、公安机关在刑事诉讼中分别代表国家行使审判权、检察权和侦查权，收集证据，审查判断证据准确认定案件事实，是法律赋予它们的职权并要求其承担责任。根据法律规定，侦查、起诉与审判机关在履行证明或查明职责后，只有在符合法定情形下，才能做出相应的决定。侦查机关才能移送审查起诉，检察机关才能提起诉讼，法院才能做出有罪判决。我国侦查机关、检察机关和人民法院在侦查、起诉、审判阶段所承担的证明职责，表现特点虽有所区别，但可通称为查明案件事实或准确认定案件事实。

在自诉案件中，人民法院同样应当承担证明职责。在法庭审理过程中，审判人员对证据有疑问时，与公诉案件一样，可以休庭对证据进行调查核实。法院经过调查核实证据，认为证据已经确实、充分，才能作出有罪判决。

经典案例

案例（一）：吴大全冤案[1]

一、基本案情

2006 年 9 月 4 日，垫桥村桥头商店的店主沈秀云被人砍死在店内。公安机关经侦查后认定凶手是吴大全和史毕幺。宁波市人民检察院提起公诉，指控吴大全、史毕幺抢劫罪、故意杀人罪，一审法院 2007 年 2 月作出判决：认定吴大全与史毕幺共同杀害了沈秀云。吴大全被一审法院以故意杀人罪判处死刑立即执行，浙江省高院改判为死刑缓期两年执行。

案件的真实情况直到吴大全在监狱中碰到本案的真凶班春全才有了转机。真实情况是：史毕幺和班春全共同作案杀了沈秀云后，史毕幺给吴大全打电话将他叫了起来，出去后史毕幺说自己杀人了："把桥头商店的老太婆砍死了。"史毕幺告诉他，9 月 3 日晚，他和陈全（真名班春全）吃饭的时候，喝酒之后预谋抢劫。案发后第二天吴大全到史毕幺同村打工的二叔史文学家取了 300 块钱，随后和史毕幺上了去广州的火车。史毕幺向吴大全详细讲述了他的作案过程，并告诉吴大全，砍沈秀云的刀被他扔到了小桥旁边的水井里。2006 年 9 月 7 日，慈溪市警方将二人抓捕归案。归案后，由于史是未成年人，被另案处理。2007 年 2 月 27 日，宁波市中级人民法院以抢劫罪和故意杀人罪分别判处吴大全有期徒刑 12 年和死刑，决定执行死刑，剥夺政治权利终身，6 月份被二审改判无期徒刑。2007 年 8 月 17 日，吴大全被送到浙江省第四监狱服刑。

蹊跷的是，吴大全从未承认过"杀人"。开庭时，他大声喊："我没有杀人。"但法官未给他申辩的机会。在经历一、二审"屈打成招"后，吴大全在监狱里碰到了本案真凶班春全。此时，班春全已因为另外一起故意伤害案被判处死缓。"你自首吧！"这是吴大全见到班春全后说的第一句话。

---

[1]　陈光中主编：《证据法学》，法律出版社 2019 年版，第 130～131 页。

二、法律问题

吴大全主张的不在犯罪现场、供述来源于真正的犯罪嫌疑人之口等辩解由谁来承担证明责任？

三、法理分析

吴大全案件是一起典型的因"刑讯逼供"而产生的冤案，审判人员在仅有口供的状态下未按照疑罪从无进行判决。本案中，被告人吴大全提出了案发当时他并不在现场，并且案发时没有作案时间，自己在宿舍睡觉身边无人，而在他口供中获取的作案细节以及丢弃凶器的地点都是作案人亲口告诉他的，上述这些吴提出的抗辩仅仅靠自己的辩解是无法产生证据证明上的作用，被告人提出的积极抗辩的证明责任应当由谁承担，是由控方承担还是应该由辩方进一步举证需要分清。

我国法律规定在公诉案件中对于证明被告人有罪的证明责任由公诉方承担，在自诉案件中由自诉人证明被告人有罪，在例外情况下的辩护方需要承担少部分证明责任。需要明确，公诉方承担证明责任，不仅要承担证明被告人有罪的证明责任，还要承担证明被告人无罪的证明责任。《刑事诉讼法》第52条规定："审判人员、检察人员、侦查人员必须依照法定程序，收集能够证实犯罪嫌疑人、被告人有罪或者无罪、犯罪情节轻重的各种证据。……"因此，当侦查人员、检察人员发现案件犯罪嫌疑人、被告人提出无罪辩解、存在无罪可能的情形下，应当基于职责去进行调查取证，承担是否无罪的证明责任。

根据法律规定，犯罪嫌疑人、被告人及其辩护人有权提出无罪、罪轻的辩护意见，这是法律赋予其享有的辩护权利。犯罪嫌疑人、被告人针对公诉方的指控提出辩解，这是其行使辩护权的表现，对于辩解所涉及的有关事实的证明责任，理应由承担证明责任的公诉方承担。在本案中，吴大全提出不在犯罪现场、供述来源于真正的犯罪嫌疑人之口等辩解，公诉方应当积极履行证明责任，对相关证据予以收集，综合相关证据予以认定。

四、参考意见

本案中涉及口供的诸多问题，基于自白任意性原则，任何人的口供都必须出于自愿，不得强迫作证，否则侵犯了犯罪嫌疑人、被告人的合法权利。此外，孤证不得定案，犯罪嫌疑人、被告人的供述和辩解应适用口供补强规则。本案中在只有吴大全口供的情况下，间接证据如不能形成完整的证据链，无其他证据辅助证明，仅有口供不得认定吴大全有罪。在司法实践中，侦查人员过于依赖犯罪嫌疑人、被告人的口供，可能会采取刑讯逼供等非法行为，导致非法证据被排除，不得作为证据使用。

案例（二）：曲直受贿、巨额财产来源不明案[1]

一、基本案情

被告人曲直，因涉嫌犯受贿罪于 2013 年 6 月 28 日被刑事拘留，同年 7 月 15 日被逮捕。青岛市市北区人民检察院以青北检刑诉（2014）325 号起诉书指控被告人曲直犯受贿罪、巨额财产来源不明罪一案，于 2014 年 3 月 25 日向市北区人民法院提起公诉。市北区法院遵照山东省青岛市中级人民法院指定管辖决定立案受理后，依法组成合议庭，适用普通程序，公开开庭审理了本案。

青岛市市北区人民检察院指控：

（一）受贿罪

2007 年至 2013 年期间，被告人曲直先后担任青岛开发投资有限公司（以下简称开投公司）和青岛城市建设投资（集团）有限责任公司（以下简称城投公司）云南路改造项目公司负责人，利用主管云南路片区改造的职务便利，先后收受贿赂共计 12.5 万元。

（二）巨额财产来源不明罪

2007 年 9 月 10 日至 2010 年 10 月 13 日期间，被告人曲直先后向其母亲臧某的中信银行账户（账号 73××××58）存入人民币共计 1 051 050 元，后陆续转入臧某的中信万通证券股票账户（账号 81××××26）用于炒股。该 1 051 050 元存款中有 856 770 元存款超出其合法收入，曲直无法说明合法来源。

---

〔1〕　参见青岛市市北区人民法院（2014）北刑初字第 377 号判决书。

后被告人曲直被查获到案，从曲直处缴获他人购买的购物卡、加油卡若干，其中价值 42 800 元的购物卡、加油卡等物品，曲直无法说明合法来源。

公诉机关提供的证据有被告人供述、证人证言、书证、物证等。公诉机关认为，被告人曲直系国家工作人员，利用职务上的便利，非法收受他人财物；其财产明显超过合法收入，差额巨大，无法说明合法来源，其行为分别触犯了《刑法》第 383 条、第 385 条、第 386 条和第 395 条，应当以受贿罪和巨额财产来源不明罪追究其刑事责任。

被告人曲直辩解称：关于起诉书指控其巨额财产来源不明罪的事实，起诉书认定的 856 770 元存款是其工作以来奖金、补贴及非工资外的收入，系其正当的合法收入；起诉书指控的 42 800 元的购物卡、加油卡，其中部分是自己买的，有一些是其参加一些会议，别人基于礼尚往来或人情往来送的，还有的是其过生日或其女儿过生日时一些朋友送的，这些卡都是这样积攒下来的。

辩护人提出，起诉书指控被告人巨额财产来源不明缺乏事实和法律依据，理由是：①起诉书认定被告人曲直中信银行账户中 856 770 元存款超出其合法收入计算不合理，公诉机关计算并扣减的合法收入仅仅是曲直 2007 年至 2010 年的特定收入，漏算了曲直 2007 年之前至 2010 年期间多项收入和财产。曲直的收入和财产还包括曲直在青岛市电业局、香港宝生银行青岛分行、青岛开投资产管理公司、青岛开投海之旅投资公司任职期间的收入；曲直妹妹曲某返还曲直的房款 8 万元；提取公积金收入及其他收入等，公诉机关均未计算，上述收入应予以扣减。②从曲直处缴获的 42 800 元的购物卡和加油卡，结合卷宗证据，曲直已说明其中部分购物卡和加油卡来源，公诉机关没有扣减，仅凭现有证据难以认定曲直财产明显超过合法收入。

法院认为被告人曲直身为国家工作人员，利用职务便利非法收受他人财物，为他人谋取利益，其行为构成受贿罪。关于起诉书指控被告人曲直犯巨额财产来源不明罪的事实，经查，起诉书指控被告人曲直犯巨额财产来源不明罪的犯罪数额，未对被告人曲直自 2002 年至 2007 年在城投公司任职期间的合法收入来源予以合理扣除，且对被告人曲直自 1992 年至 1994 年在青岛电业局以及 1994 年至 2002 年在宝生银行任职期间的合法收入情况未提供证据予以证实。本院认为，起诉书指控被告人曲直犯巨额财产来源不明罪的事实不清，证据不足，本院不予认定。最终判决被告人曲直犯受贿罪，判处有期徒刑 6 年。

二、法律问题

被告人曲直涉嫌巨额财产来源不明罪的证明责任由谁承担？

三、法理分析

《刑法》第 395 条第 1 款规定："国家工作人员的财产、支出明显超过合法收入，差额巨大的，可以责令该国家工作人员说明来源，不能说明来源的，差额部分以非法所得论，处 5 年以下有期徒刑或者拘役；差额特别巨大的，处 5 年以上 10 年以下有期徒刑。财产的差额部分予以追缴。"《刑法》对于巨额财产来源不明罪的特殊规定对证明责任进行了调整。这一罪名与贪污罪和受贿罪不同，犯罪嫌疑人拥有的个人财产与合法收入差额巨大且无法准确查明财产来源。为贯彻落实刑法惩罚犯罪的立法目的，在财产来源这一要件上，法律采取了证明责任倒置的方法，要求被告承担提供证据证明差额部分为合法所得的责任，公诉人不再承担证明差额部分属于非法所得的责任。即对于财产来源这一项要件需要责任倒置，至于其他犯罪构成要件、犯罪数额等，仍需由检察机关承担证明责任。

本案中，公诉方指控被告人曲直银行账户中 856 770 元存款超出其合法收入，财产来源不明。此种情况下，曲直负有说明该财产来源合法的证明责任。曲直和其辩护人均辩称该款项存在合法收入来源，公诉机关并没有计算在内，并提供了相应的证据，该辩解最终为法院采纳。法院的做法无疑是正确的。

四、参考意见

巨额财产来源不明罪是贪污受贿类犯罪的兜底罪名，不构成贪污、受贿罪而收入明显超过其正当收入的，就有可能构成巨额财产来源不明罪。将巨额财产来源合法的证明责任交由被告人承担主要是考虑到举证的难易程度，因为财产来源是否合法，财产所有人是最清楚不过的。

拓展资料

2-2 拓展阅读

专题三：刑事证明标准[1]

知识概要

对"证明标准"如何定义？代表性的观点认为，"证明标准又称证明要求、证明任务，是指承担证明责任的人提供证据对案件事实加以证明所要达到的程度……证明标准和证明责任在本质上是一物两面的概念，证明责任解决的问题是，对于待证事实，谁来提供证据加以证明；证明标准解决的问题是，对于待证事实，应当证明到什么程度"。[2]但是，对刑事证明标准下定义，需要特别注意，证明标准是证明责任对举证方在证据数量和质量的要求，这种要求不是针对证据而提出，而是针对法官的内心确信程度。从当事人角度而言，是一种"任务"，从法官角度而言，是一种"心理状态"。[3]

刑事证明标准的理论基础，在学术界存在激烈的争论，主要是"客观真实说"与"法律真实说"之争。持"客观真实说"的学者认为，"我国诉讼中的证明任务是查明案件的客观真实或案件的真实情况。……查明案件的客观真实，归根结底，就是司法人员的主观认识必须符合客观实际"。[4]客观真实"就是指客观存在的案件事实在司法人员主观认识中的正确反映。简言之，

---

〔1〕 此部分内容参考肖沛权：《排除合理怀疑研究》，法律出版社 2015 年版。

〔2〕 樊崇义主编：《证据法学》，法律出版社 2017 年版，第 288 页。

〔3〕 易延友：《证据法学：原则·规则·案例》，法律出版社 2017 年版，第 601 页。

〔4〕 陈一云主编：《证据学》，中国人民大学出版社 1991 年版，第 114 页。

符合案件客观事实的认识，是真实，不符合案件客观事实的认识，是不真实"。[1]一些学者认为客观真实过分强调认识客体的客观性，而忽视认识主体的主观方面，是片面的，应以法律真实取代客观真实。[2]所谓法律真实，是"指公检法机关在刑事证明过程中，运用证据对案件真实的认定应当符合刑事实体法和程序法的规定，应当达到从法律的角度认为是真实的程度"。[3]这一观点在我国诉讼法学学术界占主导地位。我们认为，司法人员对案件事实的认定有必要且有可能符合客观真相，因而应当坚持客观真实论。这是总结过去我国发生的冤错案件沉痛教训后的必然选择，也是由我国的职权主义诉讼传统所决定的。基于职权主义的价值追求，法官需要调查核实证据，查明案件事实真相，使"事实认定符合客观真相、办案结果符合实体公正、办案过程符合程序公正"。[4]事实上，我国现行《刑事诉讼法》也将客观真实作为刑事诉讼追求的核心价值，明确要求公安司法机关进行刑事诉讼"必须以事实为根据，以法律为准绳"（第6条）。因此，应当坚持客观真实说。当然，由于诉讼证明的复杂性与诉讼价值追求的多元性，要求对所有事实的认定均符合客观真相很难做到，而且也无法满足解决诉讼纠纷的需要，法律真实应当有其适用的空间。但是，这并不等于否定客观真实，在二者关系上，必须坚持客观真实为主，法律真实为辅的原则，绝不能抛开客观真相主张法律真实。我国有关司法文件亦采用客观真实与法律真实相结合的观点。[5]

目前域外对刑事证明标准的设置，在英美法系国家表述为"排除合理怀疑"，在大陆法系国家表述为"内心确信"，国际公约的表述为"排除合理怀

---

〔1〕　张子培等：《刑事证据理论》，群众出版社1982年版，第94页。

〔2〕　参见樊崇义："客观真实管见——兼论刑事诉讼证明标准"，载《中国法学》2000年第1期；何家弘："论司法证明的目的和标准——兼论司法证明的基本概念和范畴"，载《法学研究》2001年第6期。

〔3〕　樊崇义："客观真实管见——兼论刑事诉讼证明标准"，载《中国法学》2000年第1期。

〔4〕　中国共产党第十八届中央委员会第四次全体会议通过《中共中央关于全面推进依法治国若干重大问题的决定》（2014年10月23日通过）。

〔5〕　最高人民法院于2005年4月1日颁布《关于增强司法能力提高司法水平的若干意见》，第20条明确规定："各级人民法院都要……树立科学的司法理念，坚持实体公正与程序公正的统一，坚持法律真实与客观真实的统一，……"最高人民法院于2005年7月26日发布的《关于进一步加强刑事审判工作的通知》第4条也明确规定："各级人民法院……要在对事实、证据进行深入审查、分析论证的基础上，坚持法律真实与客观真实的有机统一，充分考虑各种观点和可能性，尤其要对相互矛盾的证据和控辩双方相反的观点予以高度重视，依法公正地作出裁判结论。"

疑"。[1]我国《刑事诉讼法》从 1979 年制定到 1996 年修改，刑事证明标准一直表述为"案件事实清楚，证据确实、充分"。但司法部门在实践中感觉到"案件事实清楚，证据确实、充分"标准过于原则，不易把握。还有学者指出该标准过于偏重对证明标准客观层面的表述，而忽略了法官内心确信程度的主观层面。[2]在此背景下，加之西方理念与普遍适用排除合理怀疑的影响，实务界和学者主张引入西方的排除合理怀疑标准之声逐渐上升。最终，排除合理怀疑通过地方性法规与司法解释的不断积累而在 2012 年《刑事诉讼法》修改时被写入立法。需要指出的是，我国立法增加规定排除合理怀疑标准并非否定原有的"案件事实清楚，证据确实、充分"证明标准，而是作为其中"证据确实、充分"的重要条件之一，是对原有证明标准的一种细化和补充完善。尽管如此，将排除合理怀疑写入法典仍然具有突破性的重要意义。一方面，能使原有证明标准增加主观裁量因子，更具可操作性。我国原有证明标准注重于对证明标准客观层面的表述，要求裁判者对案件事实的认识必须根据确实、充分的证据。但是，法官对案件事实的认识是否清楚，证据是否确实充分，最终还是要靠法官通过内心感受的程度来判断，这实际上是一种主观状态。这种主观状态在西方国家要求达到排除合理怀疑或内心确信的程度。把排除合理怀疑写入法典，着眼于法官从主观上判断是否排除了证据之间的矛盾之处，是否排除了内心所存在之合理怀疑，对案件的事实达到了确信的程度。这样以主观标准补充客观标准，使主客观标准相辅相成，增强了我国有罪证明标准的可操作性，有利于案件事实的准确认定。另一方面，在排除合理怀疑已经成为世界法治国家以及联合国公约认可的有罪证明标准的背景下，引入该标准，有利于我国刑事立法、司法与世界通行做法相融合与衔接。

---

〔1〕 如联合国《两权公约》第 14 条对被告人在法庭和裁判所前一律平等和获得公正审判的权利作了详细阐释，其中第 2 款明确规定了无罪推定原则："凡受刑事控告者，在未依法证实有罪之前，应有权被视为无罪。"对于无罪推定的要求，人权事务委员会在 1984 年的第 13 号一般性意见中明确指出，"基于无罪推定，对控诉的举证责任由控方承担，疑案的处理应有利于被指控人。在对指控的证明达到排除合理怀疑的程度之前，不能推定任何人有罪。而且，无罪推定暗含着被指控的人享有按照这一原则对待的权利。因此，所有的公共当局都有义务不得预断审判结果"。又如，《国际刑事法院罗马规约》第 66 条对无罪推定原则作出如下规定："任何人在本法院被依照适用的法律证明有罪以前，应推定无罪。证明被告人有罪是检察官的责任。判定被告人有罪，本法院必须确信被告人有罪已无合理疑问（无合理怀疑即排除合理怀疑——笔者注）。"

〔2〕 陈瑞华：《刑事证据法学》，北京大学出版社 2012 年版，第 260 页。

目前，法官在判断案件证据是否确实、充分时，必须在综合全案证据基础上，判断所认定事实是否已排除合理怀疑。因而，正确理解与运用排除合理怀疑是保障刑事案件质量、防范冤假错案的关键所在，也是当前理论上和实践上亟需解决的一大难题。如前所述，我国刑事证明标准的解读，是以客观真实说尤其是马克思辩证唯物主义认识论作为理论基础的。而排除合理怀疑源自英美法系，其在英美法系主要以西方经验主义哲学为基础，认为对案件的认识只能最大程度地反映案件事实，而不承认对案件的认识可以达到"绝对确定"的程度。这与马克思辩证唯物主义认识论的要求显然存在矛盾。如果照搬英美法系经验主义认识论来解读，那么排除合理怀疑的内涵难以与客观真实说强调的主观认识符合案件的客观事实相协调；而倘若仍然坚持以马克思辩证唯物主义认识论来解读，则会让人对把"排除合理怀疑"写入立法的必要性产生质疑，更何况"排除合理怀疑"在英美法系本来也存在语义不清、难以准确把握的问题。理论上的矛盾必然导致司法实践的无所适从。司法实践部门对于何为"合理怀疑"存在不同的认识，有的法院甚至将排除合理怀疑标准束之高阁，使定罪实质化大打折扣。因此，必须明确解读刑事证明标准的理论基础。我们认为，对排除合理怀疑的解读必须坚持客观真实说尤其是马克思辩证唯物主义认识论。按照马克思辩证唯物主义认识论，案件的客观事实能够被认识，且应当努力使对案件的主观认识符合案件的客观事实。要使主观认识符合客观事实，必然要求对排除合理怀疑作最严格的要求。具体而言，要求排除合理怀疑应达到确定性、唯一性的程度。

🏷 经典案例

案例（一）：O. J. 辛普森案[1]

一、基本案情

1994 年 6 月 12 日深夜，曾在洛杉矶奥运会上点燃圣火的美国超级橄榄球明星 O. J. 辛普森（Orenthal James Simpson）的前妻尼科尔（Nicole Brown Simpson）

---

〔1〕 案情整理自王达人、曾粤兴：《正义的诉求：美国辛普森案和中国杜培武案的比较》，北京大学出版社 2012 年版。

和其男友戈尔德曼（Ronald Goldman）双双被杀于尼科尔在洛杉矶的别墅。现场发现的一些物证使辛普森成为案件最大的、也是唯一的嫌疑人。1994年6月下旬，地区检察官向法院对辛普森提出两项一级谋杀罪指控。

控方证据主要有：在案发现场辛普森野马牌汽车上及其住宅发现的血迹；分别在现场和辛普森家里发现的恰成一对的染血的手套；辛普森的右手在案发当日被割伤；辛普森的血型与上述血迹相同，在辛普森卧室里发现的一双沾有尼科尔血迹的短袜；在辛普森家里发现的手套上有尼科尔和戈尔德曼的头发；在戈尔德曼脚下发现的一顶编织帽上有辛普森的头发和其车毯上的纤维。另外，通过大量证明辛普森对尼科尔的19次之多的暴力行为的证据，控方分析辛普森具有杀人动机，杀害尼科尔及其男友，符合其性格特点和行为逻辑。再有，案发当时，按约定时间到达辛普森住宅接送辛普森到机场的汽车司机多次按门铃无人应答，而直到半小时之后，司机看到一体型身高极像辛普森的黑人快步从外边进入辛普森住宅而再次按门铃后，辛普森才马上应答并带行李出门跟司机前往机场。这表明了辛普森具有作案时间。

如何赢得具有决定作用的陪审团对本方观点的接受，是控辩双方交锋的核心，而这一核心问题的解决是通过"排除合理怀疑"的证明标准来实现的。具体到辛普森案件中，辩方的"梦之队"律师团依靠大量的论证最终使得陪审团接受了存在合理怀疑的观点。

辩方主要证据、理由是：DNA检验结果所得出的现场和手套上血迹是辛普森的结论并不可靠；控方提供的大量证据是情况证据（Circumstantial Evidence），这并不能将被告人与罪行必然联系起来；控方未能找到凶器，也没有现场目击证人，而法医们则承认，该谋杀使用了两件凶器，这明确显示存在着不止一个凶手；警方收集、保存证据的程序、方法违法，例如，警方在进入辛普森住宅搜查时没有得到搜查令，控方重要证人福尔曼在多种场合将黑人称为"黑鬼"，并有使用非法证据、漠视法律程序、殴打疑犯以强取口供的行为史，有明显的种族主义倾向，极有可能捏造证据以嫁祸辛普森，例如将在现场发现的两只血手套的一只移至辛普森住宅，将手套上的血迹抹在辛普森的汽车上；辛普森当庭试戴血手套但手套太小并不适合他的手，所以不可能是他戴着该手套作的案。

控方并没有清晰合理的解释来说明作为本案核心证据的 DNA 检材来源没有受到交叉感染，同时也对 EDTA[1]如何出现在现场的血液样本中没有合理解释，而辩方则明确地选择了将警方工作中的不当（甚至栽赃）作为攻击点和突破口，将大量与之相关的外围信息展示在陪审团面前。这些都或明或暗地指向了警方的失职，进而不断消解和降低那些不利于辛普森的证据的证明力，达到巩固和增强合理怀疑的效果。最终，因为控方针对辛普森的指控存在"合理怀疑"，陪审团宣告被告人辛普森无罪。

"排除合理怀疑"的证明标准是英美法系（尤其是美国）刑事诉讼最基本的标准之一，其来源是美国联邦《宪法》第五修正案和第十四修正案中的正当法律程序，即使陪审团认为被告的确存在犯罪的可能，但是，如果不能排除对整个案件中与犯罪有关的合理因素的怀疑，那么，他们仍然应当认定被告无罪。

在司法实践中，各州法院不断地向陪审团给出有关合理怀疑的定义，一个著名的例子就是首席大法官肖的陈述："在对所有的证据进行比较、分析之后，案件情况使陪审团的思想处于这样的一种状态：他们不能说他们对指控的事实真相形成了一种持久的确信和道德上的确定性。"但是，在美国大多数法官都拒绝向陪审团给出"合理怀疑"的定义，而将这一证明标准视为不言自明的。正如一位法官所指出的——"对'合理怀疑'一词来说，没有比其本身更清楚明确的定义了"。

二、法律问题

1. 为什么陪审团判决辛普森无罪？
2. 为什么美国的法官拒绝对"合理怀疑"进行定义？

---

〔1〕 作为血液抗凝剂时，EDTA 在提取血液样本之前就已经被放置在针管或试管之中，以防止血液凝固或者过于浓稠。如果说辩方对核心证据 DNA 的攻击只是引发合理怀疑开端的话，那么从再次采集的血液样本中发现 EDTA 的事实则巩固了陪审团已经产生的怀疑。在庭审进行过程中，洛杉矶警方对犯罪现场进行了再次检验，在后门处发现了一些在初次勘察时没有发现的血液，此时距离初次勘检已经过去了三周。而通过对这些血样本进行检验，发现了其中存在 EDTA 抗凝剂。基于此，辩方认为 EDTA 抗凝剂的存在证明了后来发现的血液是警方将提取的辛普森血液放在后门上的，这样就可以栽赃辛普森从后门逃逸。面对此种指责，控方却勉强应对，虽然他们认为 EDTA 可以广泛存在，但是却无法给出一个明确答案。关于 EDTA 的疑惑，就留给了作为"听众"的陪审团去判断。

三、法理分析

（一）排除合理怀疑的制度基础

要理解"排除合理怀疑"这样一个刑事证明标准，离不开对美国刑事司法制度的分析，"排除合理怀疑"深深地嵌入了对抗制、陪审团审判、法官独立等这样一些制度之中。在英美法系的对抗制之下，实行严格的无罪推定，控方负绝对的举证责任，控辩双方平等对抗，证据证人都出现在法庭上，经过双方的充分质证、交叉询问，法庭审判结论形成于法庭之上。所以，排除合理怀疑是建立在当庭审理确认的证据和事实基础之上的。此外，陪审团对事实进行裁决，法官作出判决不用承担事实认定的压力，且不受任何外界的干扰，这样一些因素使得排除合理怀疑成为界定犯罪成立与否的制度门槛。中国法官不仅庭前、庭后以及庭外接触足以影响裁判结论的案卷笔录，而且其严重的犯罪追诉倾向使得"排除合理怀疑"很难有存在的制度空间和道德空间。

（二）排除合理怀疑与疑罪从无的关系

如果"排除合理怀疑"的法定证明标准有相应的制度保障，并在司法实践中得到良好适用，那么在证明被告人是否有罪这一待证事实上，控方提供的证据以及由此构成的证明体系，必须使陪审团成员内心达到"排除合理怀疑"的程度。如果陪审团成员针对某一待证事实或者全案证据的综合效果存在"合理的疑问"，那么控方的指控就没有达到"排除合理怀疑"的程度，被告人受到指控的罪名存在疑问，在这种情况下，应当宣布被告人无罪。具体到辛普森案中，虽然从控方的证据体系来看，确实存在辛普森作案的可能性，但是这种可能性并未达到"排除合理怀疑"的程度，那么，辛普森在法律上就是无罪的。只有排除合理怀疑的证明标准得到坚持，疑罪从无才有适用的空间。

四、参考意见

（一）为什么陪审团判决辛普森无罪

无罪可以分为实体上的无罪和程序上的无罪，实体上的无罪是指被告人不满足《刑法》规定的犯罪构成要件，程序上的无罪是指被告人满足《刑事诉讼法》规定的法定不追诉情形，或者案件未能达到法定证明标准而被法院宣告无罪。在本案辩护律师艾伦·德肖维茨（Alan Dershowitz）的书中，他这样推测当时陪审团的心理：①他们相信警察在取证过程中有所欺瞒；②警方很可能将血液涂抹在了现场；③手套和袜子很可能是福尔曼伪造的。因此，陪审团认为警方有可能在刻意构陷一名罪犯，所以他们拒绝对辛普森定罪。[1]

将德肖维茨律师的三个推测进行总结和抽象后会发现，陪审团之所以判决辛普森无罪，原因就在于控方的证明体系存在合理怀疑，针对辛普森构成一级谋杀罪的指控没有达到排除合理怀疑的证明标准。

（二）为什么美国的法官拒绝对"合理怀疑"进行定义

在美国，"排除合理怀疑"被认为是无法界定的，并且也面临很大的争议。[2]很多州的法官以及大量的学者主张，排除合理怀疑不用再定义，原因在于：

第一，排除合理怀疑是由一些公众普遍理解的普通词汇组成的，为公众广泛接受和使用，毋需进行定义陪审团就能理解。

第二，陪审团对排除合理怀疑存在一种先天性理解，不准确的界定不仅不能使陪审团对这一概念的理解获得大幅度提高，而且往往会造成不必要的混乱，甚至降低《宪法》对认定有罪所要求的证明标准。因而，法官在对陪审团进行指示时试图对排除合理怀疑进行界定完全是一种没有任何实益的冒险。

第三，不对排除合理怀疑进行定义有利于陪审团在确定排除合理怀疑的涵义时发挥社会的集体智慧，有利于排除合理怀疑适应时代的变迁和社会价值标准的变化。

可以说，一切试图给"排除合理怀疑"下定义的尝试都失败了。我国也有学者指出，"排除合理怀疑本身就是一个相当直白的表述，对此进行任何过多的解释都有可能弄巧成拙，反而使相当明了的事情变得复杂化、模糊化。"[3]毕

---

〔1〕　［美］艾伦·德肖维茨：《合理的怀疑：辛普森案如何影响美国》，金成波、杨丽译，中国法制出版社 2016 年版，第 61~96 页。

〔2〕　陈永生："排除合理怀疑及其在西方面临的挑战"，载《中国法学》2003 年第 2 期。

〔3〕　易延友：《证据法的体系与精神——以英美法为特别参照》，北京大学出版社 2010 年版，第 31 页。

竟，这一来源于"宗教"逻辑并带有浓厚宗教色彩的概念，并非通过简单的法律思维就可以清楚地理解。[1]

然而，根据法院多年积累的判例表明，虽然"排除合理怀疑"无法被清晰地界定，但是"合理怀疑"却是可以界定的。一般认为，"合理怀疑"不能是一种想象出来的怀疑，也不能是一种基于推测的怀疑，它是一种实际的和实质的怀疑，它来源于证据和证据所证明的案件事实。加拿大联邦最高法院对"合理怀疑"的解释值得借鉴："顾名思义，一项合理的怀疑准确地说就是建立在理性基础上的怀疑，亦即建立在逻辑推理过程之上的怀疑。它不是一种想象出来的怀疑，也不是基于同情或者偏见产生出来的怀疑。它是这样一种怀疑，也就是如果你问自己'为什么我要怀疑'的时候，你能够通过回答这一问题，而给出一种逻辑上的理由。这种逻辑上的理由，包括你在考虑了全案证据之后所发现的矛盾，也可以是指与某一证据的不存在相关的理由，而该证据在这一案件中属于定罪的前提条件。"[2]

案例（二）：陈泽雄运输毒品案[3]

一、基本案情

2013年12月26日下午4时许，被告人陈泽雄受同案人庄某某（在逃）的雇请，到普宁市某某燎原镇果陇村，驾驶庄某某的丰田佳美小车载庄某某的朋友庄某发（另案处理）前往惠来县东港镇后旗村，下午5时多到达后旗村后将车停在村旁，两人一直在车内等候。至晚上8时多，一名不明身份的男子带着毒品来到陈泽雄停车的位置，将毒品放进陈泽雄驾驶的小车后排座。随后，陈泽雄驾车载着庄某发返回普宁市，途经汕尾市华侨管理区三村老猪舍路段时遇执勤民警拦截检查，坐在后排座的庄某发开枪击伤执勤民警后逃离现场，陈泽雄被当场抓获。公安机关当场在陈泽雄驾驶的小车后排座位置查获疑似毒品19袋（包），共重19千克。经鉴定，其中14袋（包）共重14.047千克，均检出甲基苯丙胺成分，含量在65%以上。

---

〔1〕 参见肖沛权："论美国排除合理怀疑的宗教逻辑"，载《比较法研究》2013年第1期。

〔2〕 转引自陈瑞华：《刑事证据法》，北京大学出版社2018年版，第446页。

〔3〕 参见广东省高级人民法院（2016）粤刑终321号判决书。

辩护人提出：本案认定上诉人陈泽雄明知是毒品而参与运输的证据只有陈在侦查机关的两次讯问笔录，但该两次讯问笔录不能排除系非法证据的可能。陈泽雄在侦查阶段的审讯录像存在重大疑点，至重审后的二审前，未出示给陈泽雄质证，更何况录像也不连贯，录像显示陈泽雄被训斥，镜头剧烈晃动后陈泽雄签笔录，没有反映讯问的完整过程；二审庭前会议中，审讯录像证实审讯人员在笔录上自行杜撰"陈泽雄心里有怀疑车上的货是可疑违法物品"的内容，且陈泽雄脸部有疑似伤痕，但案发前后，陈泽雄都从未抗拒，不存在因抗拒抓捕而致伤的问题；录像显示陈泽雄在笔录上签名前，是有异议的，并与审讯人员发生过争执，没有证据显示陈泽雄最终在笔录上签名是自愿的；陈泽雄对于其在侦查阶段受到刑讯逼供的违法取证，已提供了时间、地点和参与人员等具体线索，并且当庭进行了指证，依法应由检察机关举证证明该供述的合法性。所以，本案指控陈泽雄犯运输毒品罪的证据严重不足，不能成立。

控方称：被告人的口供与文字表述有出入很正常，其有部分口供没有被记录也很正常，对上诉人陈泽雄的定罪量刑影响不大，本案不存在非法证据问题。对于确定陈泽雄主观是否明知，从其客观表现认定，原审判决认定的逻辑没有问题，陈泽雄的客观行为，可以推定他是主观明知的。陈泽雄被抓后在侦查阶段共有五份供述，第一、二份口供承认其怀疑运输的是毒品，该两份口供作为直接证据以认定陈泽雄主观上"明知"，案卷中有侦查机关提供的光盘，经认真观察录音录像，录像里陈泽雄表情正常，回答自如，没有受到逼供或诱供的情况。陈泽雄辩称被逼供的辩解是不成立的。综合考虑本案的证据，检察员认为能认定陈泽雄主观上"明知"是毒品而运输。建议二审法院维持原判。

焦点在于证明被告人陈泽雄对于"明知"毒品仍运输的口供是否系刑讯逼供取得的非法证据。

被告人主张侦查机关刑讯逼供，并提供了具体线索的，人民法院应当启动非法证据排除程序，准确认定被告人在侦查阶段所作供述的真实性、合法性。

法院生效裁判认为：

1. 证据合法的证明责任由控方承担。现有证据不能排除侦查机关在收集陈泽雄供述时存在以非法方法收集证据的情形，且亦不能证明侦查机关随案移送的关于陈泽雄有罪供述的讯问笔录的真实性，故广东省高级人民法院认为陈泽雄在侦查阶段所作的有罪供述的合法性、真实性均存疑，决定予以排除，不作为认定本案事实的证据使用。理由有：①本案涉案的毒品甲基苯丙胺数量巨大，属于可能会被判处无期徒刑、死刑的重大案件，根据法律规定，侦查人员在讯问时，应当对讯问过程进行录音或者录像，且录音或者录像应当全程进行，保持完整性。本案陈泽雄在侦查阶段所作的两次有罪供述，第一次讯问没有录音录像；第二次讯问虽有录音录像，但经庭前会议核对，该录音录像不仅不具备完整性，还显示陈泽雄要求修改笔录时录像里出现责骂的声音和录像中断等令人生疑的情形。所以，侦查机关对陈泽雄的审讯违反了应当全程进行录音或者录像的规定，而陈泽雄当庭指认麦某某和周某某就是对他实施刑讯逼供的侦查人员，其指认得不到相应足够的证据予以否认，故本案无法排除存在侦查机关以非法方法收集证据的可能性。②陈泽雄在审讯录像中供述的内容和对应的讯问笔录记载的内容确实存在较大差异，录音录像显示陈泽雄没有作过有罪供述，因此该讯问笔录不能真实地反映陈泽雄的供述内容。③3名参与审讯的侦查人员对为何出现审讯录像中陈泽雄的供述与对应的讯问笔录内容不一致的情况均无法作出合理解释。④原公诉机关未将陈泽雄送入看守所关押时的体检表作为证据使用，后经广东省高级人民法院发函调取陈泽雄的入所体检表，但该体检表亦不足以证明陈泽雄在入所时体表是否正常，不足以排除侦查机关存在以非法方法收集证据的情形。

2. 在广东省高级人民法院对陈泽雄的两次有罪供述依法予以排除后，本案中，陈泽雄对其相关反常行为表现，能够作出较合理解释，其辩解并不明显违背常理，且侦查机关不能提供足够证据予以否定，故现有证据不足以证明陈泽雄明知是毒品仍协助他人运输，陈泽雄主观上是否具有运输毒品的故意存疑。运输毒品罪，根据法律规定，指的是行为人明知是毒品而参与运输。而认定行为人构成犯罪，应坚持主客观相一致原则，因此原审判决认定陈泽雄明知是毒品而受雇帮助他人运输毒品，尚未达到事实清楚，证据确实、充分的定罪标准。

广东省高级人民法院终审判决：撤销广东省汕尾市中级人民法院（2015）汕尾中法刑一重字第23号刑事判决，陈泽雄无罪。

二、法律问题

1. 控方对取证合法性的证明，要达到事实清楚、证据确实充分，排除合理怀疑的程度是否合理？

2. 被告人对侦查机关存在刑讯逼供获取口供的行为完全不承担证明责任吗？

三、法理分析

（一）非法证据排除中的证明责任

《刑事诉讼法》第59条规定："在对证据收集的合法性进行法庭调查的过程中，人民检察院应当对证据收集的合法性加以证明。现有证据材料不能证明证据收集的合法性的，人民检察院可以提请人民法院通知有关侦查人员或者其他人员出庭说明情况；人民法院可以通知有关侦查人员或者其他人员出庭说明情况。有关侦查人员或者其他人员也可以要求出庭说明情况。经人民法院通知，有关人员应当出庭。"由此可见，在非法证据排除程序中，由控方承担证明责任。需要指出的是，虽然我国《刑事诉讼法》要求辩方提出非法证据排除申请时提供相关线索或材料，并不意味着辩方要承担证明责任，作此要求只是为了防止辩方滥用申请权而要求其承担是否启动非法证据排除程序的初步责任。这些内容在本章专题一中已有详述，此处不赘。

（二）非法证据排除中的证明标准

非法证据排除程序中控、辩双方所负的证明责任各异，其适用的证明标准也不同。在我国，根据《刑事诉讼法》的规定，由控方承担证明责任，证明标准是"确认存在"或者"不能排除存在"非法取证的情形。

四、参考意见

（一）控方对取证合法性的证明，要达到事实清楚、证据确实充分，排除合理怀疑的程度是否合理

对于侦查行为的合法性，公诉方需证明到"事实清楚，证据确实、充分"的最高程度。根据2012年《刑事诉讼法》的规定，法院确认或者不能排除侦查人员存在以非法方法收集证据情形的，应当对有关证据予以排除。这里所

说的"确认",是指法院有足够证据确信侦查人员采用了非法取证的方法,而所谓的"不能排除",是指公诉方对侦查行为合法性的证明并没有令法官排除合理怀疑。可见,公诉方对侦查人员取证合法性的证明,依法要达到与定罪标准相同的最高证明标准。

对公诉方的证明提出最高的证明标准要求具有合理性与可行性。其一,对证据合法性的证明与指控犯罪事实的证明,是局部与整体的关系,既然整体的指控犯罪事实需要达到排除合理怀疑的证明标准,那么控方针对侦查人员取证合法性这一局部性事实当然应当达到这一标准。其二,公诉方只要想对侦查取证的合法性进行取证和举证,就可以从现行体制获得一系列资源和便利条件。一方面,公诉方可以获得侦查人员的协助,侦查人员就侦查行为一般都制作了各类笔录证据,对预审讯问过程,还可以全程同步录音录像,这些笔录证据和录音录像可以成为公诉方证明侦查行为合法性的有力证据。另一方面,未决羁押机构对侦查人员带嫌疑人出入监所的情况,还进行详细记录,必要时还会进行身体检查并保留检查记录,检察机关为调查侦查人员取证的合法性,还可以询问看管人员、同监所的在押人员等。除此之外,检察机关还可以传召侦查人员出庭作证,就侦查行为的合法性当庭提供证言。因此,要求公诉方对侦查人员取证合法性的证明达到最高标准,能够最大限度地促使公诉方挖掘一切资源,收集足够的证据,做好应诉准备,以证明控方证据的合法性。

(二)被告人对侦查机关存在刑讯逼供获取口供的行为完全不承担证明责任吗

根据我国《刑事诉讼法》的规定,在非法证据排除程序中,由控方承担证明责任,也就是说,被告人不承担证明责任。需要指出的是,根据《人民法院办理刑事案件排除非法证据规程(试行)》第5条的规定,"被告人及其辩护人申请排除非法证据,应当提供相关线索或者材料。'线索'是指内容具体、指向明确的涉嫌非法取证的人员、时间、地点、方式等;'材料'是指能够反映非法取证的伤情照片、体检记录、医院病历、讯问笔录、讯问录音录像或者同监室人员的证言等"。这意味着被告方一旦提出排除非法证据的申请,就需要提供侦查人员违法取证的线索或者材料。法院通过审查该申请和相关线索、材料,对侦查行为的合法性存在疑问的,才可以决定启动正式的调查程序。由此可见，辩方提出非法证据排除申请时要求提供相关线索或材料，否则法院不启动非法证据排除程序。然而，这并不意味着辩方要承担证明责任，作此要求只是为了防止辩方滥用申请权而要求其承担是否启动非法证据排除程序的初步责任。

被告人承担初步责任具有重要意义。其一，有利于防止被告人滥用诉权，避免法院司法资源的过度耗费；其二，被告人承担初步的举证责任，一定程度上保障了其申请非法证据排除的合法性、合理性；其三，被告人的初步举证有利于法院划定公诉方的举证范围和举证内容，从而提高诉讼效率。

拓展资料

2－3　拓展阅读

| 第三章 |

刑事诉讼法程序论专题

专题一：侦查程序

📚 知识概要

侦查，是指侦查机关对于刑事案件，依据法律进行的收集证据、查明案情的工作和采取的有关强制性措施。从主体上看，侦查机关包括公安机关、检察机关、国家安全机关、军队保卫部门、监狱、走私犯罪侦查部门和中国海警局。从内容上看，侦查包含两项基本工作：一是收集证据、查明案情，即通过讯问犯罪嫌疑人、询问证人（被害人）、勘验、检查等侦查措施发现、收集、固定证据，查明案件事实；二是采取有关强制性措施。有观点将强制性措施解释为"侦查机关为收集证据、查明犯罪事实和查获犯罪人而采取的限制、剥夺人身自由或者对人身、财物进行强制的措施"。[1]诚然，侦查机关在办理案件过程中有权决定使用强制措施，强制措施的使用亦有助于侦查工作的展开和侦查任务的完成，但是，强制措施作为诉讼保障措施，目的仅在于保障刑事诉讼的顺利进行，虽与侦查联系紧密却无性质相通之处。因此，此处的"强制性措施"应当限定为诸如搜查、扣押、冻结等针对人身、财物的强制性侦查行为。从阶段上看，侦查可以分为两个环节：一是侦查破案环节。侦查机关对已经立案的刑事案件进行侦查，收集、调取犯罪嫌疑人有罪

---

〔1〕 王爱立主编：《中华人民共和国刑事诉讼法修改与适用》，中国民主法制出版社 2019 年版，第 214 页。

或者无罪、罪轻或者罪重的证据材料，并依法适用强制措施。这也是侦查的主要任务所在。二是预审环节。侦查机关一方面要对有证据证明有犯罪事实的案件进行预审；另一方面对已经收集、调取的证据材料进行核实。

"公正始于侦查，如果侦查机关在收集、固定证据时偏离了公正要求，案件就不会有公正的结果"。[1]为确保侦查任务的完成，立法赋予了侦查机关强大的侦查权力；同时，为保证侦查质量、保障基本人权，立法又有必要对侦查机关的权力设置层层限制。实质上，侦查制度的设计、运行均围绕着"赋权"与"限权"这两个关键词展开。也正是在此思想指引下，我们既主张侦查工作应当坚持迅速、及时、适度保密原则，更强调侦查机关应当遵守程序合法、客观全面原则。[2]

根据法律规定，公安机关在办理案件过程中为收集证据、查明案情，可以依据案件情况实施下列侦查行为：讯问犯罪嫌疑人，询问证人、被害人，勘验、检查，搜查，查封、扣押物证、书证，鉴定，辨认，技术侦查，通缉。侦查机关进行一系列侦查活动后，认为案件事实已经查清，证据确实、充分，足以认定犯罪嫌疑人是否犯罪和应否对其追究刑事责任而决定结束侦查的，应当依法对案件作出处理或提出处理意见。在案件侦查终结之前，辩护律师提出要求的，侦查机关应当听取辩护律师意见，并记录在案。辩护律师提出书面意见的，应当附卷。侦查机关认为刑事案件满足以下条件的，应当写出起诉意见，连同案卷材料和证据一并移送同级人民检察院审查决定：犯罪事实清楚，证据确实、充分，案件定性准确，法律手续完备，无遗漏罪行和应当追究刑事责任的人。[3]与此同时，侦查机关应当将案件移送情况告知犯罪嫌疑人及其辩护律师。犯罪嫌疑人自愿认罪的，应当记录在案，随案移送，并在起诉意见书中写明有关情况。相反，侦查机关在侦查过程中如果发现不应对犯罪嫌疑人追究刑事责任的，应当撤销案件；犯罪嫌疑人已被逮捕的，应当立即释放，发给释放证明，并且通知原批准逮捕的人民检察院。[4]另外，

---

[1] 尹晓宇："中国致力打造公正司法制度"，载《人民日报》（海外版）2014年10月31日，第4版。

[2] 参见宋英辉、甄贞主编：《刑事诉讼法学》，中国人民大学出版社2019年版，第268页。

[3] 参见宋英辉、甄贞主编：《刑事诉讼法学》，中国人民大学出版社2019年版，第291页。

[4] 《刑事诉讼法》第118~163条。

根据《刑事诉讼法》第182条的规定，犯罪嫌疑人自愿如实供述涉嫌犯罪的事实，有重大立功或者案件涉及国家重大利益的，经最高人民检察院核准，公安机关可以撤销案件。

"整个刑事诉讼程序犹如一座大厦，而侦查程序则如同这座大厦的地基。如果地基不合理、不坚固，那么整个大厦就有可能发生倾覆"[1]侦查是提起公诉与审判的基础和前提，侦查质量的高低，对于案件在审查起诉、审判阶段能否得到正确、合法、及时的处理具有直接的影响。为了规范侦查行为，1979年《刑事诉讼法》确立了具有强职权主义色彩的侦查体制，之后1996年、2012年、2018年三次立法修改以强化当事人诉讼权利、弱化侦查机关追诉权力为基本立场对侦查制度进行了改革与完善，使之越来越民主化、法治化。[2]然而，不容回避的问题是，在中国独特的司法体制下，侦查机关收集的证据材料及认定有罪的案件，对起诉、审判具有举足轻重的影响，进而导致刑事诉讼的重心前移至侦查阶段，审查起诉、审判流于形式，在一定程度上异化为"以侦查为中心"。[3]在这种诉讼模式下，侦查制约机制失灵，侦查失控在所难免。不仅如此，由于侦查权一家独大、法庭审理虚化，一些带病案件进入审判程序造成冤假错案频发，极大损害了刑事司法的公信力。党的十八届四中全会通过的《中共中央关于全面推进依法治国若干重大问题的决定》提出"推进以审判为中心的诉讼制度改革""确保侦查、审查起诉的案件事实证据经得起法律的检验""保证庭审在查明事实、认定证据、保护诉权、公正裁判中发挥决定性作用"。简而言之，此次诉讼制度改革的目的在于重置侦查、公诉、审判三者的关系，实现侦查为公诉准备、公诉为审判服务之改革目标，同时以司法裁判为标准倒逼侦查环节办案质量的提高。欲实现以审判为中心的改革目标，有必要在现有规定基础上对侦查制度进行深化改革，改革方向有二：一为强化侦查权力外部控制；二为加强犯罪嫌疑人权利保障。对侦查制度的改革的着力点在于：

第一，侦查讯问制度。讯问犯罪嫌疑人是一项重要的侦查活动，不仅是

---

[1] 李心鉴：《刑事诉讼构造论》，中国政法大学出版社1997年版，第179页。

[2] 参见卞建林等：《改革开放40年法律制度变迁：刑事诉讼法卷》，厦门大学出版社2019年版，第207～210页。

[3] 顾永忠："'庭审中心主义'之我见"，载《人民法院报》2014年5月16日，第5版。

侦查刑事案件的必经程序，也是查明犯罪事实的有效措施。虽然《刑事诉讼法》及相关司法解释对侦查讯问的主体、程序、步骤与讯问过程中的人权保障进行了较为全面、细致的规定，但是在司法实践中，侦查讯问制度仍然存在诸多问题，诸如刑讯逼供现象屡禁不止、侦查人员权力过大而缺乏必要制约、犯罪嫌疑人权利保障严重不足等。经过历次立法修改，侦查讯问中的顽症得到了一定程度缓解。但要进一步规范侦查讯问行为，从源头上解决非法证据问题，还需要在已有制度的基础上，探索新的制约措施。其一，考虑赋予律师讯问时在场权。律师于侦查讯问时在场，可以缓和犯罪嫌疑人的紧张情绪和压力，保证陈述的任意性；规范侦查机关的讯问程序、实现司法公正；监督侦查机关的讯问活动，遏制刑讯逼供现象，保障人权。因此，律师讯问时在场权绝非非法证据排除规则所能取代，相反，我们应当考虑赋予律师讯问时在场权。当然，鉴于一步到位地赋予律师讯问时在场权可能存在困难，可以采取循序渐进的方式以最终确立律师讯问时在场权。在现阶段，可以将律师在场的案件范围限缩在未成年人犯罪案件，可能判处 10 年以上有期徒刑、无期徒刑、死刑的案件，以及其他根据案件情况和司法利益需要而有此必要的案件。同时，为了消除律师在场给侦查带来的不良影响，可以采取"看得见，但听不见"的方式进行。[1] 其二，进一步完善侦查阶段的非法证据排除程序。概括而言，立法应当做两方面努力：一方面逐步扩大应当予以排除的犯罪嫌疑人供述的范围；另一方面明确侦查环节排除非法口供的具体程序。对此问题将在证据章中专门探讨，此处不再赘述。其三，删除"应当如实回答"的规定。《刑事诉讼法》第 52 条明确规定"不得强迫任何人证实自己有罪"，意味着"不得以任何强迫手段迫使任何人认罪和提供证明自己有罪的证据"。[2] 与此同时，《刑事诉讼法》第 120 条又保留了"犯罪嫌疑人对侦查人员的提问，应当如实回答"的规定。虽然立法机关有关人员解释说二者并不矛盾，[3] 实质上，这种说法是很难成立的。这是因为"应当如实回答"

---

〔1〕　汪海燕：《刑事诉讼法律移植研究》，中国政法大学出版社 2015 年版，第 191 页。

〔2〕　王爱立主编：《中华人民共和国刑事诉讼法修改与适用》，中国民主法制出版社 2019 年版，第 112 页。

〔3〕　郎胜："'不得强迫任何人证实自己有罪'与'应当如实回答'不矛盾"，http://lianghui. people. com. cn/2012npc/GB/239293/17332481. html，最后访问日期：2019 年 9 月 15 日。

意味着犯罪嫌疑人不仅应当"回答"，而且应当"如实回答"，带有非常明显的"强迫"意味，与"不得强迫自证其罪"特权的精神内涵相悖。因此，有必要将"应当如实回答"的规定从《刑事诉讼法》中删去。[1]

第二，实物证据收集、保管制度。《刑事诉讼法》第55条明确规定，"对一切案件的判处都要重证据，重调查研究，不轻信口供"。"重证据"是指"要重视一切证据的收集、认定，特别是口供以外的客观证据"，"不轻信口供"是指"不能不经核实，不经与其他证据相互印证，就轻信口供"。[2]与这一基本立场相配套，《刑事诉讼法》及相关解释性文件对于物证、书证的收集、保管进行了规定，为侦查机关提供了具体、明确的指引。[3]但是，在司法实践中，侦查机关长期存在依赖口供的办案倾向，对物证、书证等客观证据不够重视，导致案件的证据体系薄弱：有的案件一经取得口供，即草率结案；有的案件虽然收集了实物证据，但收集、保管的方式却存在瑕疵甚至重大问题，导致证据效力减损甚至湮灭。[4]在当前以审判为中心的诉讼制度改革背景下，欲夯实实物证据基础，必须先重视实物证据的运用。也正因如此，两院三部《关于推进以审判为中心的刑事诉讼制度改革的意见》第2条第2款明确指出："侦查机关、人民检察院应当按照裁判的要求和标准搜集、固定、审查、运用证据，……"要发挥实物证据的作用并使之最大化，最为首要、最为基本的工作便是收集并对之加以妥善保管。[5]诚如论者所言，对实物证据收集、保管制度的完善可从以下方面着手：其一，通过多种方式促使侦查人员形成惩罚犯罪与保障人权并重、无罪推定的理念，培养最低限度证据及关键证据、重视证据可采性及全面取证的意识；其二，规范侦查取证行为，提高证据质量；其三，依托现代科技手段，加强现场勘验工作；其四，建立检察引导侦查取证，杜绝非法证据产生；其五，细化具体操作规范，建

---

〔1〕 参见卞建林等：《改革开放40年法律制度变迁：刑事诉讼法卷》，厦门大学出版社2019年版，第229～232页。

〔2〕 王爱立、雷建斌主编：《刑事诉讼法立法精解》，中国检察出版社2019年版，第98页。

〔3〕 《刑事诉讼法》第52、54、56、128、136、138、245条。

〔4〕 刘冀民主编：《刑事诉讼制度改革：控制侦查与庭审实质化》，法律出版社2018年版，第39页。

〔5〕 李学军：《物证论——从物证技术层面及诉讼法学的视角》，中国人民大学出版社2010年版，第107页。

立物证保管体系。[1]

第三，技术侦查制度。2012 年《刑事诉讼法》采用专节的方式对技术侦查进行了规定，内容涉及技术侦查的适用主体与范围、技术侦查的批准决定、技术侦查人员的保密义务、特殊侦查措施、利用技术侦查措施收集的证据的效力等方面。就现有规定而言，技术侦查仍然存在不少问题需要进一步改革完善。其一，进一步扩充技术侦查措施的适用案件范围。根据《刑事诉讼法》第 150 条的规定，技术侦查措施限制适用于三种情形：公安机负责侦查的危害国家安全犯罪、恐怖活动犯罪、黑社会性质的组织犯罪、重大毒品犯罪或者其他严重危害社会的犯罪案件；人民检察院负责侦查的利用职权实施的严重侵犯公民人身权利的重大犯罪案件；案件中涉及追捕被通缉或者批准、决定逮捕的在逃的犯罪嫌疑人、被告人的。显然，网络犯罪没有被纳入技术侦查措施的适用案件范围。公安部《规定》在对其进行解释时，将利用电信、计算机网络、寄递渠道等实施的重大犯罪案件，以及针对计算机网络实施的重大犯罪案件纳入了技术侦查措施适用案件范围。但是，公安部《规定》不具有溢出效力，无法适用于其他侦查机关。因此，有必要借鉴该规定，在立法层面规定网络犯罪可以使用技术侦查措施。其二，限制技术侦查措施的适用条件。根据法律规定，技术侦查措施的适用条件为"根据侦查犯罪的需要"。毫无疑问，对于侦查机关来讲，一切手段都是为了侦查需要，该条件与其说是"限权"不如说是"授权"，而且是"无限授权"。为切实防止技术侦查措施滥用，对公民隐私权构成不必要的侵犯，应当确立最后手段原则，明确技术侦查措施的适用条件为"采取其他方法确实无法收集证据、查明案情的"。其三，明确技术侦查措施的审批机制。《刑事诉讼法》用"经过严格的批准手续"将技术侦查措施的审批机制一笔带过，且何谓"严格"语焉不详。制度留白给了解释主体过于宽泛的选择空间，为利己解释提供了便利。公安部《规定》第 265 条选择侦查机关内部审批机制即为印证。但是，如果考量技术侦查措施给侦查工作带来的便利以及给犯罪嫌疑人带来的侵害，采用内

---

〔1〕 刘翼民主编：《刑事诉讼制度改革：控制侦查与庭审实质化》，法律出版社 2018 年版，第75、80 页。

部行政审批模式极有可能"使法治国家有倒退回警察国家之虞"。[1]考虑到现实国情,应当建立准司法化审查模式,对于公安机关立案侦查的案件需要采取技术侦查措施的,由同级人民检察院审查决定;检察院办理自侦案件需要采取技术侦查措施的,报请上一级检察机关审查批准。理由在于:一是检察机关是我国法定的法律监督机关,对侦查活动的合法性进行监督,由其负责对技术侦查进行审查,是履行法律监督职责的体现;二是职务犯罪案件往往涉及国家公务行为和公务秘密,行政监察机关和纪委往往也介入其中,检察机关基于与他们前期的合作,比法院更擅长处理和协调这些问题。[2]

经典案例

案例(一):张辉、张高平强奸杀人案[3]

一、基本案情

2003年5月19日,杭州市公安局西湖区分局接到报案,在杭州市西湖区的水沟里发现一具女尸,而该女尸恰是搭乘张辉、张高平便车的女孩王冬。公安机关经过侦查,初步认定张辉、张高平是强奸杀害被害人的嫌疑犯。

2003年5月23日晚上12点多,张辉、张高平被带到派出所,他们把自己带人的经过向警方进行了说明。

5月24日,张辉、张高平被带到杭州西湖区刑警队。一开始他们并不知道到底怎么回事,最后,才知道他们那天开车带的女孩名叫王冬,已经被人杀害。

警方对张辉、张高平进行了几日的讯问。其过程涉及用各种方式折磨犯罪嫌疑人,如不让吃饭睡觉,拿烟头烫,往身上浇冷水等刑讯方法。

在刑警队进行的7天7夜的审讯过程中,张辉、张高平二人都拒绝认罪,并做了两份无罪记录。之后,张高平被送进浙江省公安厅看守所。在看守所

---

〔1〕 陈永生:"计算机网络犯罪对刑事诉讼的挑战与制度应对",载《法律科学(西北政法大学学报)》2014年第3期。

〔2〕 尚华:"职务犯罪案件特殊侦查手段研究——兼论《联合国反腐败公约》第50条",载《中国刑事法杂志》2009年第7期。

〔3〕 参见浙江省高级人民法院(2013)浙刑再字第2号刑事附带民事判决书。

里，开始有人软硬兼施逼他认罪。张高平说他没犯罪，遭到牢头暴打，到最后都爬不起来了。张高平被逼得没办法，只能抄了牢头写好的杀人过程。他把牢头写的原稿偷偷藏起来一张。第二天提审时告诉警方自己是被逼迫的，还把原稿给警察看，可是这并没有改变什么。回到看守所，他又被牢头毒打惩罚，受到更严苛残酷的对待。

从那天被警方带走后，张高平和张辉一直被分开审问，叔侄俩的遭遇差不多，同样刑讯逼供，遭受了同样的手段。唯一不同的是，张高平并不知道逼迫自己抄下认罪书的犯人是谁，而张辉则知道逼迫自己的人叫袁连芳，这个名字在判决书里多次出现。

2003 年 6 月，经杭州市人民检察院批准，张辉、张高平被逮捕。2004 年 4 月 21 日，杭州市中级人民法院以强奸罪一审判处张辉死刑、张高平无期徒刑。二人不服一审判决，提出上诉。2004 年 10 月 19 日，浙江省高级人民法院二审改判张辉死刑、缓期两年执行，判处张高平 15 年有期徒刑。

二、法律问题

1. 根据现行法律规定，侦查机关应当如何讯问犯罪嫌疑人？
2. 如何看待张辉、张高平所作的有罪供述？

三、法理分析

（一）根据现行法律规定，侦查机关应当如何讯问犯罪嫌疑人

根据《刑事诉讼法》及公安部《规定》的规定，侦查机关讯问犯罪嫌疑人应当遵守下列程序：

1. 讯问犯罪嫌疑人应当由侦查人员进行；讯问时侦查人员不少于 2 人。

2. 侦查人员讯问被羁押的犯罪嫌疑人，应当在看守所进行；对于不需要逮捕、拘留的犯罪嫌疑人，可以传唤到其所在市、县内的指定地点或者他的住处进行讯问；对于在现场发现的犯罪嫌疑人，经出示工作证件，可以口头传唤，但是应当在讯问笔录中注明。

3. 传唤、拘传持续的时间不得超过 12 小时；案情特别重大、复杂，需要采取拘留、逮捕措施的，传唤、拘传持续的时间不得超过 24 小时；不得以连续传唤、拘传的形式变相拘禁犯罪嫌疑人。传唤、拘传犯罪嫌疑人，应当保

证其饮食与必要的休息时间。

4. 侦查人员讯问犯罪嫌疑人应当遵循以下步骤：首先讯问犯罪嫌疑人是否有犯罪行为，让其陈述有罪的情节或者进行无罪的辩解，然后向他提出问题；犯罪嫌疑人对侦查人员的提问，应当如实回答；但是对与本案无关的问题，有拒绝回答的权利；侦查人员在讯问开始前应当告知犯罪嫌疑人享有的诉讼权利，如实供述自己罪行可以从宽处理和认罪认罚的法律规定；对同案犯罪嫌疑人进行讯问，应当个别进行；讯问犯罪嫌疑人必须制作讯问笔录。

5. 侦查人员在讯问犯罪嫌疑人的时候，可以对讯问过程进行录音录像；对于可能判处无期徒刑、死刑的案件或者其他重大犯罪案件，应当对讯问过程进行录音录像；录音录像应当全程进行，保持完整性。

（二）如何看待张辉、张高平所作的有罪供述

《刑事诉讼法》第52条规定了侦查机关收集证据的一般规则，其中包括两项基本要求：一是侦查机关收集证实犯罪嫌疑人有罪或者无罪、犯罪情节轻重的各种证据必须依照法定程序进行；二是严禁采用刑讯逼供和以威胁、引诱、欺骗以及其他非法方法收集证据。为了规范侦查机关的侦查行为、保障犯罪嫌疑人基本人权，《刑事诉讼法》第56条设置了非法言词证据排除规则，即采用刑讯逼供等非法方法收集的犯罪嫌疑人、被告人供述和采用暴力、威胁等非法方法收集的证人证言、被害人陈述，应当予以排除。在侦查、审查起诉、审判时发现有应当排除的证据的，应当依法予以排除，不得作为起诉意见、起诉决定和判决的依据。

两院三部《严格实行非法证据排除规定》对非法证据排除规则及具体适用程序进行了进一步的解释与明确。其一，采用殴打、违法使用戒具等暴力方法或者变相肉刑的恶劣手段，使犯罪嫌疑人、被告人遭受难以忍受的痛苦而违背意愿作出的供述，应当予以排除。其二，犯罪嫌疑人及其辩护人在侦查期间可以向人民检察院申请排除非法证据。犯罪嫌疑人及其辩护人提供相关线索或者材料的，人民检察院应当调查核实。调查结论应当书面告知犯罪嫌疑人及其辩护人。对确有以非法方法收集证据情形的，人民检察院应当向侦查机关提出纠正意见。其三，侦查机关对审查认定的非法证据，应当予以排除，不得作为提请批准逮捕、移送审查起诉的根据。其四，对重大案件，人民检察院驻看守所检察人员应当在侦查终结前询问犯罪嫌疑人，核查是否

存在刑讯逼供、非法取证情形，并同步录音录像。经核查，确有刑讯逼供、非法取证情形的，侦查机关应当及时排除非法证据，不得作为提请批准逮捕、移送审查起诉的根据。

根据以上规定，结合基本案情可知，张辉、张高平所作的两份认罪笔录系侦查人员通过刑讯逼供的方式获得的，依法应予排除，不得作为提请批准逮捕、移送审查起诉、起诉决定和判决的根据。

四、参考意见

1. 以口供为中心的侦查模式，是司法实践中刑讯逼供屡禁不止的关键病因。欲防止甚至消除刑讯逼供，必须实现侦查模式从"由供到证"向"由证到供"的转变，降低侦查机关对口供的依赖。

2. 立法赋予侦查机关主动审查证据收集合法性、排除非法证据的义务，建构了覆盖刑事诉讼全过程的非法证据排除程序。应当说，如此立法的出发点无疑是好的，但是缺乏可操作性。尤其是侦查机关在侦破案件的压力之下缺乏主动排除非法证据的动力，亦不会理会犯罪嫌疑人提出的排非申请。为了从源头禁止刑讯逼供等非法取证行为，提高办案质量，同时保障犯罪嫌疑人的基本人权，一方面应当进一步完善侦查监督，充分发挥检察机关监督侦查机关、审查侦查行为、排除非法证据的功能；另一方面应当强化司法人权保障，顺畅犯罪嫌疑人及辩护人申请司法救济的渠道。

案例（二）：念斌投放危险物质案[1]

一、基本案情

福州市中级人民法院（2011）榕刑初字第 104 号刑事附带民事判决认定，被告念斌与丁某虾分别租用平潭县陈某娇家相邻的两间店面经营食杂店，存在生意竞争。2006 年 7 月 27 日晚，念斌认为丁某虾抢走其顾客而心怀不满。次日凌晨 1 时许，念斌产生投放鼠药让丁某虾吃了肚子痛、拉稀的念头，遂将案发前在平潭县医院附近向摆地摊的杨某炎购买的鼠药取出半包，倒在矿

---

〔1〕　参见福建省高级人民法院（2012）闽刑终字第 10 号刑事附带民事判决书。

泉水瓶中加水溶解后，潜入其食杂店后丁家厨房将鼠药水从壶嘴倒入烧水铝壶的水里。当晚，丁某虾的孩子俞乙（男，殁年 10 岁）、俞丙（女，殁年 8 岁）、俞甲（男，时年 6 岁）食用了使用壶水烹制的稀饭和青椒炒鱿鱼，丁某虾食用了稀饭和青椒，房东陈某娇及其女儿念某珠食用了青椒炒鱿鱼。后俞乙、俞丙、俞甲等人相继出现中毒症状。次日凌晨，俞乙、俞丙经抢救无效死亡，经鉴定系氟乙酸盐（鼠药成分）中毒。俞甲接受住院治疗。

认定上述事实的证据有：被害人俞甲、丁某虾陈述，证人陈某娇、念某珠、俞某发、陈某钦、巫某龙、杨某炎、张某、洪某强、杨某平、张某文、刘某珠、吴某英等人证言；现场勘验检查笔录和现场照片，搜查笔录、扣押物品清单和照片；医院病历材料；福州市公安局法医学鉴定书、理化检验报告、侦查实验笔录、公安部物证鉴定中心物证检验意见书；被告人念斌的供述和辨认笔录；以及户籍证明、经济损失相关票证等。

福州市中级人民法院（2011）榕刑初字 104 号刑事附带民事判决书认为，被告人念斌投放危险物质致二人死亡的行为已构成投放危险物质罪；判决被告人念斌死刑，剥夺政治权利终身；念斌对其犯罪行为给附带民事诉讼原告人造成的经济损失，赔偿丁某虾经济损失人民币 216 651.09 元，赔偿俞甲经济损失人民币 3410.67 元。被告人念斌不服，提出上诉。福建省高级人民法院于 2013 年 7 月 4 日至 7 日开庭审理了此案。2014 年 6 月 25 日至 26 日，福建省高级人民法院再次公开开庭审理了此案。2014 年 8 月 22 日，福建省高级人民法院作出终审判决：①撤销福州市中级人民法院（2011）榕刑初字第 104 号刑事附带民事判决；②上诉人念斌无罪；③上诉人念斌不承担民事赔偿责任。

在终审审理过程中，辩护人张燕生提出了如下辩护观点：本案现场勘验检查笔录制作不合法、不真实，不能作为定案依据；物证铝壶、高压锅和铁锅提取送检过程不清；理化检验报告均存在检验程序违法、检验结论不真实等问题，不能作为定案依据；现有证据不能证实被害人的中毒原因；没有证据证实念斌购买了氟乙酸盐鼠药，在食杂店调配好鼠药水，然后潜入被害人厨房将鼠药水投入铝壶水中；原判认定鼠药投放在铝壶水中，与本案的中毒情况不符；念斌曾供述的作案工具均不存在。因此，其认为没有证据证实念斌实施投毒行为，请求宣告念斌无罪。辩护人斯伟江的主要辩护观点是：本案补充勘查提取铝壶未制作相应笔录，物证铝壶应予以排除，不能作为定案依据；有关被害人死因的理化检验报告的质谱图出现明显问题，原判据此认定死因错误；毒物检验方法和操作方法不规范，检验结果均不能认定检出氟乙酸盐（鼠药成分），理化检验报告不能作为定案根据；上诉人念斌的有罪供述与其他证据不能相互印证。

辩方出示上述物证的分析检验记录表、质谱图、检验电子数据包列表及情况说明，提出鉴定机构在检验过程中未如实按照记录表记载的步骤操作；把标样当作了被害人俞丙的尿液检材；被害人俞乙的心血与呕吐物检材的检验数据出现错误；鉴定人出庭证实的俞丙尿液、俞乙心血和呕吐物的检验电子数据，因文件名与检材的名称不相符，真实性不能确认。辩方聘请的专业人员提出：鉴定机构对检材的处理操作不规范，缺乏唯一性标识，把同一个质谱图标记为不同的检材，把标样当成检材，严重影响检材的准确性；本案检验仪器检测氟乙酸盐非常灵敏，鉴定机构未能提供质谱图证实做过"空白"对照检验，说明检验过程未严格遵循操作规程，导致不能排除假阳性检验结果；上述物证的检验结果均不符合相关判定标准，检验结论不可信，本案现场物证的检验结论应该为未能发现氟乙酸盐（鼠药成分），没有证据支持氟乙酸盐曾被使用过。

福建省高级人民法院认为，鉴定机构在对铝壶水、高压锅和铁锅表面残留物检材的检验过程中，未按照专业规范要求进行"空白"对照检验，以防止假阳性检验结果，因此难以排除该 3 份检材被污染的可能。……综上，铝壶水、高压锅和铁锅的提取送检过程不清，检材来源相关证据间的矛盾和疑点得不到合理解释，检验过程不规范，检验结论可靠性存疑，理化检验报告不足以采信，因此，认定铝壶水有毒缺乏确实依据，原判认定念斌将鼠药投放在铝壶水中事实不清，关键证据链条中断。

二、法律问题

1. 鉴定应当遵守哪些程序性规定？
2. 如何对鉴定意见进行审查判断？

三、法理分析

（一）鉴定应当遵守哪些程序性规定

鉴定，是指侦查机关指派或者聘请具有鉴定资格的人，就案件中某些专门性问题进行鉴别判断并作出鉴定意见的一种侦查活动。根据《刑事诉讼法》及司法解释的规定，侦查活动中的鉴定，应当遵守下列程序：其一，鉴定人必须保持中立性。鉴定人属于《刑事诉讼法》规定的回避的对象，如果具有法定的回避事由，依法应当自行回避；当事人有权申请其回避。其二，侦查机关指派或者聘请的鉴定人，必须具备鉴定人的资格，即必须具有解决本案中专门性问题的专门知识和技能，并且与本案或本案当事人没有利害关系，能够保证以客观、公正的态度进行鉴定。其三，侦查机关应当为鉴定人进行鉴定提供必要的条件，及时向鉴定人送交有关检材和对比样本等原始材料，介绍与鉴定有关的情况，并且明确提出要求鉴定解决的问题，但是不得暗示或者强迫鉴定人作出某种鉴定意见。侦查人员应当做好检材的保管和送检工作，并注明检材送检环节的责任人，确保检材在流转过程中的同一性和不被污染。其四，鉴定人应当按照鉴定规则，运用科学方法进行鉴定。鉴定后，应当出具鉴定意见，并由鉴定人签名，同时附上鉴定机构和鉴定人的资质证明。其五，侦查机关应当将用作证据的鉴定意见告知犯罪嫌疑人、被害人。其六，如果犯罪嫌疑人、被害人提出申请，可以补充鉴定或者重新鉴定。其七，公诉人、当事人或者辩护人、诉讼代理人对鉴定意见有异议，经人民法院依法通知的，鉴定人应当出庭作证。经人民法院通知，鉴定人拒不出庭作证的，鉴定意见不得作为定案的根据。鉴定人由于不能抗拒的原因或者有其他正当理由无法出庭的，人民法院可以根据情况决定延期审理或者重新鉴定。

（二）如何对鉴定意见进行审查判断

《刑事诉讼法》要求"证据必须经过查证属实，才能作为定案的根据"。最高法《解释》对于鉴定意见的审查判断给出了细则性的规定。审判人员对鉴定意见应当着重审查以下内容：①鉴定机构和鉴定人是否具有法定资质；②鉴定人是否存在应当回避的情形；③检材的来源、取得、保管、送检是否符合法律、有关规定，与相关提取笔录、扣押清单等记载的内容是否相符，检材是否可靠；④鉴定意见的形式要件是否完备，是否注明提起鉴定的事由、鉴定委托人、鉴定机构、鉴定要求、鉴定过程、鉴定方法、鉴定日期等相关内容，是否由鉴定机构盖章并由鉴定人签名、盖章；⑤鉴定程序是否符合法律、有关规定；⑥鉴定的过程和方法是否符合相关专业的规范要求；⑦鉴定意见是否明确；⑧鉴定意见与案件事实有无关联；⑨鉴定意见与勘验、检查笔录及相关照片等其他证据是否矛盾；存在矛盾的，能否得到合理解释；⑩鉴定意见是否依法及时告知相关人员，当事人对鉴定意见有无异议。经审查认为鉴定意见具有下列情形之一的，不得作为定案的根据：①鉴定机构不具备法定资质，或者鉴定事项超出该鉴定机构业务范围、技术条件的；②鉴定人不具备法定资质，不具有相关专业技术或者职称，或者违反回避规定的；③送检材料、样本来源不明，或者因污染不具备鉴定条件的；④鉴定对象与送检材料、样本不一致的；⑤鉴定程序违反规定的；⑥鉴定过程和方法不符合相关专业的规范要求的；⑦鉴定文书缺少签名、盖章的；⑧鉴定意见与案件事实没有关联的；⑨违反有关规定的其他情形。

四、参考意见

鉴定意见是鉴定人运用专门知识和现代科学技术手段对超出法官认知范围的专门性问题所作的分析判断，对于帮助法官查清、认定案件事实具有重要作用，应当予以重视。但是，鉴定意见本质上属于鉴定人个人的主观判断，且很容易受到各种外界因素的影响而出现错误，因此又应当加以谨慎审查判断。

◆ 拓展资料

3-1 拓展阅读

专题二：审查起诉程序

◆ 知识概要

审查起诉，是指检察机关公诉部门在依法受理侦查机关侦查终结、移送审查起诉以及监察机关调查终结、移送起诉的案件之后，在当事人、其他诉讼参与人参与并发表意见的基础上对案件进行审查，并作出起诉与否决定的诉讼活动。审查起诉是检察机关履行公诉职能的准备活动，基本任务有三：其一，对侦查机关（部门）、监察机关认定的案件事实、证据材料及法律适用意见进行审查，查漏补缺，以便作出正确的审查处理决定；其二，对侦查机关（部门）的侦查活动进行法律监督，发现并及时纠正违法侦查行为，尤其是以非法方法收集证据的行为，并通过非法证据排除等程序性制裁方式来保障诉讼参与人的基本人权与合法权益；其三，了解、掌握决定起诉案件的事实、证据及法律适用情况，为出庭支持公诉做准备。

以审判为中心的诉讼制度改革要求我国刑事诉讼纵向诉讼结构往审前程序与审判程序两分的方向转化，以实现庭审实质化及审前程序的诉讼化为目标。在这种大背景下，审查起诉承担着日益重要的程序功能：其一，侦查过程与结果的审查功能。与起诉审查不同，审查起诉的对象并非检察机关的公诉请求，而是侦查机关（部门）、监察机关的起诉意见及移送的案卷材料。检察机关在审查过程中，不仅可以要求侦查机关提供法庭审判所必需的证据材料，也有权要求侦查机关对证据收集的合法性作出说明。[1]其二，检察机关诉讼主张的形成功能。审查起诉程序的核心任务是形成对案件处理意见的主观判断。检察机关主观判断的形成，以对侦查过程与结果进行审查为前提，以作出准确、公正的处理决定为目标。检察机关诉讼主张以起诉决定和不起诉决定为表现，其中诉讼主张形成作用在决定起诉案件中表现得更为明显。其三，检察机关公诉权的制约功能。以整个刑事程序为场域分析会发现，检察机关的角色与定位具有多元性。最为典型的即是司法裁断者与控诉者角色并存。这种角色的混同极易遭致公诉权的滥用。在审查起诉程序中，侦查机关、当事人及其辩护人的实质性参与能有效防止这种滥用。其四，检察制约、引导侦查的功能。这种功能是"通过审查侦查过程和结果，对侦查机关侦查行为和起诉意见是否正确、合法作出法律评价，纠正侦查活动中的违法行为，对侦查活动中的偏差和遗漏问题予以补救"来实现的。[2]其五，审前案件分流功能。检察机关通过对案件进行审查，对不符合起诉条件或者符合起诉条

---

〔1〕《刑事诉讼法》第175条。

〔2〕 刘作凌、刘学敏："审查起诉与侦查、审判的关系之理论探讨"，载《广西社会科学》2004年第4期。

件但无起诉必要的案件作出不起诉决定，及时将其从刑事诉讼程序中分流出去，节约司法资源，提高诉讼效率。

根据法律规定，检察机关对于移送审查起诉的案件，应当从案件事实、证据材料、诉讼程序等多方面进行审查。检察机关对刑事案件进行审查起诉的基本步骤如下：①审阅案件材料。"案卷材料是记载整个案件事实、证据的载体"。[1]审阅案卷材料即成为办案检察官了解案件基本事实与证据情况的主要途径。②讯问犯罪嫌疑人，听取辩护人、值班律师及被害人及其诉讼代理人的意见。③审查证据合法性。检察机关应当注重对证据合法性的审查。经审查认为，确实存在以非法方法收集证据情形的，应当依法排除并提出纠正意见。④进行必要的鉴定、调查核实其他证据。⑤进行补充侦查。检察机关审查案件，对于需要补充侦查的，可以退回公安机关补充侦查，也可以自行侦查；对于监察机关移送起诉的案件，认为需要补充核实的，应当退回监察机关补充调查，必要时可以自行补充侦查。⑥审查终结。办案检察官审查终结后，应当制作案件审查报告，并根据不同情形提出不同的处理意见，逐级呈报至检察长或者检察委员会并作出处理决定。

需要注意的是，《刑事诉讼法》第15条新增认罪认罚从宽原则，即犯罪嫌疑人、被告人自愿如实供述自己的罪行，承认指控的犯罪事实，愿意接受处罚的，可以依法从宽处理。对于犯罪嫌疑人认罪认罚的案件，审查起诉程序除了前述共通性内容外，还包括以下内容：其一，告知犯罪嫌疑人享有的诉讼权利和认罪认罚的法律规定。认罪认罚的法律规定是指刑法和刑事诉讼法有关认罪认罚从宽处理及其他实体性和程序性的规定。[2]其二，听取意见。为了保证认罪认罚的自愿性、真实性，检察机关应当听取犯罪嫌疑人、辩护人或者值班律师、被害人及其诉讼代理人对下列事项的意见并记录在案：涉嫌的犯罪事实、罪名及适用的法律规定；从轻、减轻或者免除处罚等从宽处罚的建议；认罪认罚后案件审理适用的程序；其他需要听取意见的事项。检察机关依照法律规定需要听取值班律师意见的，应当提前为他了解案件有关情况提供必要便利。其三，签署认罪认罚具结书。犯罪嫌疑人自愿认罪，同

---

〔1〕　姜伟等：《公诉制度教程》，中国检察出版社2014年版，第233页。
〔2〕　王爱立、雷建斌主编：《刑事诉讼法立法精解》，中国检察出版社2019年版，第304页。

意量刑建议和程序适用的，应当在辩护人或者值班律师在场的情况下签署认罪认罚具结书。但是，下列三种情形下，犯罪嫌疑人不需要签署认罪认罚具结书：犯罪嫌疑人是盲、聋、哑人，或者是尚未完全丧失辨认或者控制自己行为能力的精神病人的；未成年犯罪嫌疑人的法定代理人、辩护人对未成年人认罪认罚有异议的；其他不需要签署认罪认罚具结书的情形。[1]

前述审查起诉活动应当在受理审查起诉之日起 1 个月内完成，重大、复杂的案件，可以延长 15 日；犯罪嫌疑人认罪认罚，符合速裁程序适用条件的，应当在 10 日内作出决定，对可能判处的有期徒刑超过 1 年的，可以延长至 15 日。

检察机关对刑事案件进行审查后可以作出两类处理决定：提起公诉或者不起诉。提起公诉是检察机关代表国家将犯罪嫌疑人提交人民法院，要求人民法院通过审判追究其刑事责任的一种诉讼活动。[2]提起公诉的案件需要满足三个条件：①犯罪嫌疑人的犯罪事实已经查清；[3]②证据确实、充分；③依法应当追究犯罪嫌疑人的刑事责任。检察机关决定提起公诉的案件，应当按照审判管辖的规定，向人民法院提起公诉，并连同起诉书、案卷材料、证据一并移送。其中，对于犯罪嫌疑人认罪认罚的，检察机关应当就主刑、附加刑、是否适用缓刑等提出量刑建议，并随案移送认罪认罚具结书等材料。[4]

不起诉，是指检察机关对公安机关侦查终结移送审查起诉的案件、监察机关移送起诉的案件和自行侦查终结的案件进行审查后，认为犯罪嫌疑人的行为不符合起诉条件或者没有追究刑事责任的必要，依法不将犯罪嫌疑人提交人民法院审判并追究刑事责任的一种处理决定。《刑事诉讼法》确立了五种不同的不起诉：①法定不起诉。犯罪嫌疑人没有犯罪事实以及具有《刑事诉

---

〔1〕《刑事诉讼法》第 173、174 条。

〔2〕 陈光中主编《刑事诉讼法》，北京大学出版社、高等教育出版社 2016 年版，第 329 页。

〔3〕 根据最高检《规则》第 355 条的规定，具有下列情形之一的，可以认为犯罪事实已经查清：①属于单一罪行的案件，查清的事实足以定罪量刑或者与定罪量刑有关的事实已经查清，不影响定罪量刑的事实无法查清的；②属于数个罪行的案件，部分罪行已经查清并符合起诉条件的，其他罪行无法查清的；③无法查清作案工具、赃物去向，但有其他证据足以对被告人定罪量刑的；④证人证言、犯罪嫌疑人供述和辩解、被害人陈述的内容主要情节一致，个别情节不一致，但不影响定罪的。

〔4〕《刑事诉讼法》第 176 条。

讼法》第16条规定情形之一的,检察机关只能依法作出不起诉的决定,没有自由裁量的余地。②酌定不起诉。检察机关认为犯罪嫌疑人的犯罪情节轻微,依照刑法规定不需要判处刑罚或者免除刑罚的,可以作出不起诉决定。需要指出的是,酌定不起诉的适用有个隐含的前提条件:犯罪嫌疑人的行为已经构成犯罪,并且应当负刑事责任。③证据不足不起诉。检察机关对于经过两次退回补充侦查的案件,仍然认为证据不足,不符合起诉条件,经检察长或者检察委员会决定,应当作出不起诉决定;对于经过一次退回补充侦查的案件,认为证据不足,不符合起诉条件且没有再次补充侦查必要的,可以作出不起诉决定。④附条件不起诉。在未成年人刑事案件中,检察机关对于符合提起公诉条件但罪行较轻,有悔罪表现的未成年犯罪嫌疑人,决定暂时不起诉而通过设定考验期的方式对其进行监督考察,并根据其表现,进一步决定是否提起公诉或者不起诉。⑤特别不起诉。犯罪嫌疑人自愿如实供述涉嫌犯罪的事实,有重大立功或者案件涉及国家重大利益的,经最高人民检察院批准,公安机关可以撤销案件,检察机关可以作出不起诉决定,也可以对涉嫌数罪中的一项或者多项不起诉。对于以上决定不起诉的案件,应当同时对被查封、扣押、冻结的财物解除查封、扣押、冻结;需要对被起诉人予以行政处罚的,移送有关机关处理。[1]

自1979年《刑事诉讼法》制定以来,历经1996年、2012年、2018年三次修改,我国审查起诉程序已经具备较为明显的司法化审查色彩,具体程序设置日益科学、细致,透明度有所提高,犯罪嫌疑人与被害人等的诉讼地位明显强化,在保证刑事案件办案质量、保障公民权利、实现司法公正、提高诉讼效率方面发挥了重要功能。当然,时至今日,现行法下的审查起诉程序"还没有完全具备诉讼程序的基本要求,作为一种技术性的操作规定的痕迹还很明显"。[2]从发展的角度考虑,我国刑事案件审查起诉程序的完善,应当注重解决以下方面的问题:审查起诉的理想模式、起诉裁量的活用与规制、起诉方式的应然选择。这也是近年来学界研究的重点问题。

第一,审查起诉模式选择。以活动方式为标准,审查起诉可以分为审查

---

[1] 《刑事诉讼法》第175、176、177、182、282条。
[2] 陈海峰:《刑事审查起诉程序正当性完善研究》,法律出版社2014年版,第72、73页。

式和抗辩式两种模式。审查式是指在审查起诉活动中不存在中立第三方,也不实行控诉与辩护双方辩论、质证,由检察机关单方面依据侦查收集的证据和查明的案件事实进行审查并作出是否起诉的决定;抗辩式是指在审查过程中,存在一个中立方,控诉方与犯罪嫌疑人就是否应当起诉问题当庭举证、讯问、询问,中立方在庭审基础上作出是否起诉的决定。[1]客观地讲,立法者试图通过完善权利告知制度、扩大与保障辩护权行使、注重意见听取等努力吸收抗辩模式的因素。[2]但是,从本质上看,现行审查起诉程序仍然呈现出明显的审查式特征。其一,检察机关审查案件仍然以侦查卷宗为中心,书面审查成为制度的核心特征。[3]其二,侦查机关在审查起诉介入的法律依据不明,"控方"的缺席直接钳制了犯罪嫌疑人辩护权尤其是对质权功能的发挥。其三,当事人诉讼主体地位保障不足,诉讼权利缺乏实效性。因此,对审查起诉程序进行诉讼化改造,在检察机关、侦查机关及犯罪嫌疑人、辩护人以及相关诉讼参与人参加下,对相关问题进行调查对质,充分听取各方意见,以实现对侦查案卷材料的合法性过滤,提升案件审查决定的准确性和有效性,既符合刑事诉讼规律,也是应"以审判为中心"诉讼模式改革的必然选择。[4]审查起诉程序的诉讼化改造,应当以建立案件听证机制为核心,也即以检察机关为中立裁判者,以侦查机关与犯罪嫌疑人、辩护人为控辩两造,检察机关居中对案件事实和证据进行审查判断并提出处理意见。该机制可以集中解决以下三个问题:审查核实证据合法性,确保起诉与否决定的准确性,提供控辩协商平台、落实被告人认罪认罚从宽制度。[5]当然,鉴于刑事案件纷繁复杂、司法资源极度有限的司法现实,有必要在构建案件听证机制的基础上考虑构建多元化的审查起诉程序,以破解一元化模式存在的问题,增强程序的灵活性与适应性。

第二,起诉裁量权的合理使用。检察官对所有移送审查起诉的案件均提

〔1〕 参见甄贞、孟军:"审查起诉程序研究",载《法学杂志》2005 年第 4 期。

〔2〕 宋英辉等:《刑事诉讼法修改的历史梳理与阐释》,北京大学出版社 2014 年版,第 255 页。

〔3〕 参见郭松:"透视'以侦查案卷为中心的审查起诉'",载《法学论坛》2010 年第 4 期。

〔4〕 向泽选:"控辩对抗的审前模式——兼论检察机关如何因应'以审判为中心'",载《政法论坛》2017 年第 3 期。

〔5〕 参见卞建林等:《改革开放 40 年法律制度变迁:刑事诉讼法卷》,厦门大学出版社 2019 年版,第 248 页。

起公诉，既不现实、也无必要。实践中"必然存在一部分不符合法定的公诉条件而不应追究刑事责任，或者从维护公共利益、预防犯罪、诉讼经济等因素考虑，没有起诉之必要"[1]的刑事案件。以检察官有无自由裁量权为标准，不起诉分为法定不起诉与裁量不起诉。作为公诉权的重要组成部分，不起诉权，尤其是裁量不起诉在强化检察官客观公正义务、保障无罪的人不受刑事追究、贯彻宽严相济刑事政策、落实诉讼经济原则等方面发挥着积极作用。[2]根据刑事诉讼法的相关规定，我国公诉自由裁量权主要通过酌定不起诉、附条件不起诉两种方式实现。然而，经验表明，在刑事司法实践中，酌定不起诉、附条件不起诉的适用率向来较低，极大限制了公诉自由裁量权功能的发挥。根据学者分析，我国不起诉率低的原因主要是：对不起诉权地位和重要性的认识不到位、检察机关内部考核机制的影响、不起诉权的适用程序较为繁琐、影响办案业绩、不起诉权的适用标准模糊等。[3]为了消除上述因素，提高不起诉率，强化审前案件分流功能，我国学者从多角度对此问题进行了探讨。例如，有学者主张通过完善程序，扩大不起诉适用范围。具体而言：淡化所谓"不起诉分类"，尽早取消人为控制不起诉案件数量的做法；建立相对公开的不起诉审查程序，彻底废除"内部审批制"；进一步完善"公诉转自诉"制度。[4]又如，有学者在提倡从理念更新、制度创新、配套措施完善等方面扩大不起诉权适用范围、发挥不起诉权积极功效的同时，也强调通过合理设置内外监督制约机制、发挥公开听证制度的保障作用、做好不起诉案件的文书说理和论证以确保不起诉权的规范行使，有效防止滥用。[5]

第三，卷宗移送制度的再思考。众所周知，《刑事诉讼法》在公诉提起方式上经历了全案卷宗移送转向主要证据复印件移送而后又回归全案卷宗移送的轮回式改革。全案卷宗移送制度的回归，在一定程度上解决了主要证据复印件移送制度下辩护律师阅卷权受限的问题，但是其能否消除"卷宗中心主义"之顽疾、实现刑事庭审实质化，尚存疑问。其一，法官庭前预断难以彻

〔1〕　姜伟等：《公诉制度教程》，中国检察出版社 2014 年版，第 251 页。

〔2〕　参见童建明："论不起诉权的合理适用"，载《中国刑事法杂志》2019 年第 4 期。

〔3〕　参见陈卫东："检察机关适用不起诉权的问题与对策研究"，载《中国刑事法杂志》2019 年第 4 期。

〔4〕　参见郭烁："酌定不起诉制度的再考查"，载《中国法学》2018 年第 3 期。

〔5〕　参见童建明："论不起诉权的合理适用"，载《中国刑事法杂志》2019 年第 4 期。

底预防。在当前司法改革背景下，卷宗移送制度改革应当以克服法官审前预断为基本方向。在一元式法庭结构下，由庭审法官对案件进行庭前审查。纵然立法规定庭前审查仅为程序性审查，只要"起诉书中有明确的指控犯罪事实"，但是庭审法官在庭前能够接触控方精心准备的案卷笔录与证据，庭前预断则无法防止。其二，实质性法庭审判难以实现。《刑事诉讼法》为了构建对抗式的实质庭审程序，一方面明确了检察机关的举证责任，另一方面完善了证人出庭作证制度。然而，"全案卷宗移送"与二者存在明显的抵牾之处，甚至可能抵消其正面效用。就前者而言，案卷材料移送对辩护方阅卷权的保障是以法官庭前知悉证据信息与事实内容为代价的。法官于庭前形成对案件的预断，刑事庭审实质化无从实现。就后者而言，证人出庭作证制度的建立、完善以在法庭审理中贯彻直接言词原则为目标。但是，在全案卷宗移送的模式下，证人证言、鉴定意见已经形成笔录存于案卷之中。法官事先阅读案卷对证人证言、鉴定意见已经有所了解，并形成主观判断。此时，证人出庭作证的主要功能只是接受法官的"调查"以印证主观判断。如此一来，庭审形式化的痼疾将进一步恶化。为了维持防止法官预断与保障辩护人阅卷权的平衡，立法有必要对卷宗移送制度作出进一步的改革。①实现庭前审查、庭前会议的法官与庭审法官的分离。从前文分析可知，全案卷宗移送制度最大的弊端在于造成法官预断、庭审流于形式。消除该弊端最好的办法即是将负责庭前审查、庭前会议的法官与庭审法官相分离，前者不得参与法庭审判。②废除全案卷宗移送制度，建立证据开示制度。证据开示制度的本质功能即在于整理证据、确定案件争点。实际上，庭前会议的设立为建立证据开示提供了制度空间。证据开示制度的建立，不仅保障了辩护人的阅卷权，确保其在审前知悉控方证据，为法庭辩护做准备，也有助于控辩双方针对案件事实与证据进行整理，形成案件争点，明确存在争议的证据，为实质化庭审奠定了基础。③在废除全案卷宗移送制度[1]的基础上，借鉴移植起诉书一本主义。检察机关提起公诉时，仅能向法院移送不包含任何可能使法官形成预断内容的起诉书。这既是我国刑事庭审方式从职权模式向对抗模式转化、法官从案件事实的查明者向判断者转变的必然要求，也是切断侦查与审判之间的

---

〔1〕 陈瑞华："案卷移送制度的演变与反思"，载《政法论坛》2012 年第 5 期。

联系，防止法官形成先入为主的庭前预断的理性选择。

🔖 经典案例

案例（一）：刘某某贪污、私分国有资产案[1]

一、基本案情

被告人刘某某，系某市某区体育馆原副馆长，于 2010 年至 2017 年担任区体育局群众体育科负责人。2010 年至 2017 年，刘某某利用受单位委托采购商品和组织开展群体活动的职务便利，多次采用虚开购物发票形式套取公款；另于 2009 年 5 月至 2014 年 6 月任职期间，受时任区体育局负责人安排，违反国家规定，多次伪造参与体育活动者名单，从区体育局财务部门领取国有资产，以给职工发放劳务费的形式进行集体私分。2018 年 5 月 8 日，刘某某因涉嫌职务违法，被采取留置措施，7 月 12 日因涉嫌贪污、私分国有资产罪被逮捕。2018 年 8 月 15 日，区人民检察院指控被告人刘某某利用职务便利，贪污公款 13 万余元，私分国有资产 26 万余元，向区人民法院提起公诉，并建议适用认罪认罚从宽制度和简易程序。2018 年 8 月 23 日，区人民法院对该案件进行公开开庭审理，并于 8 月 30 日对刘某某数罪并罚判处有期徒刑 1 年 6 个月，并处罚金人民币 20 万元。

二、法律问题

1. 留置措施与刑事强制措施如何衔接？
2. 检察机关对于认罪认罚案件如何审查起诉？

三、法理分析

（一）留置措施与刑事强制措施如何衔接

根据《监察法》第 22 条的规定，留置是指"监察机关调查贪污贿赂、失职渎职等严重职务违法或者职务犯罪时，已经掌握被调查人部分违法犯罪事实及证据，仍有重要问题需要进一步调查，并且具备法定情形，经依法审批

---

〔1〕 孙谦主编：《刑事诉讼法案例解析》，中国检察出版社 2019 年版，第 148 页。

后，将被调查人带至并留在特定场所，使其就案件所涉及的问题配合调查而采取的一项案件调查措施"。[1]不难看出，《监察法》规定的留置措施与《刑事诉讼法》规定的强制措施在适用阶段、目的、方式上均有显著区别。因此，如何实现留置措施与刑事强制措施之间的顺利衔接，是对职务犯罪案件进行审查起诉的基本前提和重要保障。

《监察法》第47条第1款规定："对监察机关移送的案件，人民检察院依照《中华人民共和国刑事诉讼法》对被调查人采取强制措施。"《刑事诉讼法》第170条第2款规定："对于监察机关移送起诉的已采取留置措施的案件，人民检察院应当对犯罪嫌疑人先行拘留，留置措施自动解除。人民检察院应当在拘留后的10日以内作出是否逮捕、取保候审或者监视居住的决定。在特殊情况下，决定的时间可以延长1日至4日。人民检察院决定采取强制措施的期间不计入审查起诉期限。"以上两条规定是检察机关处理留置与刑事强制措施之间衔接问题的基本法律依据。根据上述规定，检察机关对监察机关移送起诉的职务犯罪案件，决定对犯罪嫌疑人采取强制措施时，应当着重把握以下问题：其一，查明职务犯罪嫌疑人是否正在被采取留置措施。这是检察机关受理职务犯罪案件时必须首先查明的基本问题。其二，对正在被采取留置措施的犯罪嫌疑人先行拘留。与《刑事诉讼法》第82条、第115条规定的先行拘留有所不同，此处的"先行拘留"是一种"临时、过渡性质的强制措施，目的是将犯罪嫌疑人从监察调查程序转入刑事诉讼程序"。[2]一旦检察机关决定对犯罪嫌疑人先行拘留，留置措施自动解除，不需要再经过特定的批准解除程序。其三，在法定期限内作出是否采取强制措施的决定。检察机关应当在拘留后的10日以内作出是否逮捕、取保候审或者监视居住的决定。在特殊情况下，决定的时间可以延长1日至4日。需要注意的是，为了避免压缩监察机关的调查工作时间及占用有限的审查起诉期限，法律规定检察机关决定采取强制措施的期限不计入审查起诉期限。

（二）检察机关对于认罪认罚案件如何审查起诉

《刑事诉讼法》新增认罪认罚从宽处理程序，其中对检察机关适用认罪认

---

〔1〕 中共中央纪律检查委员会、中华人民共和国国家监察委员会法规室编写：《〈中华人民共和国监察法〉释义》，中国方正出版社2018年版，第134页。

〔2〕 王爱立主编：《中华人民共和国刑事诉讼法修改与适用》，中国民主法制出版社2019年版，第309页。

罚程序的基本内容、程序作出了明确规定。根据法律规定，对于认罪认罚案件，检察机关在审查起诉过程中，除了遵守共通性规定之外，还应当着重注意以下问题：其一，权利告知。对于犯罪嫌疑人认罪认罚的，检察机关首先应当告知他所享有的诉讼权利和认罪认罚的相关法律规定，以保证其充分了解该制度规定及可能导致的法律后果。其二，讯问核实。讯问犯罪嫌疑人是审查起诉程序的必经程序。在认罪认罚案件中，讯问核实的内容除了犯罪事实之外，更为重要的是犯罪嫌疑人供述是否属实、自愿。其三，审阅卷宗。检察机关通过审阅卷宗对案件是否符合认罪认罚条件、嫌疑人认罪态度如何、证据材料是否完备、取证程序是否合法等进行综合评判。[1]其四，听取意见。对于下列事项，检察机关必须听取犯罪嫌疑人、辩护人或者值班律师、被害人及其诉讼代理人的意见：①涉嫌的犯罪事实、罪名及适用的法律规定；②从轻、减轻或者免除处罚等从宽处罚的建议；③认罪认罚后案件审理适用的程序；④其他需要听取意见的事项。检察机关听取前述意见的过程，实际上也是各方进行量刑协商的过程。其四，签署具结书。犯罪嫌疑人自愿认罪，同意量刑建议和程序适用的，应当在辩护人或者值班律师在场的情况下签署认罪认罚具结书。其五，提出量刑建议，对于决定提起公诉的案件，犯罪嫌疑人认罪认罚的，检察机关应当就主刑、附加刑、是否适用缓刑等提出量刑建议。需要指出的是，对于认罪认罚案件，提出量刑建议是检察机关必须履行的责任。其六，程序选择建议。检察机关经审查认为犯罪嫌疑人符合《刑事诉讼法》第214条第1款规定条件的，可以向人民法院建议适用简易程序。当然，检察机关在案件审查过程中尤其要注重听取并尊重犯罪嫌疑人的意见。

四、参考意见

1. 检察机关对于监察机关移送起诉的案件，应当依法、及时开展审查起诉工作，采取刑事强制措施，保证两机关在办理职务犯罪案件过程中有序衔接、互相配合、互相制约。

2. 检察机关办理认罪认罚案件过程中，应当尤其注重对犯罪嫌疑人认罪

---

[1] 孙谦主编：《认罪认罚从宽制度实务指南》，中国检察出版社2019年版，第139页。

认罚自愿性、真实性、合法性的审查与确认。

案例（二）："抗癌药代购第一人"陆某被不起诉案[1]

一、基本案情

陆某，是无锡一名私营企业主。沅江市检察院依法审查查明：2002 年，陆某被查出患有慢粒性白血病，需要长期服用抗癌药品。我国国内对症治疗白血病的正规抗癌药品"格列卫"系列系瑞士进口，每盒需人民币 2.35 万元，陆某曾服用该药品。为了与同病患者交流，相互传递寻医问药信息，通过增加购买同一药品的人数从而减低药品价格，陆某从 2004 年 4 月开始建立了白血病患者病友 QQ 群。

2004 年 9 月，陆某通过他人从日本购买由印度生产的同类药品，价格每盒约为人民币 4000 元，服用效果与瑞士进口的"格列卫"相同。之后，陆某开始直接从印度购买抗癌药物，并通过 QQ 群等方式向病友推荐。随着病友间的传播，从印度购买该抗癌药品的国内白血病患者逐渐增多，药品价格逐渐降低，直至每盒为人民币 200 余元。

为方便给印度公司汇款，陆某网购了 3 张信用卡，用于帮病友代购药品，其中一张卡给印度公司作收款账户，另外两张因无法激活被他丢弃。

2013 年，湖南省沅江市公安局在查办一个网络银行卡贩卖团伙时，将陆某抓获。2013 年 11 月 23 日，因涉嫌妨害信用卡管理罪，陆某被沅江市公安局刑事拘留。2014 年 7 月 22 日，沅江市检察院以涉嫌妨害信用卡管理罪和涉嫌销售假药罪对陆某提起公诉。此后，上百名白血病患者联名写信，请求司法机关对陆某免予刑事处罚。2015 年 1 月 27 日，沅江市人民检察院向沅江市人民法院撤回起诉。2015 年 2 月 26 日，沅江市检察院对陆某作出不予起诉的决定。

沅江市检察院认为，全面系统分析此案的全部事实，陆某的行为是买方行为，并且是白血病患者群体购买药品整体行为中的组成行为，寻求的是印

---

[1] 转引自叶青主编：《刑事诉讼法学教学研究资料汇编》，北京大学出版社 2017 年版，第 200～201 页。

度公司抗癌药品的使用价值。陆某有违反国家药品管理法的行为，如违反了《药品管理法》（2015）第 39 条第 2 款有关个人自用进口的药品，应按照国家规定办理进口手续的规定等，但陆某的行为因不是销售行为而不构成销售假药罪。陆某通过淘宝网购买 3 张以他人身份信息开设的信用卡，并使用其中户名为"夏维雨"的信用卡的行为，属于购买使用虚假的身份证明骗领信用卡的行为，但情节显著轻微，危害不大，根据《刑法》第 13 条的规定，不认为是犯罪。而且，陆某购买借记卡的动机、目的和用途是方便白血病患者购买抗癌药品。除了用于为病友购买抗癌药品支付药款外，陆某没有将该借记卡账号用于任何营利活动，更没有实施其他危害金融秩序的行为，也没有导致任何方面的经济损失。陆某的行为虽然在一定程度上触及到了国家对药品的管理秩序和对信用卡的管理秩序，但其行为对这些方面的实际危害程度，相对于白血病群体的生命权和健康权来讲，是难以相提并论的。如果不顾及后者而片面地将陆某在主观上、客观上都惠及白血病患者的行为认定为犯罪，显然有悖于司法为民的价值观。

二、法律问题

检察机关如何适用不起诉？

三、法理分析

我国《刑事诉讼法》规定的不起诉有：法定不起诉、酌定不起诉、证据不足不起诉、附条件不起诉和认罪认罚特别不起诉。根据法律规定，法定不起诉的事由有二：一是犯罪嫌疑人没有犯罪事实；二是具有《刑事诉讼法》第 16 条规定情形之一的。这些情形包括：情节显著轻微，危害不大，不认为是犯罪的；犯罪已过追诉时效期限的；经特赦令免除刑罚的；依照刑法告诉才处理的犯罪，没有告诉或者撤回告诉的；犯罪嫌疑人、被告人死亡的；其他法律规定免于追究刑事责任的。由基本案情可知，沅江市人民检察院以"情节显著轻微，危害不大，不认为是犯罪"为由对陆某作出的不起诉决定，实际上是法定不起诉决定。此处所称情节，是指"除客观损害结果外影响社会危害程度的各种情况，如行为的方法、手段、时间、地点、行为人的动机、目的、一贯表现等"；"危害不大"，意味着"行为的客观损害结果不大","说明危害的事实性损害和影响性危害均未达到需要刑罚惩罚的程度"。[1]所谓"不认为是犯罪",意味着"该行为的危害实质上没有达到分则中所规定的某种犯罪的成立标准,不符合该种犯罪的犯罪构成"。[2]检察机关在审查起诉过程中,倘若发现某一犯罪嫌疑人的犯罪行为情节显著轻微,危害不大,不认为是犯罪的,应当直接作出不起诉决定。

客观而言,陆某在网络上购买借记卡以及从印度低价购买抗癌药品的行为,的确触犯了信用卡管理秩序和国家药品管理秩序,这也是沅江市检察机关追究其刑事责任的核心理由。然而,综观本案全部事实会发现,陆某买卡购药的动机在于缓解自己及病友的病痛,而非通过走私药品为自己谋取利益。从行为效果角度考虑,陆某的行为确实给众多病友带来了救命的药品和生存的希望,而未造成什么实际的社会危害后果。因此,陆某的行为显然符合"情节显著轻微,危害不大,不认为是犯罪"之情形。相应地,沅江市检察机关对其作出法定不起诉决定无疑是正确的。

四、参考意见

检察机关应当充分发挥审查起诉之案件过滤功能,敢用善用不起诉权,将不符合起诉条件的案件及时分流到刑事程序之外,确保审查起诉的案件事实证据经得起法律检验。

拓展资料

3-2　拓展阅读

---

〔1〕 姜涛主编:《刑法总论入门笔记》,法律出版社 2018 年版,第 101 页。
〔2〕 黎宏:《刑法总论问题思考》,中国人民大学出版社 2007 年版,第 43 页。

专题三：审判程序（一审、二审程序）

知识概要

刑事审判是指人民法院在控、辩双方及其他诉讼参与人参加下，按照法定的权限和程序，对于依法向其提出诉讼主张的刑事案件进行审理和裁判的诉讼活动。[1]一个案件的完整诉讼形态包括立案、侦查、审查起诉、审判和执行程序，其中，审判居于最重要的地位，也是控诉、辩护以及审判职能同时发挥作用的阶段。

根据诉讼阶段的不同，我国刑事审判程序可分为第一审程序、第二审程序、死刑复核程序和审判监督程序。第一审程序是人民法院受理检察机关提起公诉或自诉人提起自诉以后对案件进行初次审判的程序。第二审程序是人民法院根据上诉或者抗诉，对尚未发生法律效力的一审判决、裁定所认定的事实和适用的法律进行审判的程序。死刑复核程序是人民法院对判处死刑的案件进行复审核准所进行的审判程序。审判监督程序是人民法院对已经发生法律效力而在事实认定或法律适用上确有错误的判决、裁定进行再审的程序。这些审判程序有着特殊的原则、制度和程序，共同的任务是通过审判，正确认定案件事实，准确适用法律，实现惩罚犯罪与保障人权的统一。

党的十八届四中全会《决定》明确提出，要"推进以审判为中心的诉讼制度改革，……保证庭审在查明事实、认定证据、保护诉权、公正裁判中发挥决定性作用"。学界对"以审判为中心"的内涵，以及如何推进以审判为中心的诉讼制度改革等展开了论述。刑事诉讼以审判为中心是加强人权司法保障的必由之路，符合司法规律和诉讼规律。"以审判为中心"的实质是在刑事诉讼的全过程实行以司法审判标准为中心，核心是统一刑事诉讼证明标准。[2]要求侦查、起诉活动面向审判、服从审判，同时发挥审判在认定事实、适用法律

---

〔1〕 陈光中主编：《刑事诉讼法》，北京大学出版社、高等教育出版社 2016 年版，第 340 页。

〔2〕 参见沈德咏："论以审判为中心的诉讼制度改革"，载《中国法学》2015 年第 3 期。

上的决定性作用。[1]基本要求和落脚点是刑事庭审实质化，其内核是被告人的刑事责任在审判阶段通过庭审加以解决。[2]审判中心的实质是审判去空洞化，要求审判真正发挥实质作用。[3]不过也有学者认为"以审判为中心"既不是以"庭审为中心"，也不是证明标准的统一，而是强调以审判职能为中心。[4]还有观点认为统一证明标准是公检法三机关"分工负责、相互配合、相互制约"体制的产物，对统一证明标准的强调促成了侦查中心主义，并虚置了审判活动，进而阻碍了审判中心主义改革目标的实现。[5]

事实上，"审判中心主义"是针对司法实践中长期存在的"侦查中心主义"及"庭审虚化"而提出的，要求人民法院在被告人定罪量刑问题上发挥实质作用。在诉讼结构上，"审判中心主义"要求以审判为中心，从一个完整的、理想的诉讼形态考察，侦查和审查起诉仅是控方为审判而进行的准备活动；在法庭审理过程中，控辩双方平等、理性对抗，由中立的第三方进行裁判，因此，决定被告人定罪量刑的应为审判程序而非侦查或其他程序，这是"审判中心主义"的基本要求。[6]

此外，"审判中心主义"不仅是就审判程序而言的，还要求审判职能向审前辐射和延伸，发挥审判对审前程序的规范、指引作用，包括侦查、审查逮捕及审查起诉在内的审前程序均要依照审判的标准来展开，遵守审判程序所要求的证明标准及证据规则。

为推进以审判为中心的诉讼制度改革，2016年两院三部制定了《关于推进以审判为中心的刑事诉讼制度改革的意见》。为进一步推进改革，落实诉讼证据质证在法庭、案件事实查明在法庭、诉辩意见发表在法庭、裁判理由形成在法庭的要求，[7]2017年，最高人民法院发布了《关于全面推进以审判为中心的刑事诉讼制度改革的实施意见》，并印发了"三项规程"，即《人民法

〔1〕 龙宗智："'以审判为中心'的改革及其限度"，载《中外法学》2015年第4期。

〔2〕 汪海燕："论刑事庭审实质化"，载《中国社会科学》2015年第2期。

〔3〕 参见张建伟："审判中心主义的实质内涵与实现途径"，载《中外法学》2015年第4期。

〔4〕 陈卫东："以审判为中心：解读、实现与展望"，载《当代法学》2016年第4期。

〔5〕 参见陈瑞华："审判中心主义改革的理论反思"，载《苏州大学学报（哲学社会科学版）》2017年第1期。

〔6〕 参见汪海燕："论刑事庭审实质化"，载《中国社会科学》2015年第2期。

〔7〕 最高人民法院《关于全面深化人民法院改革的意见——人民法院第四个五年改革纲要（2014～2018）》。

院办理刑事案件庭前会议规程（试行）》《人民法院办理刑事案件排除非法证据规程（试行）》《人民法院办理刑事案件第一审普通程序法庭调查规程（试行）》最高法《解释》等，相关规范性文件对庭前会议的功能、程序、所作决定的效力进行了明确和细化；进一步推动证人、鉴定人出庭作证制度，以贯彻直接言词原则；规范了法庭调查程序，保障被告方的质证权和辩护权；进一步明确人民法院审查和排除非法证据的具体规则和流程，使其更加具备可操作性；等等。这些措施和配套文件均旨在强化审判职能，推动实现刑事庭审的实质化，进而充分发挥审判特别是庭审在刑事诉讼中的决定性作用。

审判程序是刑事诉讼的中心阶段和重心环节，直接关系到整个案件的处理结果，决定被告人的命运和基本人身权利，最终关系到刑事诉讼的任务能否实现。因此，"以审判为中心的诉讼制度改革"对解决实践中的问题，对审判职能的充分发挥，以及对我国刑事诉讼程序的完善意义重大。

审判作为确保刑事定罪量刑公正性、合理性最为关键的机制，理论上应适用正式、完备的程序，通过程序展开的充分性确保案件处理的正确性。然而，适用详尽完备的审判程序审理案件，必然需要占用较多的司法资源，如果所有的案件的审判程序都依照庭审实质化的标准或严格意义上的正当程序进行，那么所耗费的司法资源将是巨大的，也将导致司法系统不堪重负，刑事程序无法顺利运转。事实上，司法实践中的大量案件案情简单，事实清楚，证据确实、充分，并且被告人对指控的犯罪事实和罪名没有异议，对于此类案件一律适用严格的普通程序审理既不现实，也没有必要。

为应对大量积压的刑事案件，世界诸多国家在刑事诉讼中均建立了案件繁简分流机制，如美国除正式的陪审团审判外，大量案件通过辩诉交易制度处理；德国有刑事处罚令、快速审理程序及量刑协商制度；法国存在刑事处罚令程序、刑事和解程序、刑事调解程序、庭前认罪答辩程序等简易程序；意大利有简易审判、依当事人的要求适用刑罚、快速审判、立即审判、处罚令程序等多种特别程序。[1]

我国也同样如此，为合理配置司法资源，除普通程序外，我国的审判程

---

〔1〕　熊秋红："比较法视野下的认罪认罚从宽制度——兼论刑事诉讼'第四范式'"，载《比较法研究》2019 年第 5 期。

序还设立了简易程序及速裁程序，三种审判程序共同构建出繁简分流、有序衔接的具有我国特色的多层次诉讼体系。

相较于普通程序，简易程序的设置是指对于满足特定条件的案件采取较为简单快捷的程序进行审理，简化不必要的庭审环节，从而提高庭审效率。我国 1996 年《刑事诉讼法》设立了简易程序，又在 2012 年修法时对适用简易程序案件的范围进一步扩大。根据现行《刑事诉讼法》第 214 条的规定，适用简易程序须满足以下条件：①属于基层法院管辖的；②案件事实清楚，证据确实、充分的；③被告人承认自己所犯罪行，对指控的犯罪事实没有异议的；④被告人对适用简易程序没有异议的。人民检察院在提起公诉的时候，可以建议人民法院适用简易程序。据此，不分罪名和刑期，只要属于基层法院管辖的案件，都可以在符合条件的情况下适用简易程序；被告人及其辩护人也可以申请适用简易程序。由于大部分案件都属于基层人民法院管辖，而且大部分案件被告人都表示认罪，因此简易程序在司法实践中占据了相当的比例。

适用简易程序审理的案件，虽然法庭调查、法庭辩护等环节均未省略，但控辩双方在举证、质证及发表公诉意见、辩护意见时可以相对简化，比如公诉机关出示证据时一般仅出示证据名称，并对证据的内容和要证明的事项进行简要说明，有时还可以打包出示全案证据。辩护人在质证时也一般仅针对个别证据或证据的某些细节提出意见，而对大部分证据无异议；由于适用简易程序审理的案件被告人均表示认罪，辩护人在发表辩护意见时也一般也不再作无罪辩护，而是提请法庭注意有关被告人罪轻的证据和量刑情节等。

速裁程序是比简易程序更加简化、迅捷的程序，是"简上加简""快上加快"的程序。2014 年 6 月，全国人大常委会授权最高人民法院、最高人民检察院在 18 个城市开展为期 2 年的刑事速裁程序试点，试点过程中速裁程序的适用范围限定于危险驾驶等 11 种犯罪情节较轻，依法可能判处 1 年以下有期徒刑、拘役、管制或者单处罚金的案件；2016 年 9 月，全国人大常委会授权"两高"在 18 个城市开展为期 2 年的刑事案件认罪认罚从宽制度试点时将速裁程序合并在内，并明确将速裁程序的适用范围扩展至可能判处 3 年以下有期徒刑、拘役、管制或单处罚金的案件，并取消了罪名限制。在总结试点经验的基础上，2018 年《刑事诉讼法》修改时将认罪认罚从宽作为刑事诉讼的一项原则予以确立，并且将速裁程序正式从法律层面上确立为审判程序之一。

在适用条件上，适用速裁程序应当具备如下条件：①基层人民法院管辖的可能判处 3 年以下有期徒刑的案件；②案件事实清楚，证据确实、充分；③被告人认罪认罚并同意适用速裁程序。对此，人民检察院可以在提起公诉时建议适用速裁程序。对人民检察院未建议适用速裁程序的案件，人民法院经审查认为符合速裁程序适用条件的，可以决定适用速裁程序，并在开庭前通知人民检察院和辩护人。被告人及其辩护人也可以向人民法院提出适用速裁程序的申请。在具体程序上，速裁程序由审判员一人独任审判，一般不进行法庭调查、法庭辩论，应当当庭宣判，且人民法院应当在受理后 10 日内审结，对可能判处有期徒刑超过 1 年的，可以延长至 15 日。需要注意的是，虽然庭审程序大为简化，但法庭仍然应当听取辩护人的意见和被告人的最后陈述。

速裁程序的适用能够在很大程度上提升诉讼效率，有学者提出，在价值取向上，普通程序取位公正、简易程序取位公正与效率兼顾、速裁程序取位效率。[1]但事实上，我国认罪认罚从宽从设计伊始就不是以诉讼效率为唯一或主要价值取向的制度。全国人大常委会在《关于授权最高人民法院、最高人民检察院在部分地区开展刑事案件认罪认罚从宽制度试点工作的决定》中写明，"为进一步落实宽严相济的刑事政策，完善刑事诉讼程序，合理配置司法资源，提高办理刑事案件的质量与效率，确保无罪的人不受刑事追究，有罪的人受到公正惩罚，维护当事人的合法权益，促进司法公正"，决定开展试点工作。试点的必要性包括："一是及时有效惩罚犯罪，维护社会稳定的需要"；"二是落实宽严相济的刑事政策，加强人权司法保障的需要"；"三是优化司法资源配置，提升司法公正效率的需要"；"四是深化刑事诉讼制度改革，构建科学刑事诉讼体系的需要"。[2]2019 年两院三部《关于适用认罪认罚从宽制度的指导意见》在"基本原则"中要求"贯彻宽严相济的刑事政策""坚持罪责刑相适应原则""坚持证据裁判原则"和"坚持公检法三机关配合

---

〔1〕　汪建成："以效率为价值导向的刑事速裁程序论纲"，载《政法论坛》2016 年第 1 期。

〔2〕　周强：《对〈关于授权在部分地区开展刑事案件认罪认罚从宽制度试点工作的决定（草案）〉的说明》，2016 年 8 月 29 日在第十二届全国人民代表大会常务委员会第二十二次会议上。

制约原则"，这也说明我国认罪认罚从宽制度在实施过程中诉讼效率并非其主要考量，贯彻宽严相济的刑事政策是其首要的、核心的价值目标。

因此，速裁程序中诉讼效率不应是唯一或主要的价值目标，相对而言，公正审判的要求和落实宽严相济的刑事政策更为重要。因此，适用速裁程序审理的案件，人民法院不仅要充分尊重和保障被告人认罪认罚的自愿性、明智性和认罪认罚具结书内容的真实性、合法性，而且应当坚持证据裁判原则和法定的证明标准，确保案件具备事实和证据基础。审理过程中，对于被告人提出异议，发现有被告人行为不构成犯罪、不应当追究刑事责任，或者违背意愿认罪认罚的，或被告人否认指控的犯罪事实的，案件疑难、复杂或对适用法律有重大争议等情形的。法庭应当及时中止速裁程序，并转为其他程序重新审理。此外，即使从诉讼效率的角度考虑，由于适用速裁程序可以大大加快案件的办理速度，有助于解决司法实践中存在的"关多久判多久"的现象，这也有利于保障被告人的权利，促使其早日回归社会。

"推进以审判为中心的诉讼制度改革"和"完善认罪认罚从宽制度"是党的十八届四中全会《决定》提出的两大任务，也是当下及将来一段时期内我国刑事诉讼制度改革的两条主线。关于以审判为中心的诉讼制度与认罪认罚从宽制度的关系，有学者认为二者是相辅相成、互相促进的，二者都是以公正审判权为核心的诉讼制度，前者是主张并行使公正审判权的产物，后者是放弃或减少公正审判权的结果，两者之间呈现为应然要求与实然需要的关系。[1]速裁程序对庭审流程的简化并不代表着诉讼重心前移，也不意味着审判只是走过场，与以审判为中心并不矛盾。审判结果仍然形成于法庭，并未必然导致庭审虚化的局面。[2]也有学者担忧，速裁程序是弱化庭审的思路，与"以庭审为中心"存在反差。[3]认罪认罚案件中，人民法院的定罪裁判流于形式，很少改变检察机关的量刑建议，速裁程序中庭审时间极短，自愿性审查也流于形式。[4]

---

〔1〕 顾永忠、肖沛权："'完善认罪认罚从宽制度'的亲历观察与思考、建议"——基于福请市等地刑事速裁程序中认罪认罚从宽制度的调研，载《法治研究》2017年第1期。

〔2〕 陈卫东、胡晴晖："刑事速裁程序改革中的三重关系"，载《法律适用》2016年第10期。

〔3〕 张建伟："审判中心主义的实质内涵与实现途径"，载《中外法学》2015年第4期。

〔4〕 参见陈瑞华："刑事诉讼的公力合作模式——量刑协商制度在中国的兴起"，载《法学论坛》2019年第4期。

事实上，认罪认罚案件并没有悖离以审判为中心，只不过相对于其他案件而言，有其特殊性，主要体现为以下几个方面：其一，决定审判程序。案件进入审判阶段后，法院决定是否可以适用认罪认罚从宽程序以及选择适用何种审判程序。速裁程序中，人民检察院在起诉时可以建议适用该程序，被告人及其辩护人也可以向人民法院提出适用该程序的申请，但案件最终是否适用仍由人民法院进行审查和决定；即使检察机关没有提出建议，被告人及其辩护人也没有提出申请，人民法院经审查认为可以适用速裁程序的，在征得被告人同意后，可以决定适用，并在开庭前通知人民检察院和辩护人。其二，审查认罪认罚的自愿性、真实性、合法性。由于认罪认罚的自愿性和具结内容的真实性、合法性是认罪认罚从宽制度的灵魂和根基，人民法院履行相应的审查职责，本身就是审判中心的体现。其三，审查是否存在定罪量刑的特殊情形。人民法院依职权审查是否构成犯罪、罪名认定是否准确以及量刑建议是否明显不当等问题。[1]此外，认罪认罚从宽制度特别是速裁程序的适用有利于合理配置司法资源，为推进"刑事庭审实质化改革"创造现实条件。

📚 经典案例

案例（一）：李某危险驾驶案[2]

一、基本案情

2017年1月19日21时许，被告人李某饮酒后驾驶一辆小型汽车行驶至北京市海淀区青龙桥街道办事处门前时发生三车追尾交通事故，民警出警后以简易程序处理该起事故，并认定被告人李某负全部责任。当日23时31分，医务人员抽取被告人李某体内静脉血并留存，后经北京市公安交通司法鉴定中心鉴定，该血液中酒精含量为160.0mg/100ml，已达到国家人体血液酒精含量标准中规定的醉酒标准。

---

〔1〕　汪海燕："认罪认罚从宽制度中的检察机关主导责任"，载《中国刑事法杂志》2019年第6期。

〔2〕　北京市海淀区人民法院（2017）京0108刑初338号判决书。

案发后，被告人李某明知他人报警而在现场等待，被公安机关依法传唤到案，后如实供述了自己的罪行，并且赔偿事故对方损失。公诉机关指控被告人李某犯危险驾驶罪，并认为被告人李某具有自首的从轻情节，建议判处被告人李某 1 至 3 个月拘役并处罚金。

北京市海淀区人民法院适用刑事速裁程序，实行独任审判，公开开庭审理了本案。被告人李某对指控事实、罪名及量刑建议没有异议并签字具结，在开庭审理过程中亦无异议。

审理后北京市海淀区人民法院认为，公诉机关指控被告人李某犯危险驾驶罪的事实清楚，证据确实充分，指控罪名成立，量刑建议适当，应予采纳。判决被告人李某犯危险驾驶罪，判处拘役 2 个月，罚金人民币 3000 元。

二、法律问题

1. 速裁程序的适用条件与特点？
2. 速裁程序的权利保障机制？

三、法理分析

（一）速裁程序的适用条件与特点

1. 速裁程序的适用条件。速裁程序的适用条件分为积极条件和消极条件，前者是指符合条件的案件可以适用速裁程序，要求对所有构成要件全部符合；后者是指满足条件的案件不能适用速裁程序，只需满足其一即排除速裁程序的适用。积极条件包括：①案件由基层人民法院管辖；②可能判处 3 年以下有期徒刑以下刑罚；③案件事实清楚，证据确实、充分；④被告人认罪认罚并同意适用速裁程序。消极条件是指：①被告人是盲、聋、哑人，或者是尚未完全丧失辨认或者控制自己行为能力的精神病人的；②被告人是未成年人的；③案件有重大社会影响的；④共同犯罪案件中部分被告人对指控的犯罪事实、罪名、量刑建议或者适用速裁程序有异议的；⑤被告人与被害人或者其法定代理人没有就附带民事诉讼赔偿等事项达成调解或者和解协议的；⑥辩护人作无罪辩护的；⑦其他不宜适用速裁程序审理的。

2. 速裁程序的特点。相较于简易程序而言，速裁程序在审理程序上更为简便快捷，主要体现为：①适用速裁程序审理的，一般不进行法庭调查、法庭辩论，但应当听取辩护人意见和被告人的最后陈述意见；而简易程序仍需进行法庭调查和法庭辩论。②符合速裁程序适用条件的案件，检察机关的审查起诉期限一般为 10 日，对可能判处 1 年至 3 年有期徒刑的，可延长至 15 日；而简易程序的起诉期限为 1 个月，特殊情况下可以延长 15 日。③适用速裁程序的审理期限一般为 10 日，对可能判处 1 年至 3 年有期徒刑的，可以延长至 15 日；而简易程序的审理期限为 20 日，对可能判处 3 年以上有期徒刑的，可以延长至一个半月。④速裁程序要求当庭宣判，而简易程序并无此要求。

（二）速裁程序的意义以及速裁程序中如何保障被告人的基本权利

速裁程序的目的在于合理配置司法资源、提升诉讼效率。对于犯罪事实清楚、证据确实充分的轻微刑事案件，被告人自愿认罪认罚并同意适用速裁程序的，可以适用更加简便、高效的审理方式。速裁程序一方面提升诉讼效率、优化司法资源，另一方面也使得认罪认罚的被告人能够及时摆脱诉累，尽早回归社会。此外，速裁程序中人民检察院审查起诉期限、人民法院审理期限均较短，有助于解决司法实践中存在的"关多久判多久"的现象。

然而，效率不是速裁程序的唯一或主要价值，公正审判原则同样适用于速裁程序。为保证该程序设置的正当性和规范性，立法在以下几方面对速裁程序作出了限制或规范：

1. 审理范围上，仅适用于基层法院审理的可能判处 3 年以下有期徒刑，且案件事实清楚，证据确实、充分的案件，还要求被告人认罪认罚并同意适用速裁程序。认罪认罚案件中，被告人享有程序选择权，只要被告人不同意适用速裁程序，即使事实清楚，证据确实、充分，也不能适用速裁程序。

2. 在程序设置上，速裁程序一般不再进行法庭调查和法庭辩论，但庭审过程中法官应当告知被告人享有的诉讼权利、认罪认罚的法律规定及后果，并向被告人释明相关内容，应当听取被告人及其辩护人的意见，被告人应当进行最后陈述，被告人还享有上诉权。

适用速裁程序的，法官需要审查认罪认罚的自愿性，认罪认罚具结书内容的真实性、合法性。对于庭审过程中发现的被告人违背意愿认罪认罚、被告人没有犯罪事实等情形的，应当中止速裁程序，并根据案件情况转换为普通程序或简易程序重新审理。

通过上述程序设计，能够最大限度地确保被告人及其辩护人发表相关意见，确保被告人认罪认罚的自愿性、明知性和明智性，也保证了认罪认罚案件具备充分的事实和证据基础。

3. 建立值班律师法律援助制度，值班律师为没有委托辩护人的被告人提供法律咨询、程序选择建议、申请变更强制措施、对案件处理提出意见等法律帮助，其中犯罪嫌疑人签署认罪认罚具结书时，必须有辩护人或值班律师在场并签字。

可见，为保障犯罪嫌疑人、被告人的诉讼权利，确保其认罪认罚的自愿性，立法设立值班律师制度，从侦查阶段、审查起诉阶段以及审判阶段全流程为犯罪嫌疑人、被告人提供法律帮助，也为顺利适用速裁程序奠定基础。

四、参考意见

本案被告人李某被判处的刑罚为拘役刑，被告人自愿如实供述犯罪事实，对于检察机关指控的犯罪事实、罪名和量刑均表示认同，且同意适用速裁程序，符合速裁程序的适用条件。

审理过程中，海淀区人民法院告知被告人享有的相关诉讼权利，由于被告人认罪认罚且同意适用速裁程序，人民法院依法适用速裁程序审理并对被告人从宽处罚。

本案符合速裁程序的适用条件，人民法院适用速裁程序审理符合法律规定。

案例（二）：谢伦伯格走私毒品案[1]

一、基本案情

大连市中级人民法院于 2016 年 3 月 15 日对罗伯特·劳埃德·谢伦伯格（Robert Lloyd Schellenberg）（以下简称"谢伦伯格"）走私毒品一案依法进行

---

〔1〕 参见最高人民法院网："加拿大籍被告人罗伯特·劳埃德·谢伦伯格因犯走私毒品罪被依法判处死刑"，http://www.court.gov.cn/fabu - xiangqing - 138981. html，最后访问日期：2019 年 3 月 15 日。

公开开庭审理，2018 年 11 月 20 日，大连市中级人民法院一审宣告判决，判处谢伦伯格有期徒刑 15 年，并处没收个人财产人民币 15 万元，驱逐出境。加拿大驻华使馆派员到庭旁听。谢伦伯格不服，提出上诉。

辽宁省高级人民法院立案受理后，于 12 月 29 日依法公开开庭审理，对事实、证据和被告人上诉理由等进行审查，充分听取了被告人及其辩护人、检察机关意见。辽宁省人民检察院出庭检察员当庭提出，正在查证的线索显示，被告人谢伦伯格极有可能参与了有组织的国际贩毒活动，在走私毒品犯罪过程中起重要作用，一审法院认定其为从犯和犯罪未遂并从轻处罚明显不当，建议发回重新审判，根据新线索查证情况，依法惩处。法庭经审理，采纳了检察机关意见，当庭裁定将本案发回大连市中级人民法院重新审判。后大连市人民检察院补充起诉，大连市中级人民法院依法另行组成合议庭，对此案公开开庭审理。

2019 年 1 月 14 日，辽宁省大连市中级人民法院对加拿大籍被告人走私毒品案依法进行一审公开开庭审理并当庭宣判，以走私毒品罪判处被告人谢伦伯格死刑，并处没收个人全部财产。

大连市中级人民法院经审理查明：凯姆、史蒂芬与"周先生"（均在逃）等人实施有组织的国际贩毒活动，控制着中国境内平安银行、招商银行的两个账户，为其毒品犯罪提供资金支持。2014 年 10 月中旬，凯姆雇佣翻译许某为其工作，指使许某到大连市租赁仓库、订购轮胎，接收"周先生"、简祥荣（因运输毒品罪、非法持有毒品罪被另案判处无期徒刑）从广东省运往大连市的藏有 222 包冰毒的 20 吨塑料颗粒并放入仓库，同时告知许某，将委派一名外籍人士处理此批货物。11 月 19 日，凯姆指派谢伦伯格到大连与许某会合，拟将毒品藏匿在轮胎内胆中走私至澳大利亚。此后，谢伦伯格要求许某带其购买了用于将毒品与轮胎内胆重新包装的工具，订购了轮胎、内胎和二手集装箱。谢伦伯格查看货物、评估工作量后，将船期由 11 月更改为 12 月。27日下午，谢伦伯格给麦庆祥（因运输毒品罪被另案判处死刑，缓期 2 年执行）打电话，要求其帮助另找仓库存放毒品。麦庆祥随后给大连仓储经营商户打电话联系仓库事宜。29 日，许某向公安机关报案。谢伦伯格察觉后，于 12 月1 日凌晨离开酒店前往大连机场准备逃往泰国。途中，谢伦伯格扔掉手机 SIM卡、更换新的 SIM 卡。当日 13 时，飞机经停广州时，谢伦伯格被公安机关抓获。经鉴定，公安机关查获的 222 包冰毒净重 222.035 千克。

公诉机关当庭出示了物证照片、书证、现场勘查笔录、毒品鉴定意见、另案被告人供述、证人证言等证据，证人许某出庭作证。

大连市中级人民法院认定，被告人谢伦伯格参与有组织的国际贩毒活动，伙同他人走私冰毒 222.035 千克，其行为构成走私毒品罪。公诉机关指控的犯罪事实清楚，证据确实、充分，指控罪名成立，谢伦伯格系主犯，且系犯罪既遂。根据被告人犯罪的事实、性质、情节和对社会的严重危害程度，依照《刑法》的有关规定，以走私毒品罪判处被告人谢伦伯格死刑，并处没收个人全部财产。

审判长在宣告判决时，当庭告知被告人如不服本判决，有权在接到判决书第 2 日起 10 日内向辽宁省高级人民法院提出上诉。

案件审理期间，人民法院依法保障了被告人在诉讼过程中的辩护、翻译等各项权利。开庭前，人民法院依照相关规定通知了加拿大驻华使馆，该馆官员到庭旁听。各界群众、部分中外媒体记者 50 余人旁听了庭审和宣判。

二、法律问题

如何理解上诉不加刑？

三、法理分析

根据《刑事诉讼法》第 237 条，第二审人民法院审理被告人或者他的法定代理人、辩护人、近亲属上诉的案件，不得加重被告人的刑罚。第二审人民法院发回原审人民法院重新审判的案件，除有新的犯罪事实，人民检察院补充起诉的以外，原审人民法院也不得加重被告人的刑罚。这一条规定了上诉不加刑原则。

根据全国人大常委会委员的解释，刑事上诉是为了保障被告人的权利和提高审判质量而设立的诉讼程序，使得一审被告人能够获得上级法院重新审理案件的机会，同时为避免通过发回重审变相加刑的现象，立法规定了发回重审的案件除有新的犯罪事实，人民检察院补充起诉的外，不得加重被告人的刑罚。

最高法《解释》对上诉不加刑作了进一步的规定：①同案审理的案件，只有部分被告人上诉的，既不得加重上诉人的刑罚，也不得加重其他同案被告人的刑罚；②原判认定的罪名不当的，可以改变罪名，但不得加重刑罚或者对刑罚执行产生不利影响；③原判认定的罪数不当的，可以改变罪数，并调整刑罚，但不得加重决定执行的刑罚或者对刑法执行产生不利影响；④原判对被告人宣告缓刑的，不得撤销缓刑或者延长缓刑考验期；⑤原判没有宣告职业禁止、禁止令的，不得增加宣告；原判宣告职业禁止、禁止令的，不得增加内容、延长期限；⑥原判对被告人判处死刑缓期执行没有限制减刑、决定终身监禁的，不得限制减刑、决定终身监禁；⑦原判判处的刑罚不当、应当适用附加刑而没有适用，不得加重刑罚、适用附加刑。原判判处的刑罚畸轻，必须依法改判的，应当在第二审判决、裁定生效后，依照审判监督程序重新审判；⑧人民检察院只对部分被告人的判决提出抗诉，或者自诉人只对部分被告人的判决提出上诉的，第二审人民法院不得对其他同案被告人加重刑罚；⑨被告人或者其法定代理人、辩护人、近亲属提出上诉，人民检察院未提出抗诉的案件，第二审人民法院发回重新审判后，除有新的犯罪事实且人民检察院补充起诉的以外，原审人民法院不得加重被告人的刑罚；⑩对于前款规定的案件，原审人民法院对上诉发回重新审判的案件依法作出判决后，人民检察院抗诉的，第二审人民法院不得改判为重于原审人民法院第一次判处的刑罚。

可见，上诉不加刑作为一项基本原则体现在诸多方面，最高法《解释》通过对共同犯罪、数罪并罚、发回重审等多种特殊情形下的上诉不加刑予以明确，尽可能地对被告人上诉权予以保障。

但是同时应当注意，上诉不加刑的前提是仅有被告方上诉，或检察院仅对共同犯罪中的部分被告人提起抗诉，或自诉人只对部分被告人的判决提出上诉时的情形，其他情况则不再适用上诉不加刑。具体而言，上诉不加刑的例外主要包括：①人民检察院抗诉或者自诉人上诉的案件；②第二审人民法院发回重新审判后，有新的犯罪事实，且人民检察院补充起诉的。对于①的理解一般不存在问题，对于②中的"新的犯罪事实"则可能存在认识上的分歧。一般来说有两种不同的认识，一是认为新的犯罪事实是指与原审指控完全不同的罪名或犯罪事实，例如原审指控故意杀人罪，现补充起诉盗窃罪；

或原审指控杀害 A，现补充起诉还杀害了 B，这两类均可以认为是新的犯罪事实，对此，也鲜有异议。二是认为新的犯罪事实是指指控罪名未改变，但发现了新的相关证据，这就容易引发疑问，本案的争议也来源于此。根据本案中司法机关的决定，其显然认为新的证据可以视为新的犯罪事实。

对此，有学者提出不同理解，认为只有在原审诉讼中存在徇私舞弊、伪造证据等故意妨碍司法的情形才可以加刑，对于其他情形，包括发现新证据的情形，均不宜通过再审加刑。这里存在价值权衡的问题，即法的安定性与对真实的发现之间的关系，过于追求真实而对法的安定性的破坏，既损害了人们对既定判决的尊重与信任，也使得社会秩序很难因为判决的既定而迅速恢复。[1]

总而言之，虽然法律允许通过认定"新的犯罪事实"并通过补充起诉的方式对上诉人加刑，但通过此方式"上诉加刑"应当十分谨慎，其标准应当严格掌握。只有从实质上落实上诉不加刑原则，才能有效保障被告人的上诉权，并维持法的安定性。

四、参考意见

本案中一审判处被告人有期徒刑 15 年，后被告人提出上诉，但人民检察院并未提起抗诉，在二审发回重审后的第三天，大连市检察院即向法院提交了《补充起诉书》，其中以其新发现的证据指控谢伦伯格是本案的主犯而非从犯且犯罪未遂，之后一审法院作出判决，对被告人改判死刑，属于上诉后加重刑罚。

由于本案中人民检察院并未提起二审抗诉，对被告人加刑只能根据以下规定处理，"被告人或者其法定代理人、辩护人、近亲属提出上诉的案件，第二审人民法院发回重新审判后，除有新的犯罪事实，人民检察院补充起诉的以外，原审人民法院不得加重被告人的刑罚"。

本案的争议点在于人民检察院是否补充起诉了新的犯罪事实，对这一概念的界定将直接影响到对本案的处理是否适当的判断，而对于新的犯罪事实的认定标准应当严格掌握。

---

[1] 张建升、陈卫东等："被告人上诉发回重审后可否加重刑罚"，载《人民检察》2009 年第 24 期。

拓展资料

3－3　拓展阅读

专题四：死刑复核程序

知识概要

一、死刑复核程序概述

死刑复核程序，是指有核准权的人民法院依法对判处死刑的案件进行再次审查，决定是否核准死刑的特别程序。在我国，死刑复核程序适用于两类案件，第一种是判处死刑立即执行的案件，第二种是判处死刑缓期二年执行的案件。根据《刑事诉讼法》规定，死刑由最高人民法院核准；中级人民法院判处死刑缓期二年执行的案件，由高级人民法院核准。

死刑复核程序是区分于普通一审或者二审的特别程序，具有以下几点特征：一是适用范围的特定性。死刑复核程序是为死刑案件提供的程序性保障，只适用于被判处死刑和死刑缓期二年执行的刑事案件。二是核准权的专属性，死刑立即执行判决的复核权由最高人民法院行使，死刑缓期二年执行案件的复核由高级人民法院负责。三是程序启动的自动性。不同于二审程序需要通过被告人的上诉或检察机关的抗诉才能启动，死刑复核程序由法院依职权自行启动，无论控辩双方对于判决结果是否存在异议。四是审查范围的全面性。最高法《解释》第 427 条规定复核死刑案件应当贯彻全面审查原则，对事实、证据、法律适用以及诉讼程序等进行全方位审查。

死刑复核程序作为死刑案件的最后一道工序，充分体现了国家"少杀、慎杀"的政策方针，有利于保证死刑适用的正确性。首先，通过增加一道单独的检验核查程序，有利于发现一审和二审审理中存在的事实认定、法律适用、程序运行方面的错误，防止错判。其次，死刑复核程序是对死刑适用的程序性控制机制，通过对那些适用死刑不当的裁判以及可杀可不杀的罪犯作出不予核准的裁定，严格控制死刑适用数量、落实"少杀、慎杀"的政策目标。再次，由最高人民法院和高级人民法院分别对死刑立即执行案件、死刑缓期二年执行案件进行复核，可以防范地方法院在判决死刑时可能出现的标准不一的问题，从而统一死刑适用尺度，维护裁判权威。

二、死刑复核权的变化

新中国成立以来，死刑案件核准权的归属历经变化。根据 1954 年颁布的《人民法院组织法》第 11 条的规定，死刑案件的核准权由高级人民法院和最高人民法院共同行使。1957 年 7 月 15 日第一届全国人民代表大会第四次会议决定："今后一切死刑案件，都由最高人民法院判决或者核准。"1979 年制定颁布的《刑事诉讼法》首次以基本法律的形式肯定了最高人民法院作为死刑核准的唯一主体。然而由于政治形势和治安状况的变化，在《刑事诉讼法》实施不到两个月后，国家就开始对死刑案件的核准权限作出调整。1980 年 2 月 12 日第五届全国人民代表大会常务委员会第十三次会议决定，1980 年内对现行的杀人、强奸、抢劫、放火等犯有严重罪行应当判处死刑的案件，最高人民法院可以授权高级人民法院核准；1981 年 6 月 10 日第五届全国人民代表大会常务委员会第十九次会议作出《关于死刑核准问题的决定》，延长死刑核准权下放的期限并扩大下放的范围。死刑核准权下放后，社会治安形势依然严峻，中央决定在全国范围内开展严厉打击严重刑事犯罪的斗争。1983 年 9 月 2 日第六届全国人民代表大会常务委员会第二次会议通过《关于修改〈中华人民共和国人民法院组织法〉的决定》，将该法第 13 条修改为"死刑案件除由最高人民法院判决的以外，应当报请最高人民法院核准。杀人、强奸、抢劫、爆炸以及其他严重危害公共安全和社会治安判处死刑的案件的核准权，最高人民法院在必要的时候，得授权省、自治区、直辖市的高级人民法院行使。"据此，最高人民法院于 1983 年 9 月 7 日发布《关于授权高级人民法院核准部分死刑案件的通知》，将上述案件的死刑核准权授予各省、自治区、直辖市高级人民法院和解放军军事法院行使。为应对毒品犯罪蔓延趋势，最高人民法院先后于 1991 年、1993 年、1996 年、1997 年发出通知，授予云南、广东、广西、甘肃、四川和贵州等高级人民法院毒品犯罪死刑案件的核准权。由于 1996 年《刑事诉讼法》修改时未涵盖《人民法院组织法》第 13 条的内容，最高人民法院又根据形势所需，在 1997 年 9 月 26 日发布通知，授权高级人民法院和解放军军事法院行使部分死刑案件的核准权。

部分死刑案件核准权的下放，对于及时打击严重犯罪、维护社会稳定、保护人民群众的根本利益起到了作用。但与此同时也带来一些消极影响，包括死刑适用标准不统一、导致二审程序与复核程序"合二为一"等。进入 21 世纪后，许多学者开始呼吁将死刑核准权收回最高人民法院。2006 年 10 月 31 日，第十届全国人民代表大会常务委员会第二十四次会议决定将《人民法院组织法》第 13 条修改为"死刑除依法由最高人民法院判决的以外，应当报请最高人民法院核准"。随着决定施行，2007 年 1 月 1 日起，死刑立即执行案件的核准权由最高人民法院统一行使，结束了部分死刑案件核准权下放的历史。死刑核准权收归最高人民法院行使以来，在防止裁判冤错、贯彻少杀慎杀、统一死刑标准等方面切实发挥了功用，同时直接推动了证据规则完善、程序正义的彰显，并为推进以审判为中心的诉讼制度改革奠定了基础，做好了铺垫。[1]

三、死刑复核程序的诉讼化

在死刑复核程序的设置方面，立法长期以来遵循的是一种行政审批式定位，正如实务部门同志所说，死刑复核程序"本质是'核'不是'审'，'核准'的性质更接近于'批准'，有点类似于政府对重大项目的审批，因此，不能按照独立审级的模式来把握复核程序，而应当按照审批的思路设计复核程序"。[2]立法对死刑复核程序的设置，长期以来正是基于这一行政化定位。在启动机制上，采取自动报核方式，不论被告人和检察机关是否上诉、抗诉，

---

〔1〕　卞建林："统一行使死刑案件核准权：十年回顾与展望"，载《甘肃政法学院学报》2017 年第 3 期。

〔2〕　参见胡云腾、申庆国、李红兵："论死刑适用兼论死刑复核程序的完善"，载《人民司法》2004 年第 2 期。

一律进入复核程序。在审理方式上，通过秘密、书面和间接的阅卷工作对下级法院的事实裁判进行复审；不在公开的法庭上听取检察官和辩护律师的意见；核准被告人死刑不在公开的法庭上进行，只采取秘密提审的方式。[1]针对行政化的运行方式，许多学者提出了改革建议。一种观点认为，应当废除死刑复核程序，实行死刑案件三审终审制，作为我国两审终审制的例外。为了更好地理顺审级关系，发挥审级救济的功能，应修改《刑事诉讼法》，将高级人民法院、最高人民法院所有一审管辖的刑事案件划归中级人民法院，这样中级人民法院也就成为所有死刑案件的初审法院。具体而言：中级人民法院一审判处死刑的案件，强制上诉至高级人民法院，上诉权不得放弃；高级人民法院依照第二审程序进行开庭审理，全面审查案件事实和适用法律问题；高级人民法院二审判处死刑的案件实行权利性上诉，被告人及其法定代理人可以上诉至最高人民法院，检察机关可以抗诉至最高人民法院；第三审程序以法律审为原则，以事实审为例外，最高人民法院按照"告什么理什么"的原则进行审理。[2]这种改革方案确实有利于克服死刑复核程序行政化色彩浓厚的诸多缺陷，但与现行刑事审判制度体系冲突较大且会增加诉讼成本，因而短期内难以实现。更加合理的方案是对现行的死刑复核程序进行诉讼化改造，以使其更加符合审判程序的性质。

2012 年《刑事诉讼法》对死刑复核程序的修改体现出了诉讼化改革方向，一是加强辩方的程序参与，二是加强检察机关的法律监督。按照《刑事诉讼法》及最高法《解释》的规定，高级人民法院和最高人民法院复核死刑案件，应当讯问被告人。死刑复核期间，辩护律师要求当面反映意见的，最高人民法院有关合议庭应当在办公场所听取其意见，并制作笔录；辩护律师提出书面意见的，应当附卷。死刑复核期间，最高人民检察院提出意见的，最高人民法院应当审查，并将采纳情况及理由反馈最高人民检察院。最高人民法院应当根据有关规定向最高人民检察院通报死刑案件复核结果。当然，这种改革是不充分和不彻底的，死刑复核程序的诉讼化改革依然存在许多需

---

[1] 陈瑞华："通过行政方式实现司法正义？——对最高人民法院死刑复核程序的初步考察"，载《法商研究》2007 年第 4 期。

[2] 参见陈卫东、刘计划："死刑案件实行三审终审制改造的构想"，载《现代法学》2004 年第 4 期。

要解决的问题。其一，死刑复核仍然以阅卷为最主要的裁判方式，即使听取检察官、辩论律师的意见，也不会在公开的法庭上进行，而往往采取一种非正式的单方面接待方式；即使会见被告人也不会在公开的法庭上进行，而只会采取秘密提审的方式；即使发现案件存在事实方面的疑问，也不会责令控辩双方调查取证后提交法院，而是单方面地"调查取证"。[1]其二，死刑复核中的辩护权保障仍然任重道远，死刑立即执行案件复核阶段的法律援助尚属制度空白之地，死刑复核阶段律师的阅卷权、会见权、听取意见权等权利缺乏有效保障。

📖 经典案例

案例（一）：张扣扣故意杀人、故意毁坏财物案[2]

一、基本案情

被告人张扣扣，男，汉族，1983 年 1 月 6 日出生于陕西省南郑县（现陕西省汉中市南郑区），初中文化，农民，住汉中市南郑区××镇××村××组××号。2018 年 2 月 27 日被逮捕。

陕西省汉中市中级人民法院审理汉中市人民检察院指控被告人张扣扣犯故意杀人罪、故意毁坏财物罪一案，于 2019 年 1 月 8 日以（2018）陕 07 刑初 37 号刑事判决，认定被告人张扣扣犯故意杀人罪，判处死刑，剥夺政治权利终身；犯故意毁坏财物罪，判处有期徒刑 4 年，决定执行死刑，剥夺政治权利终身。宣判后，张扣扣提出上诉。陕西省高级人民法院经依法开庭审理，于 2019 年 4 月 11 日以（2019）陕刑终 60 号刑事裁定，驳回上诉，维持原判，并依法报请最高人民法院核准。最高人民法院依法组成合议庭，对本案进行了复核，依法讯问了被告人，听取了辩护律师意见。

经复核确认：被告人张扣扣家与被害人王某 1（男，殁年 70 岁）家在陕西省汉中市南郑区××镇××村南北相邻而居。1996 年 8 月 27 日，王某 1 三

---

〔1〕 陈卫东主编：《刑事诉讼法修改条文理解与适用》，中国法制出版社 2012 年版，第 550 页。

〔2〕 中国裁判文书网：http://wenshu.court.gov.cn/website/wenshu/181107ANFZ0BXSK4/index.htmldocId=d400943276ab43afaa83a9ae0089c472，最后访问日期：2020 年 11 月 20 日。

子王某2（被害人，殁年38岁）因邻里纠纷将张扣扣之母汪某伤害致死。同年12月5日，汉中市原南郑县人民法院鉴于王某2犯罪时未满18周岁、汪某在案件起因上有一定过错等情节，以故意伤害罪判处王某2有期徒刑7年，王某1赔偿附带民事诉讼原告人张某经济损失9639.3元。此后，两家未发生新的冲突，但张扣扣对其母被王某2伤害致死始终心怀怨恨，加之工作、生活多年不如意，心理逐渐失衡。2018年春节前夕，张扣扣发现王某2回村过年，决定报复杀害王某2及其父兄，先后准备了帽子、口罩，自制了8个汽油燃烧瓶，购买了尖刀、玩具手枪等工具，并暗中观察王某2及其家人的行踪，伺机作案。2018年2月15日（农历除夕）12时许，张扣扣发现王某2及其长兄王某3（被害人，殁年46岁）与十多名亲属上山祭祖，便戴上帽子、口罩并将粉红色T恤围在颈部，携带尖刀、玩具手枪尾随王某2、王某3等人至本村村委会门前守候。待王某2、王某3祭祖返回行至村委会门前村道时，张扣扣趁王某2不备，上前持刀朝王某2颈部猛割一下，又连续捅刺其胸腹部等处数刀。王某3见状惊慌逃跑，张扣扣追上王某3，持刀朝其胸腹部捅刺。王某3摔进路边沟渠，张扣扣跳进沟渠继续捅刺其数刀，致王某3心脏、肺脏等多脏器破裂死亡。而后，张扣扣返回倒在路边的王某2身旁，再次捅刺王某2数刀，致王某2右颈总动脉、肺脏、肝脏等胸腹腔脏器破裂大失血死亡。随后，张扣扣闯入王某1家院子，朝坐在堂屋门口的王某1胸腹部、颈部等处捅刺数刀，致王某1右颈动、静脉及心、肺等多脏器破裂死亡。张扣扣回家取来一把菜刀和两个自制汽油燃烧瓶，用菜刀将王某3停放在路边的大众斯柯达牌轿车（车牌号陕×××××）左后车窗玻璃砍碎，并点燃两个汽油燃烧瓶，分别扔在车后排座椅和右后车窗玻璃处，致车后部燃烧，车辆毁损价值32 142元。张扣扣逃离现场后，于同月17日7时许到公安机关投案。

上述事实，有第一审、第二审开庭审理中经质证确认的作案工具尖刀、菜刀、自制汽油燃烧瓶及被告人张扣扣作案时所穿戴的棕色夹克、军绿色长裤、粉红色T恤、口罩等物证的照片，打捞记录、银行取款凭证、机动车登记证书、120急救站院前急救病历、兵役档案、出入境记录、海外劳务务工合同、陕西省汉中市南郑县人民法院刑事附带民事判决书、汉中市中级人民法院和陕西省高级人民法院驳回申诉通知书等书证，证人王某4、王某5、王某

6、张某1、张某2、王某7、张某3、张某4、张某5、马某等的证言、尸体鉴定意见、物证鉴定意见、价格鉴定意见，证实从上述长裤上分别检出被害人王某2和王某3血迹，从上述 T 恤上检出被害人王某1血迹，从王某3家用轿车门把手、左后门和车内菜刀上分别检出张扣扣血迹的 DNA 鉴定意见，现场勘验、检查、提取、指认、辨认笔录，被告人归案证明等证据证实。被告人张扣扣亦供认。足以认定。

最高人民法院认为，被告人张扣扣故意非法剥夺他人生命，其行为已构成故意杀人罪。张扣扣故意焚烧他人车辆，造成财物损失数额巨大，其行为又构成故意毁坏财物罪。被害人王某2因伤害致死张扣扣之母已受到法律制裁，张扣扣却为此心怀怨恨，加之工作、生活多年不如意，在其母被害21年以后蓄意报复王某2及王的父兄，精心策划犯罪，选择除夕之日当众蒙面行凶，持事先准备的尖刀分别切割、捅刺王某2及王的长兄王某3的颈部、胸腹部等处数下，且犯罪过程中有追杀王某3和二次加害王某2的情节，并在杀死该二人后闯入王某2之父王某1家中，捅刺王某1胸腹部、颈部等处数刀致死，主观恶性极深，犯罪情节特别恶劣，手段特别残忍，社会危害性极大，后果和罪行极其严重，应依法惩处。张扣扣杀死王某1父子三人后，为进一步发泄怨愤又毁损王某3家用轿车，造成财物损失数额巨大，亦应依法惩处。对张扣扣所犯数罪，应依法并罚。张扣扣犯罪以后自动投案，如实供述自己的罪行，系自首，但根据其犯罪的事实、性质、情节和对社会的危害程度，依法不足以对其从轻处罚。第一审判决、第二审裁定认定的事实清楚，证据确实、充分，定罪准确，量刑适当。审判程序合法。

依照《刑事诉讼法》第 246 条、第 250 条和最高法《解释》第 350 条第 1 项的规定，裁定如下：核准陕西省高级人民法院（2019）陕刑终 60 号维持第一审对被告人张扣扣以故意杀人罪判处死刑，剥夺政治权利终身；以故意毁坏财物罪判处有期徒刑 4 年，决定执行死刑，剥夺政治权利终身的刑事裁定。

二、法律问题

死刑复核程序中被告人的辩护权如何得到保障？

三、法理分析

站在被判处死刑者的角度，辩护无非就是自行辩护和他人辩护两种。就自行辩护而言，属于被告人自始享有的诉讼权利。《刑事诉讼法》明确规定，高级人民法院和最高人民法院复核死刑案件，应当讯问被告人。关于死刑复核程序中的律师参与，则是值得探讨的问题。《刑事诉讼法》第35条第3款规定："犯罪嫌疑人、被告人可能被判处无期徒刑、死刑，没有委托辩护人的，人民法院、人民检察院和公安机关应当通知法律援助机构指派律师为其提供辩护。"根据这条规定，不足以得出死刑复核阶段被告人有权获得法律援助的结论。最高法《解释》第47条第2款规定："高级人民法院复核死刑案件，被告人没有委托辩护人的，应当通知法律援助机构指派律师为其提供辩护。"似乎更加印证了最高人民法院在复核死刑案件时不需要为被告人指派辩护律师。而根据学者调研发现，"法律援助已成为严重犯罪尤其是可能判处无期徒刑或死刑案件的最主要甚至是压倒性的辩护方式"。[1]这就意味着，在无法获得最高人民法院指派的律师帮助的情况下，大部分被告人在死刑复核期间处于纯粹的自行辩护状态。

就本案而言，最高人民法院的复核裁定书中有"听取了辩护律师意见"的内容，即被告人张扣扣获得了辩护律师的帮助，这对于这样一起社会舆论广泛关注的案件而言，是十分必要且重要的。然而更加需要进一步关注的是，辩护律师在死刑复核阶段能够在多大程度上发挥作用。本案死刑复核裁定书中"听取了辩护律师意见"的表述直接来源于《刑事诉讼法》第251条的规定。最高法《解释》第434条进一步明确了听取律师意见的地点、制作笔录和附卷事宜。2014年最高人民法院专门制定了《关于办理死刑复核案件听取辩护律师意见的办法》，主要规定了最高人民法院相关审判庭在辩护律师提出有关事项时的处理办法和流程，包括查询立案信息，提交书面材料，查阅、摘抄、复制案卷材料，当面反映意见，送达裁判文书等，[2]初步确立了死刑复核法官听取辩护律师意见的操作规范。问题在于，律师提出意见特别是当

---

〔1〕 左卫民："中国应当构建什么样的刑事法律援助制度"，载《中国法学》2013年第1期。

〔2〕 罗书臻："保障律师依法行使辩护权　确保死刑复核案件质量——最高人民法院刑一庭有关负责人答记者问"，载《人民法院报》2015年1月30日，第4版。

面提出意见，建立及时获知案件报送时间、承办法官信息等死刑复核流程信息机制，现行立法并未涉及，实践中则基本采取不予告知的方式。对于律师提出的意见，法律也没有建立相应的反馈机制。当前司法改革的一个重要内容是加强裁判文书说理，法院对于辩护方提出的意见应当在判决、裁定中作出正面回应。但在最高人民法院的死刑复核刑事裁定书中根本看不到对于律师辩护意见采纳与否的表述，本案即是如此。

此外，"有效辩护必须建立在犯罪嫌疑人、被告人及其辩护人享有广泛而充分的诉讼权利的基础之上"。[1]律师要在死刑复核阶段发表高质量的辩护意见，离不开会见、阅卷、取证等基础性的准备活动，但在当前的司法实践中，律师在行使这些权利时存在许多障碍。律师到看守所会见被告人时，一些看守所以各种理由拒绝律师会见，尤其是在死刑复核程序才介入案件的新律师往往难以会见到被告人；[2]辩护律师向最高人民法院提出阅卷请求时，同样会被以"于法无据"拒绝，往往只能求助于一审、二审阶段的辩护人，通过查阅、复制后者办案时摘抄、复制的案卷材料，达到阅卷的目的；[3]辩护律师在死刑复核阶段申请最高法院调查有关证据材料时，一般也会得到拒绝的答复。

四、参考意见

从本案死刑复核刑事裁定书中，我们可以得知被告人得到了律师的帮助，但对于辩护律师发挥作用的空间则值得怀疑。从维护死刑复核案件被告人合法权益的角度出发，应当将死刑复核阶段纳入法律援助范畴，对于辩护律师在死刑复核阶段的阅卷权、会见权、调查取证权等权利应当予以保障，应当赋予辩护律师了解死刑复核程序信息的权利，对于辩护律师提出的意见应当在裁判文书中作出明确回应。

---

〔1〕　顾永忠、李竺娉："论刑事辩护的有效性及其实现条件——兼议'无效辩护'在我国的引入"，载《西部法学评论》2008 年第 1 期。

〔2〕　陈学权："死刑复核程序中的辩护权保障"，载《法商研究》2015 年第 2 期。

〔3〕　陈永生、白冰："死刑复核程序中辩护权之保障"，载《四川大学学报（哲学社会科学版）》2015 年第 2 期。

案例（二）：赵志红故意杀人、强奸案[1]

一、基本案情

被告人赵志红，男，汉族，1972 年 9 月 5 日出生于内蒙古自治区凉城县，初中文化，农民，户籍地凉城县××镇×××街，暂住地内蒙古自治区呼和浩特市新城区×××路×××厂宿舍。2003 年 10 月 16 日因犯盗窃罪被判处有期徒刑 6 个月，并处罚金人民币 1000 元，同年 12 月 9 日刑满释放。2005 年 11 月 23 日因本案被逮捕。

内蒙古自治区呼和浩特市中级人民法院审理呼和浩特市人民检察院指控被告人赵志红犯故意杀人罪、强奸罪、抢劫罪、盗窃罪一案，于 2015 年 1 月 26 日以（2007）呼刑初字第 52 号刑事附带民事判决，认定被告人赵志红犯故意杀人罪，判处死刑，剥夺政治权利终身；犯强奸罪，判处死刑，剥夺政治权利终身；犯抢劫罪，判处有期徒刑 15 年，并处罚金人民币 5 万元；犯盗窃罪，判处有期徒刑 1 年，并处罚金人民币 3000 元，决定执行死刑，剥夺政治权利终身，并处罚金人民币 53 000 元。宣判后，赵志红提出上诉。内蒙古自治区高级人民法院经依法开庭审理，于 2015 年 4 月 26 日以（2015）内刑三终字第 00025 号刑事裁定，驳回上诉，维持原判，并依法报请本院核准。最高人民法院依法组成合议庭，对本案进行了复核，依法讯问了被告人，审查了最高人民检察院意见。

经复核确认：

1. 1996 年 9 月 5 日凌晨，被告人赵志红携带尖刀进入内蒙古自治区呼和浩特市××厂院内一号高炉前的地磅房，持刀捅刺值班的司磅员王某某 1（被害人，女，殁年 29 岁）胸部、手臂等处数刀，致王大失血死亡，后对尸体实施奸淫。

上述事实，有第一审、第二审开庭审理中经质证确认的从被害人王某某 1 体内提取的可疑斑迹及经鉴定该斑迹系被告人赵志红所留精斑的 DNA 鉴定意见，尸体鉴定意见，证人王某某 2、陈某某 1、李某某等的证言，现场勘验、检查笔录等证据证实。被告人赵志红亦供认。足以认定。

---

[1] 中国裁判文书网：http://wenshu.court.gov.cn/website/wenshu/181107ANFZ0BXSK4/index.html?docId=143b5d3f9ba64acfae8eaa9a00beb973，最后访问日期：2020 年 11 月 20 日。

2. 2000 年 5 月 20 日 10 时许，被告人赵志红以喝水为由进入呼和浩特市赛罕区×××乡×××村被害人斯某某某（又名吴某某，女，殁年 10 岁）家中，强行将斯按倒在地实施奸淫。为灭口，赵志红将斯某某某投入水缸溺死。赵志红翻找财物未果，逃离现场。

上述事实，有第一审、第二审开庭审理中经质证确认的从现场玻璃水杯上提取的两枚可疑指纹及经鉴定上述指纹分别系被告人赵志红左手拇指、食指所留的指纹鉴定意见，从被害人斯某某某体内提取的可疑斑迹及经鉴定该斑迹系赵志红所留精斑的 DNA 鉴定意见，尸体鉴定意见，证人包某某、郭某某 1、任某某等的证言，现场勘验、检查笔录等证据证实。被告人赵志红亦供认。足以认定。

3. 2005 年 1 月 2 日，被告人赵志红预谋抢劫女性出租车司机，为此准备了电话线供作案使用。当日 11 时许，赵志红在内蒙古自治区乌兰察布市集宁区××中学附近骗乘被害人陈某某 2（女，殁年 36 岁）驾驶的车牌号为蒙 JY22××的夏利牌出租车。当车行至内蒙古自治区察哈尔右翼前旗×××镇×××国道西侧土路时，赵志红借故要求停车，强行向陈某某 2 索要财物，后在车后排座对陈实施奸淫。为灭口，赵志红用电话线将陈某某 2 勒颈致死。赵志红劫得陈某某 2 的出租车、手机（共价值 31 300 元）及现金 100 余元，将尸体抛至路边坑内，驾车逃离现场。

上述事实，有第一审、第二审开庭审理中经质证确认的从被害人陈某某 2 体内提取的可疑斑迹及经鉴定该斑迹系被告人赵志红所留精斑的 DNA 鉴定意见，价格鉴定意见，证人王某某 3、田某、郭某某 2 等的证言，现场勘验、检查笔录等证据证实。被告人赵志红亦供认。足以认定。

4. 2005 年 1 月 7 日 18 时许，被告人赵志红携带尖刀驾驶车牌号为蒙 A782××的五菱牌面包车在乌兰察布市集宁区××中学和×××丁字路口，诱骗被害人高某 1（女，殁年 24 岁）乘车。赵志红驾车行至察哈尔右翼前旗×××镇××公路××村至×村路段停下，掐扼高某 1 颈部致其昏迷，对高实施奸淫。为灭口，赵志红将高某 1 推到车下，持刀捅刺高胸部等处数刀，致高失血性休克死亡。赵志红搜得高某 1 的手机（价值 200 元）及现金 80 余元，驾车逃离现场。

上述事实，有第一审、第二审开庭审理中经质证确认的从被害人高某 1

体内提取的可疑斑迹及经鉴定该斑迹系被告人赵志红所留精斑的 DNA 鉴定意见，尸体鉴定意见、价格鉴定意见，从蒙 A782×× 五菱牌面包车内提取的尖刀，证人高某2、王某某4、冯某等的证言，现场勘验、检查和辨认笔录等证据证实。被告人赵志红亦供认。足以认定。

5. 2005 年 2 月 22 日 5 时许，被告人赵志红携带尖刀驾驶车牌号为蒙 A782×× 的五菱牌面包车在乌兰察布市集宁火车站，诱骗被害人张某某 1（女，殁年 25 岁）乘车。赵志红驾车行至乌兰察布市集宁区东郊×××××公司东南侧（××村西南方向）停下，殴打、捆绑张某某 1，对张实施奸淫。为灭口，赵志红持刀捅刺张某某 1 胸部两刀致其失血性休克死亡。赵志红搜得张某某 1 的现金 100 余元，将尸体抛至附近土坑内，驾车逃离现场。

上述事实，有第一审、第二审开庭审理中经质证确认的从被害人张某某 1 体内提取的可疑斑迹及经鉴定该斑迹系被告人赵志红所留精斑的 DNA 鉴定意见，尸体鉴定意见，证人张某 1、张某 2、张某某 2 等的证言，现场勘验、检查笔录等证据证实。被告人赵志红亦供认。足以认定。

6. 2005 年 7 月 20 日上午，被告人赵志红驾驶车牌号为蒙 A782×× 的五菱牌面包车来到呼和浩特市 ×× 厂门口，诱骗被害人要某（女，殁年 17 岁）乘车。赵志红驾车行至呼和浩特市赛罕区 ×× 镇 ×× 村南停下，在车内强行对要某实施奸淫。为灭口，赵志红将要某扼颈致死。赵志红搜得要某的现金 70 余元，驾车行至呼和浩特市 ××× 厂至 ×× 大桥路段，将尸体掩埋在路旁树林内。

上述事实，有第一审、第二审开庭审理中经质证确认的公安机关根据被告人赵志红的供述和指认找到的尸体及经鉴定该尸体系被害人要某的 DNA 鉴定意见，尸体鉴定意见，根据赵志红的供述提取的作案工具铁锹，证人闫某某、要某某、尹某某 1 等的证言，现场勘验、检查笔录等证据证实。被告人赵志红亦供认。足以认定。

（7-17，略）

此外，第一审判决、第二审裁定还认定：

1. 1996 年 4 月 9 日 20 时许，被告人赵志红在呼和浩特市 ×××××××××厂平房 ×× 栋西侧公共厕所内杀死被害人杨某某（女，殁年 25 岁）并奸淫尸体。

最高人民法院审查认为，被告人赵志红虽主动供述该事实，供述的作案地点、主要手段等内容，与在案证据大致印证，但关于作案的具体时间、案发前是否到过现场、被害人衣着、是否从被害人身上搜取财物、奸淫时是否射精等作案细节，前后供述不一致，对部分重要情节的供述与证人证言、尸体鉴定意见、现场勘验检查笔录等证据不一致，比如对作案时间，有 1996 年 3 月至 7 月、在 20 时至 22 时之间多种供述；在侦查阶段多次供述奸淫被害人时射精，与杨某某的阴道分泌物中未检见精斑、现场勘验检查和尸体鉴定均未发现精斑相矛盾；供述被害人穿得不多、未系皮带等衣着情况与杨某某穿得多、系皮带的实际情况明显不符；供述作案时揪下被害人耳环，与杨某某双耳未见损伤的情况不吻合。证人证言、尸体鉴定意见、现场勘验检查笔录等在案证据，主要证明现场情况、被害人死亡原因及赵志红有作案条件等，均不能证明赵志红与本起犯罪事实的直接关联。指向赵志红作案的证据仅有供述，其供述的证明力不强。

2. 1996 年 7 月 10 日 19 时许，被告人赵志红在呼和浩特市回民区×××镇×××村西北田间土路上杀死被害人徐某某（女，殁年 15 岁）并奸淫尸体。

最高人民法院审查认为，被告人赵志红虽主动供述该事实，供述的作案地点、对象、主要手段等内容，与在案证据基本印证，但关于作案的具体时间、被害人面部锐器伤的成因、被害人自行车受损情况等部分重要情节，赵志红的供述与其他证据不符；从现场提取的嫌疑人鞋印长度与赵志红的脚长存在较大差距，证据间存在难以解释的矛盾。证人证言、尸体鉴定意见、血型鉴定意见、现场勘验检查笔录等在案证据，主要证明现场情况及被害人死亡原因、曾遭受性侵害，对精斑所作的血型鉴定不具有排他性，上述证据均不能证明赵志红与本起犯罪事实的直接关联。指向赵志红作案的证据仅有供述，其供述的证明力不强。

3. 1999 年 3 月 25 日 18 时许，被告人赵志红在呼和浩特市土默特左旗×××镇××××村被害人高某某（女，殁年 23 岁）家杀害高并奸淫尸体，后搜得现金 100 元。

最高人民法院审查认为，被告人赵志红虽主动供述该事实，供述的作案时间、地点、手段等内容，与在案证据基本印证，但关于现场大门是否关闭、实施奸淫的具体位置及被害人尸体状况等作案细节，赵志红的供述与其他证据明显矛盾，或者未作出相关供述。此外，对高某某阴道拭子未进行检验且检材已灭失，现场提取的嫌疑人鞋印照片亦已遗失。证人证言、尸体鉴定意见、现场勘验检查笔录等在案证据，主要证明现场情况及被害人的死亡原因，均不能证明赵志红与本起犯罪事实的直接关联。指向赵志红作案的证据仅有供述，其供述的证明力不强。

4. 1999 年 6 月 29 日 16 时许，被告人赵志红在呼和浩特市新城区×××镇××村被害人董某某（女，殁年 17 岁）家杀死董并奸淫尸体，后搜寻财物未果。

最高人民法院审查认为，被告人赵志红虽主动供述该事实，供述的作案时间、地点、手段等内容，与在案证据基本印证，但涉案擀面杖等物证未进一步检验，现已失去检验条件；被害人董某某的内裤、阴道分泌物等检材已灭失，无法进行 DNA 鉴定，赵志红供述的部分重要情节得不到相关证据的印证。证人证言、尸体鉴定意见、现场勘验检查笔录等在案证据，主要证明现场情况及被害人死亡原因、曾遭受性侵害，均不能证明赵志红与本起犯罪事实的直接关联。指向赵志红作案的证据仅有供述，其供述的证明力不强。

综上，虽然被告人赵志红对上述 4 起犯罪事实主动供述，但供述与其他证据存在诸多不相印证之处，甚至部分供证间还存在难以解释的矛盾，供述的真实性难以证明；案发时侦查机关提取的一些重要物证或失去鉴定条件，或已灭失，致使证据不够确实、充分，不能得出上述 4 起犯罪系赵志红实施的唯一结论。认定赵志红实施该 4 起犯罪，没有达到"事实清楚，证据确实、充分"的法定证明标准，不予确认。

最高人民法院认为，被告人赵志红故意非法剥夺他人生命，其行为已构成故意杀人罪；违背妇女意志，采用暴力、胁迫等手段强奸妇女，其行为已构成强奸罪；以非法占有为目的，采用暴力、胁迫手段劫取他人财物，其行为又构成抢劫罪；以非法占有为目的，秘密窃取他人财物，数额较大，其行为还构成盗窃罪。赵志红长期流窜作案，实施故意杀人、强奸、抢劫、盗窃犯罪共计 17 起，采用刀刺、扼颈、溺水等手段杀死 6 人；采用胁迫、殴打、捆绑等手段强奸幼女 2 人、妇女 10 人，情节特别恶劣；还具有多次抢劫、入户抢劫、抢劫数额巨大等情节，其所犯故意杀人罪和强奸罪手段残忍，社会危害极大，后果和罪行极其严重。赵志红在 2003 年 10 月曾因犯盗窃罪被判刑，在刑罚执行完毕后 5 年内又连续犯罪，系累犯，主观恶性极深，人身危险性极大，应依法从重处罚。赵志红虽能如实供述自己的罪行，但根据其犯罪的事实、性质、情节和对社会的危害程度，依法不足以从轻处罚。对赵志红所犯数罪，均应依法惩处并予以并罚。第一审判决、第二审裁定认定赵志红实施上述 17 起犯罪的事实清楚，证据确实、充分，定罪准确，量刑适当。审判程序合法。本院经审判委员会刑事审判专业委员会会议讨论决定，依照 2012 年《刑事诉讼法》第 246 条、第 250 条和最高法《解释》第 350 条第 2 项的规定，裁定如下：

核准内蒙古自治区高级人民法院（2015）内刑三终字第 00025 号维持第一审对被告人赵志红以故意杀人罪判处死刑，剥夺政治权利终身；以强奸罪判处死刑，剥夺政治权利终身；以抢劫罪判处有期徒刑 15 年，并处罚金人民币 5 万元；以盗窃罪判处有期徒刑 1 年，并处罚金人民币 3000 元，决定执行死刑，剥夺政治权利终身，并处罚金人民币 53 000 的刑事裁定。

二、法律问题

死刑复核程序的审理范围是什么？

三、法理分析

按照《刑事诉讼法》和有关司法解释的规定，最高人民法院复核死刑案件采取全面审查原则，既审查事实问题也审查法律问题，既审查实体问题也审查程序问题。具体而言，应当审查：①被告人的年龄，被告人有无刑事责任能力、是否系怀孕的妇女；②原判认定的事实是否清楚，证据是否确实、充分；③犯罪情节、后果及危害程度；④原判适用法律是否正确，是否必须判处死刑，是否必须立即执行；⑤有无法定、酌定从重、从轻或者减轻处罚情节；⑥诉讼程序是否合法；⑦应当审查的其他情况。

就本案而言，因为牵涉到"呼格案"受到社会各界广泛关注，且案件本身重大、疑难、复杂，最高人民法院在复核本案时作了大量工作，包括调阅"呼格案"卷宗，两次赴内蒙古自治区呼和浩特市第一看守所提审被告人等。从死刑复核刑事裁定书来看，最高人民法院对第一、二审裁判认定被告人赵志红实施的故意杀人、强奸、抢劫、盗窃等 17 起犯罪事实进行了深入审查。如对于被告人强奸杀害斯某某某一案的审查，包括指纹鉴定意见、DNA 鉴定意见、尸体鉴定意见、证人证言、现场勘验、检查笔录、被告人供述等。综合 17 起犯罪，最高人民法院得出被告人赵志红"系累犯，主观恶性极深，人身危险性极大，应依法从重处罚。赵志红虽能如实供述自己的罪行，但根据其犯罪的事实、性质、情节和对社会的危害程度，依法不足以从轻处罚。第一审判决、第二审裁定认定赵志红实施上述 17 起犯罪的事实清楚，证据确实、充分，定罪准确，量刑适当。审判程序合法"的结论。

尤其值得注意的是，对于一、二审中涉及的 4 起犯罪事实，最高人民法院通过深入审查作出了不予认定的裁定。特别是牵涉到"呼格案"的 1996 年发生在呼和浩特市第一毛纺厂家属区公共厕所内的强奸杀人案件，最高人民法院经审查提出了"关于作案的具体时间、案发前是否到过现场、被害人衣着、是否从被害人身上搜取财物、奸淫时是否射精等作案细节，前后供述不一致，对部分重要情节的供述与证人证言、尸体鉴定意见、现场勘验检查笔录等证据不一致，比如对作案时间，有 1996 年 3 月至 7 月、在 20 时至 22 时之间多种供述；在侦查阶段多次供述奸淫被害人时射精，与杨某某的阴道分泌物中未检见精斑、现场勘验检查和尸体鉴定均未发现精斑相矛盾；供述被害人穿得不多、未系皮带等衣着情况与杨某某穿得多、系皮带的实际情况明显不符；供述作案时揪下被害人耳环，与杨某某双耳未见损伤的情况不吻合"等多处疑点。可以说，最高人民法院对案件事实认定、适用法律、诉讼程序等内容的全面审查，确保了本案得到了公正裁决，确保了死刑复核结果的正确性。

四、参考意见

《刑事诉讼法》和有关司法解释确立了死刑复核程序中的全面审查原则，包括证据的合法性、关联性与真实性、法律适用准确性、诉讼程序公正性等内容。在我国当前的诉讼环境和制度体系下，确立死刑复核法院对于案件的全面审查仍然是必要的。

◉ 拓展资料

3 - 4　拓展阅读

专题五：审判监督程序

◉ 知识概要

一、审判监督程序概述

审判监督程序，又称再审程序，是指人民法院、人民检察院对于已经发生法律效力的裁判，发现在认定事实或适用法律上确有错误而由人民法院重新对案件进行审理的活动。

审判监督程序是一种特殊的审判程序，具有不同于二审、死刑复核等程序的特点。其一，审判监督程序并非刑事诉讼的必经程序，适用的对象是已经发生法律效力的判决和裁定，且并非只要有当事人申诉就一定启动。其二，审判监督程序本质上是一种救济程序，系为纠正错误裁判而设。

审判监督程序是刑事审判程序的重要组成部分，具有十分重要的价值和意义。其一，有利于保障当事人合法权益。刑事裁判的结果涉及对被告人生命、自由、财产等权利的处分，事关重大，一旦出错必然造成严重后果。通过审判监督程序纠正错误的生效裁判，可以使受到错误处罚的被告人获得救济，维护其合法权益。其二，有利于落实司法体系内部监督。我国法院上下级之间是监督与被监督关系，审判监督程序是落实这种监督的正当化渠道，检察院也可借助提起再审抗诉实现其法律监督职能。其三，有利于维护国家司法权威。司法的权威性来源于司法的公正性，错误裁判消解了社会大众与案件当事人对国家司法制度的信任，通过审判监督程序纠正错误裁判的过程也是实现司法公正、树立司法权威的需要。

二、审判监督程序的提起

（一）申诉制度

审判监督程序的提起依赖于一定的材料来源，根据我国《刑事诉讼法》及有关法律和司法解释的规定，提起审判监督程序的材料来源主要有申诉、各级人民代表大会代表提出的纠正错案议案、人民群众的来访信访、公安司法机关通过办案或者复查案件对错案的发现、社会各界和新闻媒体等对生效裁判反映的意见等，其中申诉是最重要的材料来源，是发现冤错案件的重要渠道。

刑事审判监督程序中的申诉，是指有申诉权的人对于法院的生效判决或裁定不服，向法院或检察院提出对案件进行重新审判请求的行为。我国刑事申诉制度的核心问题在于申诉难，被告人及其家属要反复、持续申诉多次、多年。究其原因，在于申诉性质、申诉管辖和申诉审查程序存在缺陷。其一，从《刑事诉讼法》和有关司法解释规定看，申诉并非当事人的法定诉讼权利，只是一种针对启动再审程序的单方申请。其二，司法解释规定，申诉由终审人民法院和作出生效判决、裁定的人民法院的同级人民检察院进行审查，在绩效考评制度和司法责任制的压力下，法院和检察院必然是尽量不启动甚至千方百计阻止启动审判监督程序；此外，我国实践中还存在法院院长（检察长）或庭长（部门负责人）审批案件、审判委员会（检察委员会）讨论案件、地方党政部门协调案件等做法，如果某一案件的生效裁判或提起公诉的决定是经审批或协调确定的，那么由原审法院审判或同级检察机关审查申诉，在发现错误时，更难依法纠正。[1]其三，对于当事人提出的申诉，法院和检察院应当如何进行审查，我国法律并没有作出规定。实践中的做法是由法院、检察院采取单面、秘密书面审查方式，有违程序公正原则，很难保证审查结果的公正性。另外，刑事再审事由的相对模糊性，也为法院、检察院决定是否启动再审提供了具有较大的自由裁量权，阻碍了申诉的实际效果。

---

〔1〕 陈永生："冤案为何难以获得救济"，载《政法论坛》2017年第1期。

为切实改变申诉难、申诉泛滥等现实困境，2021 年最高法《解释》对申诉制度作出了完善。首先，建立申诉异地复查制度，最高人民法院或者上级人民法院可以指定终审人民法院以外的人民法院对申诉进行审查。其次，改革申诉审查程序，人民法院可以听取当事人和原办案单位的意见，也可以对原判据以定罪量刑的证据和新的证据进行核实，必要时还可以进行听证。这些措施有助于缓解申诉审查程序秘密、申诉启动困难等问题，提升申诉审查程序的公正性，保护当事人合法权益、维护司法公正。为有效保护当事人合法权益、维护司法公正，再审申诉制度仍有进一步完善的必要：将申诉作为当事人的诉讼权利，纳入诉讼程序内解决；加强申诉审查程序的公开性，既要通过规则细化明确申诉听证的适用范围和程序，还要探索媒体报道等其他公众参与方式；改革申诉管辖，规定申诉再审必须由上级法院审判。

（二）提起审判监督程序的主体

《刑事诉讼法》及有关司法解释对有权提起审判监督程序的主体作了严格限制。其一，各级人民法院院长对本院已经发生法律效力的判决和裁定，如果发现在认定事实上或者在适用法律上确有错误，必须提交审判委员会处理。其二，最高人民法院对各级人民法院已经发生法律效力的判决和裁定，上级人民法院对下级人民法院已经发生法律效力的判决和裁定，如果发现确有错误，有权提审或者指令下级人民法院再审。其三，最高人民检察院对各级人民法院已经发生法律效力的判决和裁定，上级人民检察院对下级人民法院已经发生法律效力的判决和裁定，如果发现确有错误，有权按照审判监督程序向同级人民法院提出抗诉。

关于法院作为审判监督程序启动主体的合理性，学界存在不同观点。一种观点认为，保留法院主动提起再审程序的权力是有必要的，但应限于有利于被告人的情况，[1] 或赋予上级法院行使。[2] 第二种观点认为，法院作为再审程序启动者违反控审分离原则和裁判中立原则，有碍诉讼公正实现；[3] 有利于被告人的标准并不确定，是否有利于被告人可能经过庭审查明后发生变

---

〔1〕 参见陈光中、郑未媚："论我国刑事审判监督程序之改革"，载《中国法学》2005 年第 2 期。

〔2〕 参见邓思清、蔡巍："论我国刑事再审启动程序的缺陷及其完善"，载《人民检察》2004 年第 9 期。

〔3〕 参见陈瑞华："刑事再审程序研究"，载《政法论坛》2000 年第 6 期。

化，会导致法院自身陷入进退维谷之境。[1]关于检察机关的再审启动权，理论依据在于其法律监督者的身份，通过抗诉启动再审程序对错误裁判进行法律监督。批评者认为，法律监督者的身份不应使检察机关成为刑事诉讼中的特权存在，应当淡化其法律监督地位，将再审视为公诉职能的一部分。部分支持者认为不能以其他国家检察机关无直接启动再审权力否定我国立法，在我国现有宪法框架和法律理念内，淡化检察机关的监督者地位、取消其再审抗诉权力不具备现实基础，但应从追诉时效、抗诉时效、抗诉次数等方面加以限制。[2]

（三）提起审判监督程序的理由

为维护生效裁判的稳定性和法的安定性，审判监督程序的启动应当保持必要的慎重。《刑事诉讼法》对于提起审判监督程序的条件作了限制性规定，只有发现已生效判决、裁定在认定事实或适用法律上"确有错误"的，才能进入审查监督程序。

1. 原判决、裁定在认定事实上确有错误。具体包括：有新的证据证明原判决、裁定认定的事实确有错误，可能影响定罪量刑的；据以定罪量刑的证据不确实、不充分、依法应当予以排除，或者证明案件事实的主要证据之间存在矛盾的。

2. 原判决、裁定在适用法律上确有错误。适用法律方面的错误，主要是指法院没有正确选择实体法，导致定罪不准、量刑适当，包括有罪判无罪、无罪判有罪、重罪轻判、轻罪重判等。

3. 原判决、裁定违反法律规定的诉讼程序，可能影响公正审判。根据《刑事诉讼法》第238条的规定，程序性错误主要包括违反《刑事诉讼法》有关公开审判的规定、违反回避制度、审判组织的组成不合法等。

4. 审判人员在审理该案件的时候，有贪污受贿，徇私舞弊，枉法裁判行为。

现行刑事再审事由存在较大问题。其一，在指导理念层面与域外法治国家存在差距，注重惩罚犯罪、重视司法公正忽视诉讼效益、追求判决真实性轻视判决稳定性。[3]其二，"确有错误"的表述将再审结果倒置为再审启动标

---

〔1〕 程相鹏：《刑事再审程序专论》，中国政法大学出版社2018年版，第167页。

〔2〕 程相鹏：《刑事再审程序专论》，中国政法大学出版社2018年版，第171～172页。

〔3〕 张建良、胡子君："我国刑事再审事由设置的反思与重构"，载《法学评论》2005年第1期。

准，导致再审程序启动困难和再审形式化，而且越是疑难复杂问题越是难以启动再审。其三，单纯的"法律适用上的错误"不应作为再审理由，因为对这种错误的纠正，不涉及事实问题的认定，也不会招致对原审程序公正性的重大怀疑，如果将其作为再审理由，则不利于对再审的限制。[1]其四，也是遭到学界一致批评的是，未区分有利于被告人和不利于被告人的再审。现代法治国家基于维护判决稳定性和保护被告人的考量，对启动再审程序有严格限制。日本、法国、意大利只允许提出有利于被告人的再审，俄罗斯允许提起对被告人不利的再审但必须是在发现新情况的 1 年之内；在德国，基于"发现新证据"只能提起对被告人有利的再审；英国《刑事程序和侦查法》和 2003 年《刑事审判法》对不利于被告人的再审规定了更加严格的启动条件。反观我国，长期以来奉行"实事求是、有错必纠、不枉不纵"的指导思想，并未确定"一事不再理"的理念，只要发现生效裁判存在错误都要通过审判监督程序予以重新审理和纠正，再审是否有利于被告人自然不是立法要考虑的问题。而且由于检察机关和被告人在启动再审程序方面的力量落差，实践中启动有利于被告人的再审面临更大困难，法律的公平性和判决的稳定性无法得到有效保证。学界普遍认为，在设置再审事由时应当区分有利于被告人和不利于被告人的情况，但在如何界定具体情形、是否允许提起不利于被告人的再审等方面存在不同观点。[2]值得注意的是，党的十八届四中全会《决定》已经注意到"有错必纠"理念存在的弊端，提出"再审重在解决依法纠错"的要求，为再审程序的修改提供了方向。

三、依照审判监督程序对刑事案件进行重新审判

（一）再审审判法院

依照审判监督程序重新审理的案件，一般由作出生效裁判的法院负责审判。法院发现下级人民法院已经发生法律效力的判决、裁定确有错误的，可

---

〔1〕　韩阳："刑事再审理由探析"，载《法学研究》2005 年第 3 期。

〔2〕　参见陈光中、郑未媚："论我国刑事审判监督程序之改革"，载《中国法学》2005 年第 2期；陈瑞华："刑事再审程序研究"，载《政法论坛》2000 年第 6 期；万毅："论刑事审判监督程序的现代转型"，载《上海交通大学学报（哲学社会科学版）》2005 年第 6 期；黄士元：《刑事再审制度的价值与构造》，中国政法大学出版社 2009 年版，第 112 页。

以指令下级人民法院再审；原判决、裁定认定事实正确但适用法律错误，或者案件疑难、复杂、重大，或者有不宜由原审人民法院审理情形的，也可以提审。上级人民法院指令下级人民法院再审的，一般应当指令原审人民法院以外的下级人民法院审理；由原审人民法院审理更有利于查明案件事实、纠正裁判错误的，可以指令原审人民法院审理。

（二）再审审判程序

就具体适用的审判程序而言，如果原来是第一审案件，应当依照第一审程序进行审判，所作的判决、裁定，可以上诉、抗诉；如果原来是第二审案件，或者是上级人民法院提审的案件，应当依照第二审程序进行审判，所作的判决、裁定，是终审的判决、裁定。再审程序也应当遵循诉讼的基本规律，确保控辩双方平等对抗，法院居中裁判的诉讼构造。因此，《刑事诉讼法》特别强调了开庭审理的再审案件检察院应履行派员出庭的义务，即人民法院开庭审理的再审案件，同级人民检察院应当派员出席法庭。再审时应当另行组成合议庭，原审合议庭组成人员不得参与再审审理，以免因先入为主的印象以及涉及自身利益，无法公正处理。

再审案件的审理方式包括开庭与不开庭审理两种。按照一审程序进行审理的，应当开庭审理；按照二审程序审理的，适用二审开庭的规定。当然，考虑到审判监督程序的基本目的是纠正已生效裁判的错误，应当尽量通过开庭审理为原审被告人与检察机关提供当面质证的机会，以便再审合议庭充分听取各方意见、全面了解案情、作出正确裁判。

为防止过度的诉讼拖延对司法公正的不利影响，人民法院按照审判监督程序重新审判的案件，应当在作出提审、再审决定之日起3个月以内审结，需要延长期限的，不得超过6个月。接受抗诉的人民法院按照审判监督程序审判抗诉的案件，对需要指令下级人民法院再审的，应当自接受抗诉之日起1个月以内作出决定。从司法实践来看，许多案件的再审审理并未严格遵守法定期限，如吉林刘忠林杀人案，吉林省高级人民法院于2012年3月作出再审决定，但直到2016年才开庭审理，并在2018年4月作出无罪宣判，此时距离刘忠林刑满释放都已过去两年。

（三）重新审判后的处理

对案件进行重新审理后，人民法院应根据不同情形作出相应处理：原判决、裁定认定事实和适用法律正确、量刑适当的，应当裁定驳回申诉或者抗诉，维持原判决、裁定；原判决、裁定定罪准确、量刑适当，但在认定事实、适用法律等方面有瑕疵的，应当裁定纠正并维持原判决、裁定；原判决、裁定认定事实没有错误，但适用法律错误，或者量刑不当的，应当撤销原判决、裁定，依法改判；依照第二审程序审理的案件，原判决、裁定事实不清、证据不足的，可以在查清事实后改判，也可以裁定撤销原判，发回原审人民法院重新审判。原判决、裁定事实不清或者证据不足，经审理事实已经查清的，应当根据查清的事实依法裁判；事实仍无法查清，证据不足，不能认定被告人有罪的，应当撤销原判决、裁定，判决宣告被告人无罪。"事实不清、证据不足"的再审改判体现着疑罪从无的司法理念，成为十八大以来纠正冤错案件的主要情形。

📚 经典案例

案例（一）：聂树斌故意杀人再审改判无罪案[1]

一、基本案情

1994 年 8 月 10 日上午，河北省石家庄市郊区下聂庄村的康某 2 向石家庄市公安局郊区分局报案，称其女儿康某 1 失踪。同日下午，康某 2 和康某 1 的同事余某某等人在孔寨村西玉米地边发现了被杂草掩埋的康某 1 的连衣裙和内裤。8 月 11 日上午，康某 1 的尸体在孔寨村西玉米地里被发现。同日下午，办案机关对康某 1 的尸体进行了检验。在案件侦查过程中，有群众向办案机关反映，称有一名骑蓝色山地车的男青年常在离案发现场 2 公里外的石家庄市电化厂平房宿舍区公共厕所附近闲转，发现有女人上厕所就进去窥看，有流氓行为。康某 1 被害案专案组遂组织人员在该公共厕所旁蹲守。1994 年 9 月 23 日 18 时许，聂树斌骑一辆蓝色山地车路过时，侦查人员认为其像群众反映的男青年而将其抓获，当晚就将聂树斌关进石家庄市公安局郊区分局留营派出所内，第二日以监视居住的名义继续关押。同年 10 月 1 日，聂树斌以

---

〔1〕 胡云腾："聂树斌案再审：由来、问题与意义"，载《中国法学》2017 年第 4 期。参见中华人民共和国最高人民法院（2016）最高法刑再 3 号刑事判决书。

涉嫌故意杀人罪、强奸妇女罪被刑事拘留，10 月 9 日被逮捕。1995 年 3 月 3 日，石家庄市人民检察院以聂树斌涉嫌故意杀人罪、强奸妇女罪，向石家庄市中级人民法院提起公诉，因该案涉及当事人的隐私，石家庄市中级人民法院决定不公开审理。1995 年 3 月 15 日，石家庄市中级人民法院作出（1995）石刑初字第 53 号刑事附带民事判决。判决认定的事实是：1994 年 8 月 5 日 17 时许，被告人聂树斌骑自行车尾随下班的石家庄市液压件厂女工康某 1，至石家庄市郊区孔寨村的石粉路中段，聂树斌故意用自行车将骑车前行的康某 1 别倒，拖至路东玉米地内，用拳头猛击康某 1 的头部、面部，致康某 1 昏迷后将其强奸，而后用随身携带的花上衣猛勒康某 1 的颈部，致其窒息死亡。判决结论是：以故意杀人罪判处被告人聂树斌死刑，剥夺政治权利终身，以强奸妇女罪判处其死刑，剥夺政治权利终身，决定执行死刑，剥夺政治权利终身。

一审宣判后，聂树斌不服，向河北省高级人民法院提出上诉。主要理由是：自己年龄小，没有前科劣迹、系初犯，认罪态度好，一审量刑太重，请求二审法院从轻处罚。当时，法律对死刑二审案件是否要开庭审理没有明确规定，二审法院可以开庭审理，也可以不开庭审理，河北省高级人民法院对聂树斌案采取的是不开庭审理即书面审理的方式。合议庭经审理后认为：一审判决认定聂树斌故意杀人、强奸妇女的事实、情节正确，证据充分；聂树斌拦截强奸妇女，杀人灭口，情节和后果均特别严重；聂树斌所述认罪态度好属实，但其罪行严重，社会危害极大，不可以免除死刑。1995 年 4 月 25 日，河北省高级人民法院作出（1995）冀刑一终字第 129 号刑事附带民事判决：维持对聂树斌犯故意杀人罪的定罪量刑，撤销对聂树斌犯强奸妇女罪的量刑，改判有期徒刑 15 年，与故意杀人罪并罚，决定执行死刑，剥夺政治权利终身。根据最高人民法院授权高级人民法院核准部分死刑案件的规定，河北省高级人民法院同时核准了对聂树斌的死刑裁决。1995 年 4 月 27 日，聂树斌被执行死刑。2005 年 1 月，河南省荥阳市公安机关抓获因涉嫌故意杀人罪而被河北省公安机关网上追逃的王书金，王书金归案后自认系杀害康某 1 的凶手，此事经媒体报道后引发社会广泛关注。2007 年 5 月，聂树斌的母亲张焕枝、父亲聂学生和姐姐聂淑惠向河北省高级人民法院和多个部门提出申诉，请求认定王书金为本案真凶，宣告聂树斌无罪。由于在王书金是否系本案真凶和聂树斌案是否系错案等问题上，有关方面存在不同认识，故申诉人的申诉没有获得及时答复，申诉人便继续向最高人民法院申诉。2014 年 12 月 4 日，根据河北省高级人民法院的请求，最高人民法院指令山东省高级人民法院复查该案。山东省高级人民法院组成 5 人合议庭对该案进行了全面审查，并专门召开听证会听取专家学者意见。山东省高级人民法院审判委员会经讨论后认为，原审认定聂树斌犯故意杀人罪、强奸妇女罪的证据不确实、不充分，建议最高人民法院启动审判监督程序重新审判该案。

2016 年 6 月 6 日，最高人民法院作出（2016）最高法刑申 188 号再审决定，提审该案并决定由最高人民法院第二巡回法庭审理。第二巡回法庭依法组成 5 人合议庭，由最高人民法院第二巡回法庭庭长胡云腾大法官担任审判长，第二巡回法庭主审法官夏道虎、虞政平、管应时和罗智勇为合议庭成员，依照第二审程序对该案进行了审理。合议庭审查了本案原审卷宗、河北省高级人民法院和山东省高级人民法院复查卷宗；赴案发地核实了相关证据，察看了案发现场、被害人上下班路线、原审被告人聂树斌被抓获地点及其所供偷衣地点，询问了部分原办案人员和相关证人；就有关尸体照片及尸体检验报告等证据的审查判断咨询了刑侦技术专家，就有关程序问题征求了法学专家意见；先后 5 次约谈申诉人及其代理人，听取他们的意见，依法保障其诉讼权利；多次听取最高人民检察院意见；等等。经审理后认为：原审认定聂树斌犯故意杀人罪、强奸妇女罪的事实不清、证据不足。2016 年 11 月 30 日，最高人民法院作出（2016）最高法刑再 3 号刑事判决。2016 年 12 月 2 日，最高人民法院第二巡回法庭公开开庭宣判了再审判决：撤销河北省高级人民法院（1995）冀刑一终字第 129 号刑事附带民事判决和石家庄市中级人民法院（1995）石刑初字第 53 号刑事附带民事判决，宣告原审被告人聂树斌无罪。

二、法律问题

1. 当事人申诉制度存在什么问题？
2. 再审案件是否应当开庭审理？

三、法理分析

（一）为何聂案再审程序启动如此艰难

聂树斌故意杀人一案，自 2005 年疑似真凶王书金落网开始出现疑点，聂树斌母亲张焕枝便开始申诉之路，起初因为无法提供原审判决书，河北省高级人民法院一直拒绝受理。2007 年，从被害人家属处获得原审判决书后，张焕枝依次向河北高院和最高人民法院提出申诉。然而，河北高院仍然拒绝受理。直至 2014 年 12 月最高人民法院指令异地再审前，河北高院一直未能作出最终的申诉审查决定。[1]2016 年最高人民法院作出再审决定时，真凶落网已经过了十余年。由此，我们不得不追问，为何一个存在重大疑点的案件的再审启动如此困难，现有当事人申诉制度以及再审启动程序是否存在某些缺陷？

审判监督程序的启动是其发挥作用的前提，畅通有效的再审启动机制是纠正冤错案件、维护司法公正的"重中之重"。我国目前的刑事审判监督启动程序以权力信任哲学为制度构建基础，只有法院、检察院有权决定是否对案件进行重新审理，当事人的申诉不能直接启动审判监督程序，只能作为法院、检察院启动审判监督程序的材料来源。《刑事诉讼法》没有明确当事人的申诉应当向哪一级司法机关提出，最高法《解释》确立了终审法院管辖模式，即申诉由终审人民法院审查处理。上一级人民法院对未经终审人民法院审查处理的申诉，可以告知申诉人向终审人民法院提出申诉，或者直接交终审人民法院审查处理，并告知申诉人；案件疑难、复杂、重大的，也可以直接审查处理。由终审法院负责审查处理申诉的弊端在于，其很难客观、中立地对自己作出的判决进行认真审查，加之司法责任制的影响，即使发现原判决确有错误，也往往选择回避而非主动启动审判监督程序。这一点在聂案中体现得可谓淋漓尽致。河北高院先是在申诉人未提供原审判决书的情况下以此为由拒绝受理申诉，其后则是一再地拖延受理和审理，甚至连律师阅卷都不允许。可以说，河北高院消极对待聂树斌家人的申诉似乎是一贯的态度，[2]也反映出由终审法院负责审查申诉的缺陷。

（二）如何评价聂案中的异地复查程序

2014 年 12 月，最高人民法院通过微博宣布，"根据河北省高级人民法院申请和有关法律规定的精神，决定将河北省高级人民法院终审的聂树斌故意

---

〔1〕 汪海燕："刑事冤错案件的制度防范与纠正——基于聂树斌案的思考"，载《比较法研究》2017 年第 3 期。

〔2〕 刘计划："刑事冤错案件的程序法分析"，载《比较法研究》2017 年第 3 期。

杀人、强奸妇女一案，指令山东省高级人民法院进行复查"。异地复查程序的启动，打开了聂案平反的僵局。最高人民法院审判监督庭负责人在就此答记者问时表示，复查工作是人民法院确定案件是否应该重新审判的必经程序，是审判监督程序的有机组成部分，指令山东高院异地复查是为确保司法公正，切实回应人民群众关切。根据 2002 年最高人民法院颁布的《关于规范人民法院再审立案的若干意见（试行）》，对经终审法院审查处理后仍坚持申诉的，上一级法院应当受理。为保障再审公正性，最高法《解释》规定了异地指令再审制度，但对于申诉审查能否指定异地法院受理则缺乏法律依据，比较直接的文件依据是 2015 年 1 月召开的中央政法工作会议中提到的"探索建立刑事案件申诉异地审查制度"。从实质层面上讲，对于聂案启动异地审查程序是有必要的。"聂树斌案已经河北省高级人民法院多次审查，且审查结论一致，认为启动再审的必要性不大，因此在这种情况下，再由河北方面组织进行审查，已确无必要。"[1]河北高院对待聂案的一贯态度，也使得社会公众对其审查活动不再抱有信心，指定异地审查可以打消民众的疑虑。从效果上讲，尽管山东高院历时一年半才完成复查工作，先后 4 次作出延期决定，但考虑到案件复杂性也可理解，在复查中申诉人一方的诉讼权利得到了较好保障，最终结果也符合法律规定和公众期待。可以说，聂案中的异地复查指令是一项较为成功的制度创新。需要指出的是，在 2021 年修改后的最高法《解释》中，异地复查制度得到了落实，第 454 条规定："最高人民法院或者上级人民法院可以指定终审人民法院以外的人民法院对申诉进行审查。被指定的人民法院审查后，应当制作审查报告，提出处理意见，层报最高人民法院或者上级人民法院审查处理。"

（三）最高人民法院第二巡回法庭对聂案不开庭审理是否合法

最高人民法院第二巡回法庭在对聂树斌案进行再审审理时，并未采取开庭审理方式，对此有学者认为有违审判公开原则。聂案中存在许多重大问题需要进行法庭调查，通过公开的庭审予以核实澄清，如对于案发时间的确定，需要被害人单位同事作为证人出庭作证；就是否存在刑讯逼供问题，需通知侦查人员就讯问过程作证，需通知申诉方提出的同监室关押人员纪某某出庭

---

〔1〕　罗智勇："聂树斌案再审改判过程的程序典范意义"，载《法律适用（司法案例）》2019 年第 2 期。

作证；就该案的作案人认定，需提王书金到庭作证；等等。此外，聂树斌案极具典型意义，再审合议庭如果能贯彻以庭审为中心的理念，无疑会产生很强的示范意义，其价值就不限于在实体上纠正一起冤错案件，而是能够全面彰显法院审判功能。[1]不独聂案，有观点认为所有再审案件均应公开审理，以达确保裁判公正、保障诉讼权利、实现人民监督和恢复被告人名誉等效果。[2]在聂案再审过程中，最高人民法院第二巡回法庭曾经也对是否需要开庭进行反复研究，甚至征求有关机关和专家学者的意见，最终认为，"如果本案公开开庭审理，当然能够更好地满足公众的知情权，回应社会各界的关切；但是，满足公众知情权并非决定再审是否开庭的唯一理由，甚至不是最重要的理由，最重要的理由应当是符合刑事诉讼法的相关规定"。[3]

根据最高法《解释》规定，再审案件的审理方式按照原生效判决的审级确定。如果原来是第一审案件的，应按照第一审程序开庭审理；原来是二审案件或者是上级法院提审案件的，应按照二审程序进行审判。就聂案而言，原生效判决系由二审法院即河北省高级人民法院作出，因此，最高人民法院在决定提审聂案时即提出，该案是按照二审程序进行审理。根据最高法《解释》第393条的规定，被告人对事实、证据提出异议，可能影响定罪量刑的，二审应当开庭审理。但是，开庭审理不代表公开审理，由于该案属于强奸案件，为保护被害人康某1隐私应当不公开审理。另外，最高人民法院认为，在聂树斌已被执行死刑的情况下，"如果开庭审理，被审判的主要对象已不能出席法庭，庭审中的控、辩双方已不能到位，更不用说形成控辩对抗，这种情况下的开庭审理不仅难以达到应有目的，而且可能因为操作上的种种困难而形成事实上的难以审理"。根据2012年最高法《解释》第384条第3款的规定，对原审被告人、原审自诉人已经死亡的再审案件，可以不开庭审理。因此，如此处理并不违反法律。但从实质层面讲，即使原审被告人已无法到庭，但其家属、辩护人同样可代为辩护，控辩对抗的诉讼构造仍然存在，开庭审理仍是有意义的。2018年修正的《刑事诉讼法》增设缺席审判制度，人民法院按照审判监督程序重新审判的案件，被告人死亡的，人民法院可以缺

---

〔1〕 刘计划："刑事冤错案件的程序法分析"，载《比较法研究》2017年第3期。

〔2〕 陈光中：《刑事诉讼法实施问题研究》，中国法制出版社2000年版，第311页。

〔3〕 胡云腾："聂树斌案再审：由来、问题与意义"，载《中国法学》2017年第4期。

席审理，依法作出判决。这一规定，也在最新修订的最高法《解释》第466条第3款中得到了落实。当然，最高人民法院在再审聂案时虽采取不开庭审理，但为确保准确查明案件事实、体现程序公正，采取了听取申诉人及其代理人意见、听取检察机关意见、与原办案人员沟通等方式，"基本避免了本案再审未开庭可能带来的各种缺憾，取得了不亚于开庭的良好效果"。[1]

四、参考意见

1. 我国刑事申诉制度在申诉性质、申诉管辖等方面均有缺陷。申诉仅仅是启动再审程序的申请，与检察机关的抗诉明显不对等，是导致"申诉难"的重要原因，应当进行权利化改造。将申诉审查权交给终审法院，加大了再审程序启动的难度。聂案中适用的申诉异地审查制度是一项有益的探索，有助于解决"申诉难"困局，促进冤错案件的纠正。

2. 再审案件是否开庭审理应当以法律规定为基本遵循，在此前提下适当考虑社会公众的关切，以及公开审理的法治宣传作用。

案例（二）：朱良钧、潘明道共同受贿案[2]

一、基本案情

被告人朱良钧曾是马钢股份有限公司手握年采购40多亿元原料审批大权的正处级干部；被告人潘明道原系马钢公司职工，1989年辞职后回上海做个体生意，但与朱良钧仍保持联系。朱良钧、潘明道案件由马鞍山市金家庄区检察院侦查终结后，马鞍山市检察院分别于2001年9月24日、12月21日提起公诉，主要指控朱良钧与潘明道共谋，由潘明道出面与请托人联系请托事项，由朱良钧利用职务上的便利，为请托人在马钢炉料公司安排供货计划、支付货款等事项中谋取利益，并由潘明道经手收受贿赂款，事后两人均分，其中朱良钧所得赃款由潘明道代为保管并为其支付个人费用。从1997年5月

〔1〕 胡云腾："聂树斌案再审：由来、问题与意义"，载《中国法学》2017年第4期。
〔2〕 "全国人大代表监督历时4年反反复复 两共同受贿人从无罪改判有罪"，载《浙江法制报》2006年5月30日，第5版；"全国人大代表跟踪监督的马鞍山一起共同受贿案，日前再审改判主犯刑期加1年 从犯无罪变有罪"，载《检察日报》2006年2月28日。

至 2000 年 3 月，朱、潘两人先后非法收受广州群华公司、上海江南物资经销公司等单位及个人的巨额贿赂共计人民币 106 万余元。

2001 年 12 月和 2002 年 3 月，马鞍山市中级人民法院分别就朱良钧涉嫌受贿、挪用公款案和潘明道涉嫌受贿案作出一审判决，对检察机关指控的朱、潘涉嫌共同受贿 106 万余元的犯罪事实并没有认定，朱良钧因单独受贿和挪用公司资金被判处有期徒刑 6 年，而潘明道则被宣告无罪。朱良钧提出上诉、检察机关就两案都提出抗诉后，安徽省高院于 2003 年 2 月 17 日分别作出裁定，驳回上诉和抗诉，全部维持原判。两案判决、裁定生效后，马鞍山市金家庄区人大和该市人大按照权限，先后提请其上级人大对两案进行个案监督，安徽省人大常委会非常重视，决定依法予以个案监督。

涉嫌共同受贿达百余万元的案件判决宣告无罪，同时还引起了安徽省部分第十届全国人大代表的关注。2004 年 3 月第十届全国人大第二次会议期间，安徽代表团的 30 位全国人大代表向最高人民法院提出了纠正错案的建议；2005 年第十届全国人大第三次会议期间，10 名代表就此案提出了询问案，在第十届全国人大第三次会议主席团的建议下，代表们就案情与最高人民法院进行了沟通；两次会议的闭会期间，人大代表们又进行了 4 次催办。在最高人民法院的督办下，2005 年 9 月 13 日，安徽省高级人民法院裁定撤销朱、潘两案的一、二审判决及裁定，将案件发回马鞍山市中级人民法院重审。根据案件审理的需要，马鞍山市检察院把朱、潘两案并案处理并重新提起公诉，所指控的罪名及事实与原指控一致。

马鞍山市中级人民法院于 2006 年 2 月 21 日作出再审一审判决，认定朱、潘两被告人共同收受广州群华公司经理林华群贿赂 195 800 元的行为构成共同犯罪。朱良钧再审改判 7 年有期徒刑，潘明道则由无罪被改判有罪。再审一审宣判后，朱、潘两被告人均不服，分别提出上诉。安徽省高院依法另行组成合议庭，经过阅卷、提审被告人、听取辩护人意见，认为事实清楚，决定不开庭审理，并依法作出上述终审裁定。

二、法律问题

1. 法院应否作为审判监督程序启动主体？

2. 是否可以通过再审程序加重被告人刑罚？

三、法理分析

（一）如何看待本案中审判监督程序的提起

本案中审判监督程序的启动缘于各级人大代表的关注和监督，从层级上讲，先后有马鞍山市金家庄区人大和马鞍山市人大、安徽省人大常委会的介入以及安徽省全国人大代表的持续关注和努力，并先后在全国人大召开会议期间和闭会期间直接向最高人民法院提出纠错建议、询问提案以及多次催办。根据《宪法》和《人民法院组织法》的规定，我国的人民法院由人民代表大会产生，对其负责并报告工作，接受同级人大常委会的监督。1998 年最高人民法院颁布的《关于人民法院接受人民代表大会及其常务委员会监督的若干意见》规定，各级法院要认真复查人大及其常委会依照法定监督程序提出的案件。人大及其常委会对人民法院已审结的重大案件或者在当地有重大影响的案件，通过法定监督程序要求人民法院审查的，人民法院应当认真进行审查；对确属错判的案件，应当按照法定审判监督程序予以纠正；对裁判并无不当的，应当书面报告结果和理由。因此，本案中人大代表通过建议、提案等方式促使法院重新对案件进行审理，符合有关法律规定，也是人大代表密切联系群众的优势的体现。

根据人大代表的纠错提案，最高人民法院对案件进行督办并由安徽省高级人民法院撤销生效裁判，将案件发回马鞍山市中级人民法院重新审判，同样符合现行法律规定。按照《刑事诉讼法》的规定，各级法院院长对本院已经发生法律效力的判决和裁判，如果发现在认定事实和适用法律上有错误的，经提交审委会讨论决定可以对案件进行再审。值得进一步探讨的是，由法院作为启动审判监督程序的主体资格问题。学界基本认为现行立法需要进行改革。一种观点认为，法院在审判中发现的新事实、新证据，当事人和检察机关可能并不知道，因此保留法院主动提起再审的权力是必要的，但应当限于有利于被判决人的情况。[1]也有学者认为，保留法院主动启动再审的权力有其必要性，但应限于因审判行为瑕疵而造成生效裁判错误的情形。[2]更多的

---

〔1〕　陈光中、郑未媚："论我国刑事审判监督程序之改革"，载《中国法学》2005 年第 2 期。

〔2〕　杨柳青："略论法院主动启动刑事再审"，载《西南科技大学学报（哲学社会科学版）》2003 年第 3 期。

学者对法院作为启动审判程序的主体持否定态度，认为违反控审分离原则和审判的消极性、中立性特征，不利于诉讼公正和司法权威。在法院自行发现再审事由时，法院应当主动通知检察机关或者当事人，检察院基于诉讼监督职能，特别是当事人为维护自身利益，基本一定会提出再审申请。

（二）本案的再审裁判结果是否符合法律规定

关于再审程序能否加重被告人刑罚，法治国家中主要有两种立法模式，一是以美国、法国为代表的绝对再审不加刑模式，即禁止提起对被告人不利的再审程序，也不允许作出不利于被告人的再审裁判；二是以德国为代表的相对再审不加刑模式，允许提出对被告人有利或不利的再审，但对于为被告人利益提出的再审申请，法院经过重新审判后不得作出不利被告人的变更。我国《刑事诉讼法》并没有禁止提起对被告人不利的再审，也没有确立再审不加刑原则。但最高法《解释》确立了有限的再审不加刑原则，其中第 469 条规定："除人民检察院抗诉的以外，再审一般不得加重原审被告人的刑罚。再审决定书或者抗诉书只针对部分原审被告人的，不得加重其他同案原审被告人的刑罚。"学界对此规定也有批评之声，认为其忽略了检察机关为被告人利益提起再审的情况，"一般不得加重"的模糊表述为法官随意加刑提供了条件，法官只需说案件"不一般"，就可对被告人加重刑罚。

本案中，人大代表启动个案监督的初衷是认为原生效裁判结果存在错误，实施了受贿行为的被告人逃避了刑事处罚，希望通过再审程序追究其刑事责任，追求的就是加刑的结果。再审判决对朱良钧改判 7 年有期徒刑、对潘明道由无罪被改判有罪属于典型的再审加刑，并不能说违反"一般不得加刑"的规定，但确实暴露出由法院自行、主动启动再审程序的弊端。

四、参考意见

1. 由法院启动审判监督程序符合法律规定，但有违控审分离原则和审判权的被动性、中立性特征，应当予以取消或进行严格限制。

2. 在相对再审不加刑模式下，对于为被告人利益提起的再审程序，不得加重被告人刑罚。

拓展资料

3-5　拓展阅读

| 第四章 |

刑事诉讼法特别程序论专题

专题一：未成年人刑事案件诉讼程序

📑 知识概要

在我国，法律意义上的未成年人是指已满 14 周岁不满 18 周岁者。未成年人处于成长的关键时期，生理和心理发育还不成熟，感情易冲动，同时辨别是非的能力不足，容易受到外界不良影响从而走上犯罪的道路。同时，也正由于未成年人生理、心理尚处于发展阶段，其世界观、人生观、价值观尚未定型，具有较强的可塑性。基于未成年人身心发展的特殊性以及未成年人的特殊地位，应当专门采用一种针对未成人犯罪的刑事诉讼制度，以更好保护未成年人的合法权益，预防和矫正未成年人的犯罪行为。《刑事诉讼法》规定，对犯罪的未成年人实行教育、感化、挽救的方针，坚持教育为主、惩罚为辅的原则，并建立了一整套不同于成年人刑事案件的立案、侦查、起诉、审判和执行的未成年人刑事案件诉讼程序。

一、由专职人员承办

《未成年人保护法》第 101 条第 1 款规定："公安机关、人民检察院、人民法院和司法行政部门应当确定专门机构或者指定专门人员，负责办理涉及未成年人案件。办理涉及未成年人案件的人员应当经过专门培训，熟悉未成年人身心特点。专门机构或者专门人员中，应当有女性工作人员。"《刑事诉讼法》第 277 条第 2 款规定："人民法院、人民检察院和公安机关办理未成年人刑事案件，应当保障未成年人行使其诉讼权利，保障未成年人得到法律帮助，并由熟悉未成年人身心特点的审判人员、检察人员、侦查人员承办。"公安部《规定》、最高检《规则》和最高法《解释》对于由专人或专门机构承办未成年人犯罪案件均有规定，特别是最高法《解释》第549条、第550条的规定颇为细致。由熟悉未成年人身心特点、善于做未成年人思想教育工作的工作人员专门负责办理未成年人犯罪案件，有利于取得未成年犯罪嫌疑人、被告人的信任和配合，提升办案和改造的整体效果，落实教育、改造、挽救的方针。

二、未成年人享有特殊的诉讼权利

随着法治观念发展和法治水平提升，尊重和保障人权成为刑事诉讼程序立法的基本指导思想。《刑事诉讼法》第277条第2款规定，人民法院、人民检察院和公安机关办理未成年人刑事案件，应当保障未成年人行使其诉讼权利。这里的诉讼权利，不仅包括一般犯罪嫌疑人、被告人享有的诉讼权利，还包括一些基于未成年人特殊性而设定的特殊诉讼权利。

首先，获得法律援助服务的权利。《刑事诉讼法》第278条规定，"未成年犯罪嫌疑人、被告人没有委托辩护人的，人民法院、人民检察院、公安机关应当通知法律援助机构指派律师为其提供辩护"。由于年龄限制，未成年犯罪嫌疑人、被告人往往缺乏进行有效自行辩护的能力。对于没有委托辩护人的未成年犯罪嫌疑人、被告人，为其指派律师提供法律援助服务，有利于保证司法公正和未成年人合法权益。

其次，合适成年人在场的权利。较之成年人，未成年人在刑事诉讼中更加弱势、更容易受到侵害，邀请其信任的成年人在讯问时在场，一方面可以对办案机关的讯问活动进行监督，防止侵害未成年犯罪嫌疑人、被告人权利的行为，同时也能抚慰未成年人情绪、协助未成年人与办案人员进行有效沟通。根据《刑事诉讼法》第281条规定，我国的合适成年人参与制度具有以下特点：①参与时间为讯问和审判阶段；②合适成年人包括未成年犯罪嫌疑人、被告人的法定代理人，其他成年近亲属，所在学校、单位或者居住地的村民委员会、居民委员会，未成年人保护组织的代表；③参与方式主要是代为行使犯罪嫌疑人、被告人的诉讼权利，认为办案人员在讯问、审判中侵犯未成年人合法权益的可以提出意见，在未成年被告人最后陈述后进行补充陈述。从实践来看，我国的合适成年人参与未成年人刑事诉讼程序制度切实发挥了作用，各地做了许多有益探索。但调研发现制度运行中至少有两方面问题：一是合适成年人讯问时在场并未实质性地发挥作用，二是合适成年人的地位与作用出现偏差。[1]另有学者指出，实践中暴露出程序性制裁措施缺失影响制度刚性，替代制度模糊导致运行混乱，在场权属不清导致对未成年人二次侵害等问题。[2]针对立法缺陷和实践中暴露出的问题，完善的建议包括通过明确选任资格、厘定选任范围和次序、尊重未成年人选择权等方式做好合适成年人选任工作；[3]完善合适成年人队伍的建设工作，将律师排除出合适成年人范围，明确合适成年人的职责以及做好未成年人刑事案件的社会调查工作；[4]加强合适成年人随机确定、全程参与、充分交流，构建程序性制裁机制等。

三、社会调查制度

为提升教育、感化效果进而实现挽救目的，在案件侦查、起诉、审判中，除了查明定罪量刑所需的必要事实，还需要对未成年人的成长经历、如何走上犯罪道路、家庭监护教育情况、对其特殊性格的塑造产生过重要影响的人和事等信息进行全面且深入的调查，从而找准犯罪原因并采取针对性的帮教措施。社会调查制度契合了未成年人司法的少年保护理念，同时体现了刑罚个别化理念和教育理念，有助于未成年违法犯罪者顺利回归社会，得到各法治国家的普遍重视。

我国的未成年人社会调查制度探索始于20世纪80年代，2001年最高法《关于审理未成年人刑事案件的若干规定》、2006年最高检《人民检察院办理未成年人刑事案件的规定》以及2010年六部委《关于进一步建立和完善办理未成年人刑事案件配套工作体系的若干意见》（以下简称2010年六部委《意

---

[1] 参见何挺："'合适成年人'参与未成年人刑事诉讼程序实证研究"，载《中国法学》2012年第6期。

[2] 参见谢登科："合适成年人在场制度的实践困境与出路——基于典型案例的实证分析"，载《大连理工大学学报（社会科学版）》2015年第3期。

[3] 参见韩索华、于伟香："合适成年人制度研究"，载《法学杂志》2013年第7期。

[4] 李明蓉、李晓郛："合适成年人参与诉讼制度探析"，载《中国刑事法杂志》2014年第4期。

见》）中均有关于社会调查的内容。正式的立法规定见于 2012 年的《刑事诉讼法》，根据《刑事诉讼法》第 279 条的规定，公安机关、人民检察院、人民法院办理未成年人刑事案件，根据情况可以对未成年犯罪嫌疑人、被告人的成长经历、犯罪原因、监护教育等情况进行调查。

根据立法，我国的未成年人社会调查制度具有以下特点：其一，并非未成年人案件诉讼程序的必经环节。《刑事诉讼法》和有关司法解释对社会调查启动的规定是"可以"，赋予公安司法机关是否启动社会调查程序的选择权。非强制性的启动模式导致实践中社会调查适用率难以有效提升，客观上不利于未成年人案件的公正处理，造成司法保护的实际不公平和实质不公平。其二，调查主体具有多元性。《刑事诉讼法》将社会调查工作交由公安司法机关负责，最高法《关于审理未成年人刑事案件的若干规定》确立的社会调查主体则包括控辩双方以及法院委托的社会团体，2010 年六部委《意见》规定社会调查由未成年犯罪嫌疑人、被告人户籍所在地或居住地的司法行政机关社区矫正工作部门负责。与一般的证据和事实调查活动不同，社会调查是一项专业性较强的工作，"从儿童利益最大化的原则出发，社会调查的主体应当具有专业性、中立性、社会性等几个特点"，[1] 多元化的社会调查主体不利于保证调查质量，容易引发协调和推诿问题。其三，调查报告的法律性质和效力不明。社会调查报告的性质和定位决定了其在未成年人案件诉讼程序中的地位和所能发挥的作用。《刑事诉讼法》和有关司法解释并未对此加以明确，导致司法实践中认识不统一，在具体运用上各行其是。否定者认为，社会调查报告中涉及的内容与犯罪事实是否存在、是否有罪、罪责轻重等并无关联，不能作为刑事证据，只是公安司法机关作出判断时的参考依据。[2] 肯定者则同意证据调查报告的证据资格，具体又有"证人证言说"、"专家证据说"和"品格证据说"。有学者主张以定罪与量刑相分离为视角，将社会调查报告作为一种符合关联性要求且用以证明案件酌定量刑事实的材料，肯定其量刑证据属性。[3]

---

〔1〕 杨新娥、席小华："未成年人刑事案件社会调查制度研究"，载《中国检察官》2015 年第 8 期。

〔2〕 参见郑圣果："未成年人社会调查报告只能作为办案参考"，载《检察日报》2011 年 6 月 1 日。

〔3〕 刘计划、孔祥承："未成年人社会调查报告法律性质之辨——兼谈建构量刑证据规则的可能路径"，载《法学杂志》2018 年第 4 期。

四、分案处理制度

分案处理是指将未成年人案件与成年人案件在诉讼程序方面相分离。由于未成年人思想不够成熟，在与成年人共同关押、同案处理时很容易受到后者的不良影响，不利于后续的教育改造。另外，未成年人身体和力量的弱势，也可能使其受到来自成年犯罪嫌疑人、被告人的伤害，不利于保护未成年人安全。

《刑事诉讼法》第 280 条第 2 款规定："对被拘留、逮捕和执行刑罚的未成年人与成年人应当分别关押、分别管理、分别教育。"从该规定的内容上来看，大致包括三个方面：一是在刑事诉讼中运用拘留、逮捕等强制措施关押未成年犯罪嫌疑人时，必须与成年犯罪嫌疑人分开看管；二是在处理未成年人与成年人共同犯罪或者牵连的案件时，尽量适用不同的诉讼程序，在不妨碍审理的前提下，坚持分案处理；三是在未成年人案件处理完毕交付执行阶段，不得与成年人同处于一个监所。

2012 年，最高人民检察院发布《关于进一步加强未成年人刑事检察工作的决定》，提出"建立完善分案起诉规则，检察机关受理的共同犯罪案件如果不存在影响案件事实调查和关联案件开庭审理的情况，应把未成年犯罪嫌疑人与其他成年犯罪嫌疑人分开提起公诉，由审判机关分庭进行审理，进而予以判决"。如果案件具备涉外因素、重大情势、疑难情况等内容，以及案件当中未成年人是主犯和关涉刑事附带民事的，此时可不分案进行起诉，但是须对未成年犯罪嫌疑人予以恰当的保护。最高法《解释》第 551 条规定，对于那些分案起诉至同一审判机关的共同犯罪案件，可以由同一个审判庭进行审理；确实不宜由同一个审判庭予以审理的，也可分别交由少年法庭和普通法庭审理，但应注意全案在量刑上的平衡。这些规定对我国未成年人犯罪的分案起诉和分案审理制度进行了规定，这一制度的确立正是为了充分保护诉讼阶段的未成年人，使其免受来自成年犯罪人的不良影响。

五、附条件不起诉制度

附条件不起诉，"又称为暂缓起诉、缓予起诉、暂缓不起诉等，是指检察机关在审查起诉时，根据犯罪嫌疑人的年龄、性格、情况、犯罪性质和情节、犯罪原因以及犯罪后的悔过表现等，对较轻罪行的犯罪嫌疑人设定一定的条件，如果在法定的期限内，犯罪嫌疑人履行了相关的义务，检察机关就应作出不起诉的决定"。[1]从历史起源上考察，附条件不起诉发端的制度诱因，是为了被不起诉人的"再社会化"。[2]随着被害人学的兴起，又通过其中包含的加害人悔罪、赔偿内容契合了被害人利益保护需求，成为许多法治国家一项重要的刑事诉讼制度。

我国《刑事诉讼法》第282条第1款规定："对于未成年人涉嫌《刑法》分则第四章、第五章、第六章规定的犯罪，可能判处1年有期徒刑以下刑罚，符合起诉条件，但有悔罪表现的，人民检察院可以作出附条件不起诉的决定。"该规定意味着附条件不起诉制度的适用在我国有着严格的限制，首先未成年人涉嫌的犯罪必须是《刑法》分则第四、五、六章规定的犯罪，即侵犯公民人身权利、民主权利罪，侵犯财产罪，妨害社会管理秩序罪；其次必须是可能判处1年有期徒刑以下刑罚；最后必须要符合起诉条件，但是嫌疑人有悔罪表现。此外，未成年犯罪嫌疑人及其法定代理人同意适用也是附条件不起诉的必要条件。对于附条件不起诉的适用范围，一些学者认为条件过于严苛，特别是案件类型的要求，与域外通行立法不同；有学者主张将过失犯罪纳入附条件不起诉的适用范围；"有悔罪表现"的具体情形需要立法进行明确。

要求被附条件不起诉人履行一定义务或遵守一定规定，是附条件不起诉区别于其他不起诉的关键因素。按照《刑事诉讼法》第283条规定，在附条件不起诉的考验期内，由人民检察院对附条件不起诉的未成年犯罪嫌疑人进行监督考察，被附条件不起诉的未成年犯罪嫌疑人，应当遵守下列规定：遵守法律法规，服从监督；按照考察机关的规定报告自己的活动情况；离开所居住的市、县或者迁居，应当报经考察机关批准；按照考察机关的要求接受矫治和教育。对于这些"所附条件"的合理性，很有检讨必要。基于附条件不起诉制度的定位，对未成年犯罪嫌疑人附加一定考察义务，并非单纯为限制其自由，而是促进其真诚悔罪和复归社会。从比较法角度来看，德日等国

---

〔1〕　陈光中主编：《刑事诉讼法》，北京大学出版社、高等教育出版社2016年版，第444页。

〔2〕　张友好："功能·主体·程序：附条件不起诉制度省察"，载《政法论坛》2013年第6期。

所附条件都是紧紧围绕前述附条件不起诉之制度功能，即防免再犯、回归社会和回复损害等目的而设。[1]而我国刑诉法规定的几项义务中，第 1 项难谓特殊义务，第 2 项、第 3 项只是针对犯罪嫌疑人人身自由的限制，第 4 项"只是考虑到了被不起诉人的'再社会化'的问题，至于对被害人和社会所受侵害的'回复'功能则未有触及"。[2]应当对未成年犯罪嫌疑人需要接受的教育和矫治措施进行进一步明确，同时在附加义务中增加向被害人道歉和进行经济赔偿等内容。

被附条件不起诉的未成年犯罪嫌疑人，在考验期内有下列情形之一的，人民检察院应当撤销附条件不起诉的决定，提起公诉：实施新的犯罪或者发现决定附条件不起诉以前还有其他犯罪需要追诉的；违反治安管理规定或者考察机关有关附条件不起诉的监督管理规定，情节严重的。被附条件不起诉的未成年犯罪嫌疑人，在考验期内没有上述情形，考验期满的，人民检察院应当作出不起诉的决定。关于附条件不起诉决定的法律效力，学界存在不同观点：一种观点认为，由于要根据考验期内未成年犯罪嫌疑人的表现来决定是否不起诉，因此附条件不起诉的效力属于待定状态；第二种观点认为附条件不起诉的决定一经作出即产生确定效力，这是检察权效力的必然要求，可以避免诉讼理论上出现错误并保证所附加的条件得到及时全面履行；[3]有学者从实体效力与程序效力两分的角度出发，提出附条件不起诉决定一经作出即发生确定的法律效力，但这种效力主要集中于程序方面。附条件不起诉决定在实体上确定的法律效力仅发生于附加"条件"成就之时。[4]

从实施情况来看，附条件不起诉制度的适用率普遍不高，有观点认为，监督考察实施困难、被害人及其家属反对、宣告刑 1 年有期徒刑不易判断，成为影响附条件不起诉制度实施的三大因素；[5]也有学者认为，这主要源于部分检察官尚未树立"关爱"理念、对附条件不起诉的适用条件存在认识误区、司法考评机制不合理、办案人员配置紧张等因素。附条件不起诉制度是

---

〔1〕 张友好："功能·主体·程序：附条件不起诉制度省察"，载《政法论坛》2013 年第 6 期。

〔2〕 张友好："功能·主体·程序：附条件不起诉制度省察"，载《政法论坛》2013 年第 6 期。

〔3〕 邓思清："建立我国的附条件不起诉制度"，载《国家检察官学院学报》2012 年第 1 期

〔4〕 刘少军："附条件不起诉决定之法律效力研究"，载《北方法学》2016 年第 1 期。

〔5〕 王满生："未成年人附条件不起诉制度的实施与完善"，载《甘肃社会科学》2019 年第 4 期。

未成年人刑事诉讼程序中十分核心的一环，应当从改革司法体制、统一思想认识、完善立法规范等方面着手，切实提高其适用比例和适用效果。

六、犯罪记录封存制度

凡受刑事定罪者必然留下相应的犯罪记录和犯罪信息，成为其个人身份信息的一部分，即通常所谓"前科"。向社会公开犯罪信息是保障公众知情权的需要，有助于强化公民对司法活动的监督和提升司法公信力。但与此同时，"前科的身份标识后果会严重挤压有前科者进入社会后的生存空间，他们将承受社会评价贬损、被排斥在正常人群之外、时刻遭受社会怀疑等社会后果。前科的影响是长久的，甚至是终身不可消磨干净的，它仿佛一柄悬在有前科者头顶的达摩克利斯之剑，令其日夜担忧前科之不利后果成为现实，从而造成长久的心理冲击，这既是刑罚之善，也可能是刑罚之恶"。[1]办理未成年人刑事案件的根本目标是"挽救"，使"不慎"行差踏错的年轻人能够重新回归社会，犯罪信息的公开显然不利于未成年犯罪人的改造和"再社会化"。因此，联合国有关法律文件和主要法治国家均规定了未成年人犯罪记录封存甚至前科消灭制度。《联合国少年司法最低限度标准规则》第21条同时规定了未成年人犯罪记录封存和前科消灭制度，"对少年罪犯的档案应严格保密，不得让第三方利用。应仅限于与处理手头上的案件直接有关的人员或其他经正式授权的人员才可以接触这些档案。少年罪犯的档案不得在其后的成人诉讼案中加以引用"。

我国2012年修改《刑事诉讼法》时增设了犯罪记录封存制度。《刑事诉讼法》第286条规定："犯罪的时候不满18岁，被判处5年有期徒刑以下刑罚的，应当对相关犯罪记录予以封存。犯罪记录被封存的，不得向任何单位和个人提供，但司法机关为办案需要或者有关单位根据国家规定进行查询的除外。依法进行查询的单位，应当对被封存的犯罪记录的情况予以保密。"最高法《解释》第578条第2款规定："对依法应当封存犯罪记录的案件，宣判时，不得组织人员旁听；有旁听人员的，应当告知其不得传播案件信息。"由于规定过于粗疏和原则，制度尚存在许多不完善之处，实际可操作性不足。

---

〔1〕　易益典："冲突中的选择：关于未成年人前科消灭制度的思考"，载《青少年犯罪问题》2011年第6期。

一些学者从法解释学角度出发,对适用犯罪记录封存的适用对象、法律效力、适用程序等内容进行了解读。[1]就制度完善层面而言,有学者认为犯罪记录封存制度的保护不够充分,应当过渡到犯罪记录消灭制度,[2]反对者则主张应警惕无条件地保护未成年罪犯利益最大化的错误倾向,看到并非所有国家都采取犯罪记录消灭的单一制度模式。[3]针对具体制度内容,不足之处包括记录虽封存但信息遭泄露、封存标准和范围过于机械化、缺乏与其他法律的协调、未成年人再社会化困难等。应当在对未成年人和社会双向保护理念指导下,从犯罪信息保护的全面化、从业禁止规则的个别化、犯罪记录封存的灵活化等方面加以完善。[4]

📑 经典案例

案例(一):胡某某绑架附条件不起诉案[5]

一、基本案情

被不起诉人胡某某,男,2000年8月出生,某武术学校在校学生。

2016年11月17日9时许,胡某某和同学小夏(男,17岁)在训练时因琐事发生冲突,胡某某到食堂去拿一把菜刀追赶小夏,被现场人员劝阻并夺下菜刀。当日14时许,胡某某因欲找到小夏解决矛盾未果,在学校附近便利店购买一把水果刀。后在训练场内,胡某某用水果刀挟持另一同学小张(男,17岁),要求在场人员将小夏找回并处理二人纠纷。其间,胡某某声称若找不到小夏就让小张"一命抵一命""砍掉他的手"等。当日16时许,胡某某

---

[1] 马艳君:"未成年人犯罪记录封存制度实践设想",载《法学杂志》2013年第5期;曾新华:"论未成年人轻罪犯罪记录封存制度——我国新《刑事诉讼法》第275条之理解与适用",载《法学杂志》2012年第6期。

[2] 张丽丽:"从'封存'到'消灭':未成年人轻罪犯罪记录封存制度之解读与评价",载《法律科学(西北政法大学学报)》2013年第2期。

[3] 参见罗世龙:"我国未成年人犯罪记录封存制度之反思与完善",载《暨南学报(哲学社会科学版)》2018年第2期。

[4] 宋英辉、杨雯清:"未成年人犯罪记录封存制度的检视与完善",载《法律适用》2017年第19期。

[5] 最高人民检察院法律政策研究室编写:《未成年人权利保护指导性案例实务指引》,中国检察出版社2019年版,第156页。

所持水果刀被教练员夺下，被赶来的公安民警当场抓获归案。

2016 年 11 月 17 日，胡某某因涉嫌绑架罪被公安机关刑事拘留。次日，公安机关以胡某某行为显著轻微，尚不构成犯罪为由，决定予以释放。2016 年 12 月 9 日，胡某某接到检察机关电话通知后，主动至检察机关接受讯问，如实供述自己的犯罪事实。考虑到本案非法性目的不明显，未造成严重后果，被害人也出具谅解书要求司法机关不追究胡某某刑事责任，加上胡某某系刚满 16 周岁的未成年人等情节，检察机关于 12 月 21 日作出定罪不捕的决定，并将胡某某安置在某观护基地开展帮教。

2017 年 1 月 17 日，结合本案的事实、情节以及胡某某认罪悔罪表现，检察机关依法对胡某某作出附条件不起诉决定，考验期为 7 个月，并安排其继续在观护基地接受帮教。同年 3 月下旬，观护课程结束，检察机关安排胡某某回到其亲戚家中，并委托青少年社工继续对其进行社会帮教。同年 7 月 14 日，由于胡某某在帮教期间遵守各项规定且表现良好，检察机关决定缩短考验期 10 天。7 月 18 日，检察机关依法对胡某某作出不起诉决定。

二、法律问题

1. 附条件不起诉的适用条件是什么？
2. 附条件不起诉的监督考察程序如何把握？

三、法理分析

（一）本案适用附条件不起诉是否适当

《刑事诉讼法》及相关司法解释规定附条件不起诉应当满足六个基本条件：①必须是未成年人犯罪；②涉嫌《刑法》分则第四章、第五章、第六章规定的犯罪，即侵犯公民人身权利、民主权利犯罪，侵犯公民财产权利犯罪和妨碍社会管理秩序犯罪；③犯罪行为可能判处 1 年有期徒刑以下刑罚；④符合起诉条件，即"人民检察院认为犯罪嫌疑人的犯罪事实已经查清，证据确实、充分，依法应当追究刑事责任"；⑤犯罪嫌疑人必须具有悔罪表现；⑥犯罪嫌疑人及其法定代理人对适用附条件不起诉无异议。

在本案中，犯罪嫌疑人胡某某涉嫌实施犯罪时为 17 岁，符合未成年人条件。胡某某实施的挟持被害人小张的行为，客观上侵犯了他人的行动自由和人身安全；用水果刀架在小张颈部的行为和以"一命抵一命""砍掉他的手"相威胁，符合"暴力"和"胁迫"的表现方式；主观上具有"绑架他人作为人质"的目的和认识，因此胡某某涉嫌的是《刑法》分则第四章"侵犯公民人身权利、民主权利罪"中的绑架罪。按照《刑法》第239条第1款的规定，以勒索财物为目的绑架他人的，或者绑架他人作为人质的，处10年以上有期徒刑或者无期徒刑，并处罚金或者没收财产；情节较轻的，处5年以上10年以下有期徒刑，并处罚金。本案中，犯罪嫌疑人绑架被害人的目的是让教练找回小夏处理两人的纠纷，相比一般的绑架罪，其主观恶性较小；犯罪嫌疑人虽有持刀挟持的行为，但多数时候系用刀背对着被害人，"抵命""砍手"的威胁也并未付诸实施，因此其行为并未造成严重后果；从社会危险性角度来看，犯罪的发生与犯罪嫌疑人尚未成年、长期遭受欺负等因素相关，且其在案发后的认罪态度良好。综合而言，对犯罪嫌疑人的行为可以认定属于"情节较轻"的情形，加之胡某某实施犯罪时刚满16周岁，按照规定应当从轻或者减轻处罚，因此有"判处1年有期徒刑以下刑罚"的可能。案发后，犯罪嫌疑人认罪悔罪态度良好，对检察机关的不起诉决定没有异议，因此符合附条件不起诉的适用条件。

值得注意的是，按照《刑事诉讼法》第282条的规定，人民检察院在作出附条件不起诉的决定以前，应当听取公安机关、被害人的意见。2014年4月24日全国人大常委会发布的《关于〈中华人民共和国刑事诉讼法〉第271条第2款的解释》进一步规定："人民检察院办理未成年人刑事案件，在作出附条件不起诉的决定以及考验期满作出不起诉的决定以前，应当听取被害人的意见。被害人对人民检察院对未成年犯罪嫌疑人作出的附条件不起诉的决定和不起诉决定，可以向上一级人民检察院申诉，不适用《刑事诉讼法》第176条关于被害人可以向人民法院起诉的规定。"该立法解释原本是为解决被害人能否就附条件不起诉的决定向法院提起自诉的问题，但同时还专门强调了作出附条件不起诉的决定和考验期满的不起诉的决定之前应当听取被害人的意见。[1]听取被害人意见的设置有助于保障被害人合法权益，规制检察机

---

[1] 梁芙蓉："附条件不起诉听取被害人意见的功能、嬗变与体系化"，载《华东政法大学学报》2018年第1期。

关自由裁量权，促进被害人与加害人之间的良性沟通，提升案件办理的法律效果和社会效果。但应明确的是，检察机关应当听取被害人的意见并不意味着被害人享有了对是否适用附条件不起诉的决定权和控制权，而毋宁说是对程序适用的意见表达权。本案中，犯罪嫌疑人胡某某通过积极认罪悔罪获得了被害人的谅解，被害人也出具了谅解书要求司法机关不追究胡某某刑事责任，符合法律规定。但在监督考察程序后、最终作出不起诉决定前，是否再次听取被害人意见，案例中没有明确，按照立法解释的规定则应是必经程序。

（二）如何看待本案中的监督考察程序

对拟作不起诉的犯罪嫌疑人的监督考察程序是附条件不起诉区别其他不起诉形式的核心特征。

《刑事诉讼法》第283条第1款规定："在附条件不起诉的考验期内，由人民检察院对被附条件不起诉的未成年犯罪嫌疑人进行监督考察。未成年犯罪嫌疑人的监护人，应当对未成年犯罪嫌疑人加强管教，配合人民检察院做好监督考察工作。"据此，附条件不起诉的监督考察机关为人民检察院，监护人履行配合义务。对此，学界和实务界颇多异议。作为附条件不起诉的决定机关，检察机关对案件相对更为了解，通过审查案件能够较全面地了解考察对象的犯罪动机、主观恶性、犯罪原因等情况，可以制定更具针对性的考察管理方案。问题在于，检察机关特别是基层检察机关案件多、人手少，很难分配专门人员负责对被附条件不起诉人的考察和监督，而且检察人员不具备社会学、教育学、心理学等必须的专业知识，影响实际的帮教矫治效果。一些学者认为，可以将未成年附条件不起诉的监督考察纳入社区矫正，由社区矫正机构负责教育矫治，检察机关负责监督。实践中，许多检察机关采取联合考察模式，即由检察机关牵头和主持，联合社区、学校、未成年人保护组织等共同实施帮教考察。本案中，检察院即采取此种方式，将犯罪嫌疑人置于观护基地进行帮教，其后委托社工进行社会帮教，对犯罪嫌疑人父母开展亲职教育，达到了良好的考察效果。

关于犯罪嫌疑人在监督考察期间应当遵守的义务，《刑事诉讼法》第283条第3款规定了四种：①遵守法律法规，服从监督；②按照考察机关的规定报告自己的活动情况；③离开所居住的市、县或者迁居，应当报经考察机关批准；④按照考察机关的要求接受矫治和教育。最高检《规则》第476条对其中的"矫治和教育"作了细化：①完成戒瘾治疗、心理辅导或者其他适当的处遇措施；②向社区或者公益团体提供公益劳动；③不得进入特定场所，与特定的人员会见或者通信，从事特定的活动；④向被害人赔偿损失、赔礼道歉等；⑤接受相关教育；⑥遵守其他保护被害人安全以及预防再犯的禁止性规定。学者对这些附带条件有一定批评，认为《刑事诉讼法》规定的前三种条件具有较强的诉讼保障色彩，最高检《规则》虽然对"矫治和教育"（第四种条件）作了细化，但其定位是"可以"适用而非"应当"适用，而且存在表述模糊、帮教内容缺失、忽视对被害人抚慰等问题。改革建议包括增加具有帮教作用的附加条件、对"矫治和教育"条件进行细化、增加必须对被害人赔偿损失、赔礼道歉等内容。就本案而言，检察机关为犯罪嫌疑人设定的考察条件是在观护基地接受帮教和在回家后接受青少年社工的社会帮教，并结合其兴趣爱好在观护基地课程中增加烹饪课比重，符合最高检《规则》第476条第5项规定的"接受相关教育"，客观上起到了帮助犯罪嫌疑人知错悔改、重新步入生活正轨甚至获得生存技能的效果，体现了附条件不起诉制度的立法精神。

合理的考察期限是附条件不起诉成功与否的关键，应当兼顾督促犯罪嫌疑人改过自新、不影响犯罪嫌疑人再社会化、确保检察机关充分监督等效果。按照《刑事诉讼法》规定，附条件不起诉的考验期为6个月以上1年以下。有学者调研发现，检察官们几乎一致认为现行考察期间的设置比较合理。因为未成年人如果是在校学生往往一年后要升学，到更高一级的学校去学习，考察期间太长难以实现考察的连续性。如果是待业人员，未成年人也不可能在家待太长时间，总是要出去打工就业，所以考察期间如果超过一年那么就难以实施，也无法起到保护未成年人的作用。[1]本案中，检察机关根据案件具体情况确定7个月的考验期，符合法律规定。另外，由于胡某某在帮教期间遵守各项规定且表现良好，检察机关决定缩短考验期10天，属于其职权范围，也更加符合教育、感化、挽救的立法精神。

---

[1] 王满生、陈宗玉："未成年人附条件不起诉监督考察制度实施研究"，载《江西社会科学》2014年第11期。

四、参考意见

附条件不起诉是不同于其他不起诉特别是酌定不起诉的特殊制度形式，其适用有严格的条件限制，需要格外注意的是其中的"1 年有期徒刑以下刑罚"系指宣告刑而非法定刑；听取被害人意见是必经程序，但不能左右检察机关的决定。学界一般认为应当放宽附条件不起诉的适用条件，包括提高刑罚幅度、扩大罪名范围等。附条件不起诉的监督考察程序是其区别于其他不起诉制度的核心特征，为保障考察效果，应当对现行所附条件进行改革、扩大监督考察的参与主体等。

案例（二）：河南鲁山未成年人强奸后"双方冰释前嫌"案[1]

一、基本案情

2018 年 9 月下旬，河南省平顶山市鲁山县人民检察院通过官方微博发表《鲁山一初中生一时冲动犯错　检察官介入下双方冰释前嫌》一文，引发广泛关注。该文描述案情为：

暑期的一天，被告人小赵（16 岁）因一时冲动与一名 17 岁的女孩小花强行发生了性关系，案件移送至鲁山县人民检察院审查逮捕，未检检察官发现犯罪嫌疑人小赵对自己的犯罪行为仍存在模糊认识，被害人及其父母情绪也很激动，检察官在审查卷宗、讯问小赵之后，2018 年 7 月 24 日，鲁山县人民检察院作出批准逮捕的决定。

小赵和小花均系未满 18 周岁的在校未成年人，如何贯彻落实"双向保护、优先保护"的原则，做到既能充分保护未成年被害人的合法权益，又能最大限度地关注未成年嫌疑人的成长，承办案件的检察官韩昊着实下了一番功夫。一方面，邀请国家二级心理咨询师李某对小花进行专业的心理帮扶，帮助小花解开心结，继续学业。另一方面深入了解小赵的家庭成长环境，对其邻居和老师进行了深入调查，开展亲情会见，对嫌疑人小赵进行心理疏导，

---

〔1〕　参见刘洋、雷燕超、赵朋乐："强奸案冰释前嫌？ 河南检方：用词不当"，载《新京报》2018 年 9 月 26 日，第 A14 版，http://epaper.bjnews.com.cn/html/2018－09/26/content_733079.htm？div＝－1，最后访问日期：2019 年 11 月 12 日。

帮助其认识到自己行为的错误和明辨是非，树立正确的价值取向。

经过心理咨询师李某耐心细致的疏导，被害人小花逐渐走出了阴影，她的高一班主任钱某也反映说目前小花的状态平稳，成绩也比较稳定，小花也从原来的不愿意接受办案机关询问、拒绝回答问题，到告诉检察官韩昊说"我想让小赵当面向我道歉"，这些变化让检察官韩昊深感欣慰。犯罪嫌疑人小赵更是在检察官韩昊和驻所检察官叶景会的教育引导下，将看守所变成了自己学习法律知识的地方，对自己的错误真诚悔悟，写下悔过书和致歉信，希望能够得到被害人小花的谅解，也希望自己能够早日回到学校继续上学。

小赵的母亲王某多次向未检科表达了想要和解的意愿，希望能够赔礼道歉、赔偿被害人小花的损失。而此时小花的父母看到小花的变化，态度也缓和了很多，办案检察官将双方的父母叫到一起，给双方拉家常、讲政策、讲法律，希望双方能平心静气下来，面对问题，解决问题，一切都以有利于孩子的成长为先，双方父母在未检干警的劝导下终于冰释前嫌。随即，未检科联系当地调解委员会对双方进行和解，王某赔偿了小花父母 8 万元人民币，小花和其父母对小赵表示谅解，在未检检察官的促成下，双方自愿签订了和解协议书。

2018 年 8 月 27 日，案件移送至鲁山县人民检察院审查起诉，眼看着马上就 9 月份了，学校就要开学了，未检科检察官很是着急，一边联系小赵的班主任，深入小赵所在的辖区调查，看其是否有合适的保证人，能否实行有效的监护和帮教，一边与执检部门的检察官叶景会深入关押场所与小赵见面谈话、与管教警官谈话、与同舍人员谈话，深入了解其改造情况，看其是否符合开展羁押必要性审查的情况，鉴于小赵主观恶性较小、系未成年人、与被害方依法自愿达成了和解、有帮教条件等，遂于 9 月 2 日启动羁押必要性审查，将小赵的强制措施由逮捕变更为取保候审，使其在新学期伊始，能和同学们一起开始学习。

二、法律问题

1. 如何把握对未成年人犯罪嫌疑人限制适用逮捕措施？
2. 未成年人刑事案件适用和解程序的条件是什么？

三、法理分析

（一）本案中检察院决定对被告人采取取保候审措施是否符合法律规定

采取刑事强制措施的目的是保障诉讼活动顺利进行，考虑到其对被追诉人人权的重大影响，应当坚持必要的谦抑性。在未成年人犯罪案件中，强制措施的适用需要格外慎重，特别是拘留、逮捕等羁押性强制措施。对于心理尚不成熟的未成年人而言，一旦被羁押，可能在情绪、心理上产生剧烈波动甚至对抗，影响其身心健康和后续的教育改造活动。我国《刑事诉讼法》第280条第1款明确规定："对未成年犯罪嫌疑人、被告人应当严格限制适用逮捕措施。"最高检《规则》第462条的规定更加具体："人民检察院对未成年犯罪嫌疑人审查逮捕，应当根据未成年犯罪嫌疑人涉嫌犯罪的性质、情节、主观恶性、有无监护与社会帮教条件、认罪认罚等情况，综合衡量其社会危险性，严格限制适用逮捕措施。"第463条第1款、第2款进一步规定："对于罪行较轻，具备有效监护条件或者社会帮教措施，没有社会危险性或者社会危险性较小的未成年犯罪嫌疑人，应当不批准逮捕。对于罪行比较严重，但主观恶性不大，有悔罪表现，具备有效监护条件或者社会帮教措施，具有下列情形之一，不逮捕不致发生社会危险性的未成年犯罪嫌疑人，可以不批准逮捕：①初次犯罪、过失犯罪的；②犯罪预备、中止、未遂的；③防卫过当、避险过当的；④有自首或者立功表现的；⑤犯罪后认罪认罚，或者积极退赃，尽力减少和赔偿损失，被害人谅解的；⑥不属于共同犯罪的主犯或者集团犯罪中的首要分子的；⑦属于已满14周岁不满16周岁的未成年人或者系在校学生的；⑧其他可以不批准逮捕的情形。"

本案中，犯罪嫌疑人实施的是强奸行为，根据《刑法》第236条的规定，法定刑为3年以上10年以下有期徒刑，不属于"罪行较轻"的情形。但综合案件信息来看，犯罪嫌疑人小赵属于在校学生，并"对自己的错误真诚悔悟，写下悔过书和致歉信"；其家属积极进行赔偿，取得了被害人的谅解；家庭和学校能够提供较好的监护和帮教措施，采取取保候审不致发生社会危险性。因此，对犯罪嫌疑人采取取保候审措施符合最高检《规则》第463条第2款的规定，体现了对未成年被追诉人限制适用逮捕措施的精神，是合法合理的处理方式。本案之所以引起社会广泛讨论关注，是因为鲁山检察院发布文章中关于犯罪嫌疑人"终于重新回到学校上学"的表述，使得公众产生了犯罪不再受追究的误解，并非检察机关将逮捕变更为取保候审的决定存在错误。

（二）本案能否适用和解程序

该案引起社会强烈关注和批评的另一个原因，是鲁山检察院所发文章标题中的"冰释前嫌"一词，当其与强奸罪联系起来时，违背和冲击了社会大众基本的是非观和法感情。这实际上涉及刑事和解程序的适用范围，即强奸案件是否存在推动被害人与被告人达成和解"冰释前嫌"的空间。

公诉案件和解程序是 2012 年《刑事诉讼法》修改时增设的一种特别程序，其意在通过加害人的道歉、赔偿等悔罪表现换取被害人对其犯罪行为的谅解，在案件结果上对加害人予以从宽处理。刑事和解一方面有利于化解被害人和加害人双方的对立情绪，防止矛盾激化，促进刑事纠纷的有效解决；另一方面，可以避免被告人因为受到有罪判决而对经济赔偿采取消极态度，使被害人能够获得物质上的补偿，维护其合法权益。《刑事诉讼法》第 288 条规定，对于因民间纠纷引起，涉嫌《刑法》分则第四章、第五章规定的犯罪案件，可能判处 3 年有期徒刑以下刑罚的，以及除渎职犯罪以外的可能判处 7 年有期徒刑以下刑罚的过失犯罪案件，犯罪嫌疑人、被告人真诚悔罪，通过向被害人赔偿损失、赔礼道歉等方式获得被害人谅解，被害人自愿和解的，双方当事人可以和解。如果犯罪嫌疑人、被告人曾经在 5 年以内故意犯罪的，不得适用和解程序。在本案中，犯罪嫌疑人小赵实施的强奸行为属于《刑法》分则第四章规定的侵犯公民人身权利的犯罪；考虑到小赵为已满 14 周岁不满 18 周岁的未成年人，应当予以从轻或者减轻处罚，刑法规定的 3 年以上 10 年以下法定刑可能最终落实为 3 年以下有期徒刑。但强奸行为显然不属于"因民间纠纷引起"的犯罪，因此，对本案适用刑事和解违反《刑事诉讼法》第 288 条的规定。

需要进一步探讨的是，对未成年人案件适用《刑事诉讼法》第 288 条规定的和解程序是否合理。受认识水平和立法理念等因素所限，我国刑事诉讼法并未对未成年人案件的刑事和解作出专门规定，而是与成年人案件适用相同的程序规范。这不符合对未成年犯罪案件区别对待的基本方针，有违恢复性司法和未成年人司法保护理念。相比之下，西方刑事和解脱胎于少年司法实践，与成年人刑事和解主要具有的解决纠纷、降低司法成本、提升司法效率等功能不同，教育未成年犯改邪归正、更好地促使其回归社会才是西方国家未成年人刑事和解的最大依归。[1]在此理念指导下，西方国家对于未成年犯罪案件的和解持有更加积极的态度，即使较为严重的犯罪也可适用。2017年最高检发布的《未成年人刑事检察工作指引（试行）》更多地体现了少年司法理念，提出"对于未成年人刑事案件的和解，人民检察院应当在充分关注被害人需要、促进恢复被损害的社会关系的同时，注重对未成年犯罪嫌疑人的教育、感化和挽救，促使其认识错误、真诚悔悟，从而为其重新回归社会、健康成长创造条件"。第67条第1款将未成年人案件刑事和解的适用条件调整为：①案件事实清楚、证据确实充分；②涉嫌《刑法》分则第四章、第五章规定的犯罪，可能被判处3年有期徒刑以下刑罚；③过失犯罪。

四、参考意见

未成年人案件诉讼程序的设计和适用应当充分考虑未成年人的特殊性，以少年司法理念为指引，坚持教育、感化、挽救方针。严格适用刑事强制措施特别是羁押性强制措施，对于犯罪嫌疑人、被告人真诚悔罪、主动赔偿且具备监护和帮教条件的应当大胆适用取保候审、监视居住等措施。对于未成年人案件刑事和解，应当规定不同于成年人案件的适用条件和程序，在独立性原则指导下适度放宽和解的案件范围。

拓展资料

4-1　拓展阅读

---

〔1〕　苏镜祥、马静华："论我国未成年人刑事和解之转型——基于实践的理论分析"，载《当代法学》2013年第4期。

专题二：当事人和解的公诉案件诉讼程序

📚 知识概要

当事人和解的公诉案件诉讼程序是我国 2012 年《刑事诉讼法》修改时所创建的特别程序之一。依据现行《刑事诉讼法》第五编第二章之规定，此一程序可以被界定为公安机关、人民检察院、人民法院在法定范围的公诉案件中，犯罪嫌疑人、被告人真诚悔罪，通过向被害人赔偿损失、赔礼道歉等方式获得被害人谅解，双方当事人自愿达成协议的，可以对犯罪嫌疑人、被告人作出不同方式的从宽处理的程序。[1]作为一项特别程序，当事人和解的公诉案件诉讼程序不仅契合了我国传统的以"和合文化"为代表的法律文化传统，同时吸收、借鉴了域外刑事和解制度的有益经验，旨在落实宽严相济的刑事政策，保障社会秩序的和谐安定，发挥诉讼本源具有的纠纷解决之正向功用。

一、公诉案件当事人和解的适用范围

在公诉案件当事人和解的适用范围问题上，我国学界长期以来便存有争论。在部分学者看来，重罪案件加害人的社会危害性及主观恶性远大于"轻刑"案件，为防止重罪案件刑事和解泛行所带来的腐败滋生，进而产生"花钱买刑、买命"等罪刑严重失衡的问题，应当排除此一程序在重罪案件中的具体适用。另有部分学者则认为，重罪和解在节约司法成本、平等保护双方当事人、落实刑罚轻缓化、构建和谐社会等方面都具有十分重要的积极意义，因而应当提倡此一程序在重罪案件中的具体适用。[2]

从我国现行《刑事诉讼法》的规范内容来看，现行《刑事诉讼法》第

---

〔1〕 参见陈光中主编：《刑事诉讼法》，北京大学出版社、高等教育出版社 2016 年版，第 450 ~ 452 页。

〔2〕 关于重罪案件能否适用当事人和解的公诉案件诉讼程序的争论与分析，可以参见陈罗兰："重罪案件刑事和解适用范围研究"，载《法律适用》2010 年第 6 期；葛琳：《刑事和解研究》，中国人民公安大学出版社 2008 年版，第 255 ~ 258 页。

288 条所规定的可以适用公诉案件当事人和解程序的案件大致分为两类：一是由民间纠纷引起的侵犯公民人身权利、财产权利的案件；二是除渎职犯罪以外的可能判处 7 年有期徒刑以下刑罚的过失犯罪案件。但是，犯罪嫌疑人、被告人 5 年内曾经故意犯罪的案件则不得适用此一程序。对于这一适用范围，我们需要就如下几个要点作以说明。

首先，何为"民间纠纷"？全国人大常委会法制工作委员会指出，"民间纠纷"主要是指公民之间有关人身、财产权益和其他日常生活中所发生的纠纷，其中既包括邻里纠纷、婚姻家庭等民间矛盾冲突激化引起的纠纷，同时也包括因为口角、激情泄愤等偶发性矛盾冲突引起的案件。[1] 由于民间纠纷多为案情相对简单、伤害程度不大、案件处理结果相对明确的案件，加之其所侵犯的主要是被害人的个人利益，加害人的社会危险性与主观恶性较小，所以能够在加害人意识到自身行为危害性的前提下，通过主动赔偿等方式消除犯罪所带来的恶劣影响。

其次，过失的渎职犯罪为何不能适用公诉案件当事人和解程序？渎职犯罪所侵犯的直接客体为国家机关的正常职能活动，具有典型的公共性、强制性、职权性等特点。渎职犯罪违背了公务职责所要求的公正性、廉洁性和勤勉性，妨害了国家机关正常的职能活动，严重损害了国家利益和人民的整体利益。由该罪所侵害的特定法益所决定，过失的渎职犯罪不能通过"处分"的协商方式进行和解，因而不属于公诉案件当事人和解的适用范围。

最后，将"犯罪嫌疑人、被告人 5 年内曾经故意犯罪的案件"排除在此一程序的适用范围之外，意味着即使属于前述两类积极的适用范围，但假使该犯罪嫌疑人、被告人在 5 年内曾经故意犯罪的，不论其是否被依法追究刑事责任，都不能适用公诉案件当事人和解程序。立法缘何作以禁止性规定，其原因即在于"犯罪嫌疑人、被告人 5 年内曾经故意犯罪"属于从重处罚的情节，表征出此类案件的犯罪嫌疑人、被告人之社会危险性、人身危险性以及主观恶性较大，因此不能适用对犯罪嫌疑人、被告人从轻处罚的公诉案件

---

[1] 全国人大常委会法制工作委员会刑法室编：《关于修改中华人民共和国刑事诉讼法的决定——条文说明、立法理由及相关规定》，北京大学出版社 2012 版，第 339 页。

当事人和解程序。

二、公诉案件当事人和解的条件

根据现行《刑事诉讼法》第288条的规定，公诉案件当事人和解的条件是犯罪嫌疑人、被告人真诚悔罪，双方自愿，并且犯罪事实清楚，证据确实、充分。

第一，如何理解"犯罪嫌疑人、被告人真诚悔罪"？真诚悔罪是指犯罪嫌疑人、被告人对自己所犯之罪有一个较为清楚的认识，能够认知自己行为的性质、危害及所造成的消极影响，并且真心忏悔，希望得到被害人的谅解。我们认为，自愿认罪是真诚悔罪的前提，没有自愿认罪，真诚悔罪就无从谈起。如何判断犯罪嫌疑人、被告人是否是真诚悔罪呢？作为一种主观性极强的对象，真诚悔罪无法通过证据直接加以证明，只能通过对犯罪嫌疑人、被告人的主观态度和客观行为作以综合考量。主观态度具体表现为自愿认罪，真心忏悔，并希望得到被害人的谅解等。客观行为具体表现为主动赔礼道歉，积极协商，赔偿被害人的损失以求得其谅解等。

第二，当事人和解必须建立在双方自愿的基础上。公诉案件当事人和解程序的目的即在于为被害方与加害方提供沟通的机制、平台，通过协商和赔偿化解社会矛盾。因此，在刑事和解之中，和解协议的自愿性审查就显得尤为重要。

第三，适用刑事和解程序的案件需要满足"犯罪事实清楚，证据确实、充分"的条件。一方面，这里的"犯罪事实清楚，证据确实、充分"需以结合现行《刑事诉讼法》第55条第2款作以判断，达到定罪量刑的事实都有证据证明；据以定案的证据均经法定程序查证属实；综合全案证据，对所认定事实已排除合理怀疑的要求。另一方面，我们认为，将"犯罪事实清楚，证据确实、充分"作为刑事和解适用的条件之一具有合理性。司法实践中，犯罪嫌疑人、被告人之认罪、悔过可能并非全部出于真心，或迫于压力，或出于"顶包"的特定目的……单纯因犯罪嫌疑人、被告人之认罪、悔过而不再进行事实、证据的查验，极易造成犯罪嫌疑人、被告人表面认罪的实然错案，在背离此一程序立法初衷的同时，消解刑事和解本身所具有的正当性基础。

三、公诉案件当事人和解的方式及程序效力

（一）公诉案件当事人和解的方式

当事人和解的方式包括赔偿损失、赔礼道歉等。赔偿损失包括赔偿物质损失和精神损失，这与附带民事诉讼只赔偿物质损失有所不同，因为在有的案件中（如强制猥亵犯罪）被害人往往物质损失不大而精神遭受到严重打击。赔偿损失的方式主要指经济赔偿。赔礼道歉既可以通过书面的方式，也可以通过口头的方式进行。这两种方式是司法实务中最常见的方式，但不限于这两种方式，还包括提供劳务等。[1]

围绕公诉案件当事人和解的具体方式，最为核心的争论即在于此一程序是否会导致所谓的"以钱赎刑"，进而会因经济能力的不同而导致同案不同判决，消解司法所应然具有的公正之义。事实上，"以钱赎刑"在本质上属于金钱与刑罚的交易，而当事人和解的公诉案件诉讼程序则建立在加害人真心悔过的基础上，此一程序并非单纯地以经济赔偿换取宽缓处理，其具体方式还包括赔礼道歉等。从既往适用此一程序的实践案例来看，一些案件和解后之所以作出从宽的处理或处罚，其主要原因并非在于加害人对被害人作出赔偿，而是基于行为人本身的悔罪情况较好且危害小。[2]在和解程序之中，无论是加害人还是被害人都无权直接处分刑罚权，案件的最终处理当由办案机关根据案件的具体情况决定。

（二）公诉案件当事人和解的程序效力

关于公诉案件当事人和解的程序效力，一方面，现行《刑事诉讼法》第289条规定："双方当事人和解的，公安机关、人民检察院、人民法院应当听取当事人和其他有关人员的意见，对和解的自愿性、合法性进行审查，并主持制作和解协议书。"刑事和解可以适用于公安机关立案开始直至人民法院作出最终判决的全部程序阶段。另一方面，当事人在不同的诉讼阶段进行和解，公安司法机关的处理方式有所不同。现行《刑事诉讼法》第290条规定："对于达成和解协议的案件，公安机关可以向人民检察院提出从宽处理的建议。

---

〔1〕　陈光中主编：《刑事诉讼法》，北京大学出版社、高等教育出版社2016年版，第455页。

〔2〕　张军、陈卫东主编：《刑事诉讼法新制度讲义》，人民法院出版社2012年版，第341页。

人民检察院可以向人民法院提出从宽处罚的建议；对于犯罪情节轻微，不需要判处刑罚的，可以作出不起诉的决定。人民法院可以依法对被告人从宽处罚。"

需要指出的是，我国现行《刑事诉讼法》第 290 条对公诉案件当事人和解的从宽处理或处罚使用的均为"可以"一词。但是在刑事司法实践中，公安机关、人民检察院和人民法院原则上都是"应当"作出从宽的处理或处罚，以切实兑现犯罪嫌疑人、被告人自愿认罪、主动赔偿损失、赔礼道歉，获得被害人谅解的"对价"。[1]

经典案例

案例（一）：郑某某与胡某甲、胡某乙互殴案[2]

一、基本案情

2014 年 8 月 10 日，在浙江省仙居县官路镇大方垟村桥头，郑某某与胡某甲因收芋纠纷发生口角进而动手。后郑某某使用菜刀砍伤胡某甲，郑某某亦在打架过程中被胡某甲兄弟胡某乙打伤。经法医学人体损伤程度鉴定，胡某甲和郑某某的身体损伤程度均构成轻伤二级。

2014 年 10 月 21 日，郑某某故意伤害案侦查终结后，公安机关将该案移送至仙居县人民检察院审查起诉。仙居县人民检察院审查后认为郑某某的行为构成故意伤害罪，于 2014 年 11 月 20 日将郑某某以故意伤害罪向仙居县人民法院提起公诉。在审理过程中，郑某某与胡某甲就民事部分达成和解，取得胡某甲的谅解。2014 年 11 月 20 日，胡某乙故意伤害案侦查终结后，公安机关将该案移送仙居县人民检察院审查起诉。胡某乙与郑某某就民事赔偿部分也达成了和解，取得郑某某的谅解。仙居县人民检察院审查后认为胡某乙的行为构成故意伤害罪，于 2014 年 12 月 17 日将胡某乙以故意伤害罪向仙居县人民法院提起公诉。因双方已就民事赔偿部分达成和解，仙居县

---

[1] 最高法《解释》第596条规定："对达成和解协议的案件，人民法院应当对被告人从轻处罚……"

[2] 参见浙江仙居县人民法院刑事一审判决书：（2014）台仙刑初字第 563 号、（2014）台仙刑初字第 644 号；浙江省仙居县人民检察院起诉书：仙检公诉刑诉（2014）1422 号、仙检公诉刑诉（2014）1499 号。

人民法院判处郑某某有期徒刑 1 年，缓刑 1 年；判处胡某乙有期徒刑 10 个月，缓刑 1 年。

二、法律问题

1. 刑事和解与所谓的"私了"有何区别？
2. 如何理解刑事和解的本质？

三、法理分析

（一）刑事和解与"私了"

"私了"是与"公了"相对而论的。就概念而言，私了可以被理解为纠纷双方不经国家专门机关自行协商解决纠纷的统称，也就是我们常说的诉讼之外的双方当事人和解。脱离了公权力的监督和审查的"私了"情况比较复杂。民事纠纷中当事人对诉权依法可以进行处分，因此，民事纠纷一般都可以通过"私了"解决。在刑事案件中，自诉案件的诉权属于自诉案件的被害人，当事人之间自然也可以"私了"，而公诉案件的追诉权当由国家的专门机关行使，因此"私了"在公诉案件中是不合法的。但是，因为刑事案件的"私了"能够给被害方和加害方带来实惠，因此此种解决方式在我国民间颇具市场。有学者统计表明，社会上发生的刑事案件，有 30% 左右是"私了"的。[1]正因为如此，建立公诉案件中的当事人和解程序有助于将公诉案件的民间"私了"纳入到刑事诉讼的程序之中，在一定程度上有助于消除公诉案件"私了"的不合法现象。[2]

（二）和解程序的本质是什么

我们认为，当事人和解的公诉案件诉讼程序本质上属于建立在协商、合作基础上的新型诉讼模式，即程序主体在考虑自身利益诉求合理性的基础上，在其可接受的范围内，与其他主体协商、合作，进而达成共识的一种诉讼模式。传统诉讼模式建立在国家与被告人两造对抗的基础上，将犯罪视为个人对社会整体利益的侵犯，并坚持国家追诉主义和实体真实主义理念，而合作

---

〔1〕　陈玉范、屈广臣："'私了'问题的法律思考"，载《当代法学》1995 年第 1 期。
〔2〕　陈光中主编：《刑事诉讼法》，北京大学出版社、高等教育出版社 2016 年版，第 452 页。

式诉讼模式强调诉讼主体间的合作精神与合作理念，寻找程序主体间的共识而非歧异，在协同共治中实现刑事纠纷的正当解决，从而颠覆了对抗性理念一统刑事诉讼的传统格局。[1]英美法系国家的辩诉交易制度、我国大陆地区的刑事和解制度、认罪认罚从宽制度以及台湾地区的认罪协商制度都从不同的侧面印证了合作式诉讼模式的现实存在。

作为一种以非刑事化处理刑事案件的新兴模式，合作型诉讼模式所欲追求的是社会冲突的及时化解与社会关系的有效修复，从而在提高诉讼效率的同时，实现一种基于合作的司法正义，进而实现除实体正义和程序正义之外的"第三种法律价值"——"社会和谐"。[2]在合作型诉讼模式中，犯罪嫌疑人、被告人进行有罪答辩是其运作的前提条件，通过自愿认罪、真诚悔过、主动道歉、赔偿损失等一系列的诉讼行为，犯罪嫌疑人、被告人以牺牲一定利益的方式换取对方当事人的合作、协商或妥协。因此，可以说，此一诉讼模式建立在一种以互惠共赢为基础的"利益兼得"机制基础上，取代了传统模式下"要么全部，要么没有"的零和博弈特征。[3]在合作型诉讼模式中，"作为对被告人自愿认罪的回报，刑事追诉机构一般会采取诸如终止刑事追诉、采取轻缓追诉措施、寻求法院判处轻刑等带有一定'优惠性'的举措"。[4]没有这样的利益交换，以互利共赢为特征的合作型模式将无法正常运转。在当事人和解的公诉案件诉讼程序中，加害方通过真诚悔过、主动道歉、赔偿损失等一系列的诉讼行为，从心理层面和经济层面安抚了被害方，并在获得对方谅解和宽容的前提下，减轻或免除了刑事处罚，甚至避免了被定罪科刑的命运，不仅适应了宽严相济的刑事政策，更为刑事和解制度的展开和适用带来了根本性的促进因素。

四、参考意见

1. 刑事和解与公诉案件的"私了"并不相同，"私了"在公诉案件中属

---

〔1〕 谭世贵："论刑事诉讼模式及其中国转型"，载《法制与社会发展》2016 年第 3 期。

〔2〕 步洋洋：《刑事庭审实质化路径研究》，法律出版社 2018 年版，第 90 页。

〔3〕 陈瑞华：《刑事诉讼的中国模式》，法律出版社 2010 年版，第 22 页。

〔4〕 陈瑞华："司法过程中的对抗与合作——一种新的刑事诉讼模式理论"，载《法学研究》2007 年第 3 期。

于不合法的行为。当事人和解的公诉案件程序的确立实有将公诉案件的民间"私了"纳入到刑事诉讼程序之中的立法考量，用以消解公诉案件"私了"的不合法现象。

2. 当事人和解的公诉案件诉讼程序本质上属于建立在协商、合作基础上的新型诉讼模式，即程序主体在考虑自身利益诉求合理性的基础上，在其可接受的范围内，与其他主体协商、合作，进而达成共识的一种诉讼模式。

案例（二）：王某某交通肇事案[1]

一、基本案情

犯罪嫌疑人王某某违反交通运输管理法规，驾驶机动车发生一起致一人死亡的道路交通事故，负事故主要责任。事故发生后王某某对被害人家属进行了赔偿、补偿，在侦查阶段被告人方已经一次性支付了全部赔偿款和人道主义补偿款，取得被害人方谅解，签订刑事和解协议。在审查起诉阶段，被害人方出于经济利益的追求，对刑事和解表示反悔，后检察机关将本案起诉至法院，法院以王某某犯交通肇事罪判处其有期徒刑10个月，缓刑1年。

二、法律问题

1. 刑事和解后，被害人方能否反悔？
2. 被害人和解后无正当理由反悔应否支持？

三、法理分析

（一）刑事和解后，当事人能否反悔

关于刑事和解的反悔问题，现行《刑事诉讼法》未有明确规定。最高检《规则》第503条第2款、第3款规定："当事人在不起诉决定作出之前反悔的，可以另行达成和解。不能另行达成和解的，人民检察院应当依法作出起诉或者不起诉决定。当事人在不起诉决定作出之后反悔的，人民检察院不撤销原决定，但有证据证明和解违反自愿、合法原则的除外。"即在检察机关依

---

[1] 参见陈斌："刑事和解中被害人反悔的情形及应对"，载《中国检察官》2015年第6期。

法作出起诉或者不起诉的决定前，当事人有权反悔，而且可以不问缘由。最高检《规则》第504条进一步明确："犯罪嫌疑人或者其亲友等以暴力、威胁、欺骗或者其他非法方法强迫、引诱被害人和解，或者在协议履行完毕之后威胁、报复被害人的，应当认定和解协议无效。已经作出不批准逮捕或者不起诉决定的，人民检察院根据案件情况可以撤销原决定，对犯罪嫌疑人批准逮捕或者提起公诉。"即对于违反自愿、合法原则的和解，当事人在检察机关作出不起诉、不批准逮捕决定之后也可以反悔。

（二）被害人和解后无正当理由反悔应否支持

从现行立法规范的角度来看，检察机关依据最高检《规则》第503条的规定，支持了被害人的反悔，依法对王某某提起公诉并无不当。但是，我们认为，从刑事和解本身所蕴含的法理基础与价值理念来看，检察机关对于被害人无正当理由反悔的支持做法似乎并不妥当。

首先，刑事和解协议属于典型的民事契约，建立在双方平等自愿的基础上，并根据双方之真实的意思表示而达成。基于"契约当守"的价值观念，契约生效后即对双方当事人具有约束力，任何一方不得无正当理由"背信弃约"，否则当以承担违约责任。

其次，刑事和解协议又并非单纯的民事契约，其本身具有契约的双重属性，它既是一种民事契约，即通过契约形式使侵权行为责任转化为契约责任，又是一种刑事契约，以刑事责任的归属为标的。作为一种刑事契约，赋予被害人随意反悔和解协议的权利相当于将被害人的权利凌驾于公权力之上，存在矫枉过正的风险。

最后，放任被害人随意反悔和解协议不利于鼓励犯罪嫌疑人、被告人对刑事和解的积极参与，可能因刑事和解之不确定状态而带来犯罪嫌疑人、被告人对此一程序的消极"观望"。

本案中，王某某真诚悔罪并在其经济能力范围内给予被害人经济赔偿，取得被害人的谅解。在被害人无正当理由事后反悔的情形下，检察机关可以尝试对被告人作出相对不起诉的决定，通过实际案例引导司法实践中被害人方从盲目追求经济利益最大化的思想误区回归到实现双方互利共赢的理性平和之中。

四、参考意见

1. 根据最高检《规则》的规定，当事人达成刑事和解后可以反悔。

2. 从法理上讲，不宜支持被害人和解后无正当理由反悔，因为这不仅有违和解本身的契约精神，而且不利于鼓励犯罪嫌疑人、被告人对于和解程序的积极参与。

◈ 拓展资料

4－2　拓展阅读

专题三：刑事缺席审判程序

◈ 知识概要

《刑事诉讼法》修改时在第五编"特别程序"中增设了"缺席审判程序"，从而在立法层面初步确立了我国的刑事缺席审判制度。我国的刑事缺席审判制度，是指在特定刑事案件中，当被告人因潜逃、严重疾病、死亡等原因未到庭接受审判时，人民法院在被告人缺席的情况下依法对案件进行审判的特殊制度，[1]其在适用情形、程序保障等方面具有特定的指向性。

缺席审判与对席审判相对应，由于审判时被告人不到庭，无法有效行使法定诉讼权利，因而往往被视为一项具有"天然缺陷"的制度。在《刑事诉讼法》修改的过程中，缺席审判程序的增设及其具体制度设计都引发了较多的讨论。[2]尽管最终通过的刑诉法修正案对缺席审判的案件范围、程序设置、

---

〔1〕　参见肖沛权："价值平衡下刑事缺席审判制度的适用"，载《法学杂志》2018 年第 8 期。

〔2〕　参见喻海松："刑事缺席审判程序的立法进程"，载《法律适用》2018 年第 23 期。

权利保障和救济途径等作出了相对明确的规定，但作为我国刑事诉讼法中的一项新制度，缺席审判在理论和实践层面都还存在较多的问题有待进一步探讨，"纸面上的法"能否最终落实成为"实践中的法"，还有待司法实践的检验。

要正确适用刑事缺席审判制度，首先必须明确刑事缺席审判制度的适用范围。关于刑事缺席审判的适用案件范围，学界存在较大分歧。有学者认为，考虑到刑事缺席审判严重关涉被告人的人权，应将刑事缺席审判的适用范围严格限制在"涉嫌严重腐败犯罪，涉案数额巨大，并在全国范围内造成重大影响的案件"。[1]然而，也有学者认为刑事缺席审判制度既可以适用于轻微刑事案件，也可以适用于被告人经合法传唤无正当理由拒不到庭的或者已经潜逃的刑事案件。[2]从域外经验来看，在轻罪案件中适用刑事缺席审判制度是一些法治国家的通行做法。如在法国，《刑事诉讼法典》第二卷（审判管辖）第二编（轻罪的审判）第四节（审理）就明确规定了刑事缺席审判制度适用于轻罪案件中，即第412条明确规定："如果传票没有送达被告人本人，又不能确认其知悉此项传唤，在被告人没有到庭的情况下，可以缺席裁决。"[3]又如，在德国，缺席审判制度只适用于轻罪案件。德国《刑事诉讼法》第232条规定："①对被告人已经依法传唤，在传票中已经指明可以对其缺席审判的，可以对被告人缺席审理，以预期仅单处或者并处180日以下的日额罚金、保留处刑的警告、禁驾、收缴、没收、销毁或者废弃为限。在此程序中不允许判处更高的刑罚或者科处矫正及保安处分。在传票中已经对被告人告知有此可能性的，准许剥夺驾驶许可。②仅公示传唤的，不得进行被告人缺席审理。③法官讯问被告人的笔录应在法庭审理中宣读。④在被告人缺席情况下作出的判决，如果不是依照第145a第1款规定对辩护人送达的，则必须连同判决理由一并向被告人交付送达。"[4]同样的，在英国，轻罪案件也可以适用缺席审判。《1980年英国治安法院法》第11条就规定："当在所确定的审判或延期审判的时间、地点公诉人出庭而被告人没有出庭时，治安法院可以在

---

[1]　陈光中、胡铭："《联合国反腐败公约》与刑事诉讼法再修改"，载《政法论坛》2006年第1期。
[2]　参见王新清、卢文海："论刑事缺席审判"，载《中国司法》2006年第3期。
[3]　《法国刑事诉讼法典》，余叔通、谢朝华译，中国政法大学出版社1997年版，第151页。
[4]　《德国刑事诉讼法典》，岳礼玲、林静译，中国检察出版社2015年版，第103页。

被告人缺席的情况下进行审判。"[1]

我国现行《刑事诉讼法》第 291 至 297 条共 7 个条文对缺席审判制度作出了规定。最高法《解释》第 598 条至 608 第的规定在《刑事诉讼法》的基础上进行了一定程度上的细化。尽管所涉条文数量不多，但是却涵盖了不同类型的"缺席审判"，其在立法目的、适用情形、程序保障等方面均存在明显的差别。一般认为，我国《刑事诉讼法》中的缺席审判制度大致可以划分为三种类型。如有学者指出，"2018 年修正后的《刑事诉讼法》在缺席审判一章总共规定了三大类缺席审判程序：外逃人员缺席审判、被告人患有严重疾病的缺席审判和被告人死亡的缺席审判"。[2]也有学者认为，"我国的刑事缺席审判程序涵盖三重情形，即特定案件的缺席审判、被告因患有严重疾病不能出席审判的缺席审判、已死亡的被告人可能无罪的缺席审判"。[3]尽管有着不同的称谓，但是学界对三大类别的划分已经达成基本共识。当然，在前述类型区分的基础上，缺席审判的适用情形也可以再进一步细致划分，如"外逃人员缺席审判"可以进一步分为对外逃的贪污贿赂犯罪案件的缺席审判和对外逃的严重危害国家安全犯罪、恐怖活动犯罪案件的缺席审判；而被告人死亡的缺席审判也可进一步分为审理过程中被告人死亡但无罪的缺席审判和审判监督程序中被告人死亡的缺席审判。[4]

---

〔1〕 Blackstone's Criminal Practice 2002, Oxford Universtity Press 2002, p. 1532.

〔2〕 董坤："论外逃人员缺席审判的三重关系"，载《法学杂志》2019 年第 8 期。

〔3〕 杨帆："刑事缺席审判制度的比较法考察——以适用范围与权利保障为切入点"，载《政治与法律》2019 年第 7 期。有实务界人士将我国的缺席审判分为"对犯罪嫌疑人、被告人潜逃境外的缺席审判程序""中止审理案件的缺席审判程序""被告人死亡案件的缺席审判程序"三大类，参见喻海松："刑事缺席审判程序的立法进程"，载《法律适用》2018 年第 23 期。类似的观点还有，"从案件类型上来看，主要有三种类型的案件可以适用缺席审判，即：贪污贿赂犯罪案件，以及需要及时进行审判，经最高人民检察院核准的严重危害国家安全犯罪、恐怖活动犯罪案件，犯罪嫌疑人、被告人在境外的；被告人虽死亡但有证据证明其无罪的案件；因被告人患严重疾病以至于无法出庭，中止审理超过 6 个月，被告人仍无法出庭，被告人及其法定代理人、近亲属申请或者同意恢复审理的案件"。王敏远、冯姣："刑事缺席审判：惩治犯罪与权益保障并行"，载《检察日报》2018 年 12 月 12 日，第 3 版。

〔4〕 参见董坤："论外逃人员缺席审判的三重关系"，载《法学杂志》2019 年第 8 期。另参见喻海松："刑事缺席审判程序的立法进程"，载《法律适用》2018 年第 23 期。此外，还有学者将我国的缺席审判程序归纳为五种具体适用情形，具体包括："①犯罪嫌疑人、被告人在境外的贪污贿赂等犯罪案件；②犯罪嫌疑人、被告人在境外，需要及时进行审判，经最高人民检察院核准的严重危害国家安全犯罪、恐怖活动犯罪案件；③由于被告人患有严重疾病，无法出庭的原因中止审理超过 6 个月，被告人仍无法出庭的案件；④被告人死亡但有证据证明被告人无罪的案件；⑤人民法院按照审判监督程序重新审判的被告人死亡的案件。"左卫民："如何打造具有法理合理性的刑事诉讼法——审思 2018 年刑事诉讼法修正案"，载《比较法研究》2019 年第 3 期。

一、对外逃人员的缺席审判程序

1. 适用范围及条件。"对外逃人员的缺席审判"即《刑事诉讼法》第291条所规定的缺席审判程序。修改后的《刑事诉讼法》第291条第1款规定："对于贪污贿赂犯罪案件，以及需要及时进行审判，经最高人民检察院核准的严重危害国家安全犯罪、恐怖活动犯罪案件，犯罪嫌疑人、被告人在境外，监察机关、公安机关移送起诉，人民检察院认为犯罪事实已经查清，证据确实、充分，依法应当追究刑事责任的，可以向人民法院提起公诉。人民法院进行审查后，对于起诉书中有明确的指控犯罪事实，符合缺席审判程序适用条件的，应当决定开庭审判。"

根据上述规定可知，此类缺席审判的适用必须符合以下三个条件：一是属于特定的三类案件，即贪污贿赂犯罪案件，或者需要及时进行审判并经最高人民检察院核准的严重危害国家安全犯罪、恐怖活动犯罪案件。二是犯罪嫌疑人、被告人在境外。因此，即使属于上述三类特定案件，若犯罪嫌疑人、被告人没有潜逃境外，也不适用缺席审判。最后，人民检察院认为犯罪事实已经查清，证据确实、充分，依法应当追究刑事责任而向人民法院提起公诉。以上三个条件必须同时具备，缺一不可。

2. 案件管辖。针对此类案件的管辖，我国《刑事诉讼法》第291条第2款规定："前款案件，由犯罪地、被告人离境前居住地或者最高人民法院指定的中级人民法院组成合议庭进行审理。"按照此规定，其一，对于犯罪嫌疑人、被告人潜逃境外的缺席审判一律由中级人民法院管辖。事实上，根据修改后《刑事诉讼法》第21条的规定，缺席审判适用案件范围中的危害国家安全和恐怖活动案件本就属于中级人民法院的管辖范围，而将外逃的贪污贿赂犯罪案件也交由中级人民法院管辖，在一定程度上体现了对缺席审判程序适用的慎重。其二，具体的管辖法院既可以是犯罪地或被告人离境前居住地的法院，也可由最高人民法院指定中级人民法院进行管辖。由此可见，缺席审判案件与一般刑事案件的地域管辖和指定管辖的规定基本一致。其三，审判组织方面，缺席审判的案件只能由合议庭进行审理，而不能独任或书面审理。

3. 权利保障。作为一项在理论和实践中争议较大的诉讼制度，缺席审判案件中对于被告人的权利保障就显得尤为重要。而对于涉嫌指控犯罪的告知则是最基本的权利保障之一。在进行缺席审判前，被告人有权知悉其所涉嫌的罪名、享有的诉讼权利以及开庭时间、地点等事项。对此，人民法院负有告知义务。《刑事诉讼法》第 292 条规定："人民法院应当通过有关国际条约规定的或者外交途径提出的司法协助方式，或者被告人所在地法律允许的其他方式，将传票和人民检察院的起诉书副本送达被告人。传票和起诉书副本送达后，被告人未按要求到案的，人民法院应当开庭审理，依法作出判决，并对违法所得及其他涉案财产作出处理。"在传票和起诉书副本送达后被告人未按要求到案的，可以视为其对出庭权的放弃，人民法院应当依法开庭审理并作出判决，并对违法所得及其他涉案财产做出处理。

刑事诉讼旨在追究被告人的刑事责任，涉及被告人财产权利乃至是人身权的限制与剥夺，因此，即使被告人不到案，缺席审判也应当充分保障被告人的辩护权。[1] 为了保障被告人的辩护权，《刑事诉讼法》第 293 条明确规定了对缺席的被告人提供指定辩护，即"人民法院缺席审判案件，被告人有权委托辩护人，被告人的近亲属可以代为委托辩护人。被告人及其近亲属没有委托辩护人的，人民法院应当通知法律援助机构指派律师为其提供辩护"。该规定对被告人辩护权的保障是较为充分的，既赋予被告人及其近亲属委托辩护人的权利，又规定了对无委托辩护的被告人的指定辩护条款。除此，最高法《解释》第 601 条第 3 款还明确了被告人拒绝法律援助后的处理方式。

除此，允许被告人的家属参加诉讼是实现被告人权利的另一重要表现。根据最高法《解释》第 602 条的规定，被告人的近亲属申请参加诉讼的，应当在收到起诉书副本后、第一审开庭前提出，并提供与被告人关系的证明材料。有多名近亲属的，应当推选一至二人参加诉讼。对被告人的近亲属提出申请的，人民法院应当及时审查决定。第 603 条规定，被告人的近亲属参加诉讼的，可以发表意见，出示证据，申请法庭通知证人、鉴定人等出庭，进行辩论。因被告人与其亲属具有利益上的一致性，通过允许被告人的家属出庭参加诉讼，可以代为行使被告人的相关的诉讼权利，以在一定程度上消解被告人不出庭可能产生的消极影响。

4. 救济程序。《刑事诉讼法》第 294 条第 1 款规定："人民法院应当将判

---

〔1〕　参见肖沛权："价值平衡下刑事缺席审判制度的适用"，载《法学杂志》2018 年第 8 期。

决书送达被告人及其近亲属、辩护人。被告人或者其近亲属不服判决的，有权向上一级人民法院上诉。辩护人经被告人或者其近亲属同意，可以提出上诉。"对于人民法院作出的缺席判决，在被告人及其近亲属、辩护人不服缺席审判判决结果的情形下，可以行使上诉权。

此外，有两种方式可以对缺席审判的案件进行重新审理。一种是在审理过程中被告人自动投案或者被抓获，这意味着被告人无法参加庭审的条件已经消失，为了保障被告人合法利益，贯彻程序正义的要求，人民法院应当对案件重新审理，《刑事诉讼法》第295条第1款规定："在审理过程中，被告人自动投案或者被抓获的，人民法院应当重新审理。"据此，被告人只要是在审理过程中到案的，人民法院必须重新审理，而不需要满足其他任何条件。另一种是罪犯在判决、裁定发生效力后归案的，若罪犯对判决、裁定提出异议，人民法院应当重新审理，《刑事诉讼法》第295条第2款明确规定："罪犯在判决、裁定发生法律效力后到案的，人民法院应当将罪犯交付执行刑罚。交付执行刑罚前，人民法院应当告知罪犯有权对判决、裁定提出异议。罪犯对判决、裁定提出异议的，人民法院应当重新审理。"罪犯在判决、裁定发生法律效力后到案的，有权对判决、裁定提出异议。如果罪犯提出异议的，人民法院应当重新审理。为了保障罪犯的异议权，此规定还明确了人民法院的告知义务，即交付执行刑罚前，人民法院应当告知罪犯有权对判决、裁定提出异议。

二、被告人患有严重疾病的缺席审判程序

"被告人患有严重疾病的缺席审判程序"即《刑事诉讼法》第296条规定的缺席审判程序，根据该条规定，"因被告人患有严重疾病无法出庭，中止审理超过6个月，被告人仍无法出庭，被告人及其法定代理人、近亲属申请或者同意恢复审理的，人民法院可以在被告人不出庭的情况下缺席审理，依法作出判决"。

被告人患有严重疾病的中止审理是2012年《刑事诉讼法》修改新增的内容，[1]意在解决司法实践中因被告人患严重疾病等特殊情况而导致审判无法

---

[1] 《刑事诉讼法》第206条规定："在审判过程中，有下列情形之一，致使案件在较长时间内无法继续审理的，可以中止审理：①被告人患有严重疾病，无法出庭的；②被告人脱逃的；③自诉人患有严重疾病，无法出庭，未委托诉讼代理人出庭的；④由于不能抗拒的原因。中止审理的原因消失后，应当恢复审理。中止审理的期间不计入审理期限。"

继续的程序问题。但是，中止审理后，被告人患病等情况可能在较长时间内并未好转，仍然无法出庭，但被告人或其法定代理人、近亲属又希望案件能有一定的结论，因而希望恢复审理，考虑到这种现实需求，在尊重被告方选择权的基础上，同时兼顾诉讼效率，因而增加规定了对于此类中止审理案件的缺席审判程序。[1]需要注意的是，此处的"患有严重疾病"应作严格、狭义上的理解，主要包括两种情形：一种是被告人在犯罪后患有精神疾病，无法辨认、控制自己的行为，无法表达自己的真实意思，丧失诉讼行为能力；另一种是"被告人患有严重疾病，离开诊疗机构可能会影响其生命安全，存在严重的风险"。[2]

《刑事诉讼法》将此类情形纳入缺席审判对解决司法实践中的现实问题具有积极意义，有助于减少诉讼不定期拖延和案件长期悬而未决情况的发生，及时解决纠纷和修护社会关系。同时根据上述法条，对于患有严重疾病无法出庭的被告人在适用缺席审判上也有严格的条件限制，一方面需要满足中止审理的期限超过 6 个月的时间条件，另一方面需要经被告人及其法定代理人、近亲属申请或者同意恢复审理，只有同时满足以上两个条件，才可以对此类案件进行缺席审判。当然，需要注意的是，尽管对于此类缺席审判的规定是出于司法实践的现实需要，但是，此类缺席审判与外逃人员的缺席审判相比，实际上并非典型意义上的缺席审判程序。

三、被告人死亡案件的缺席审判程序

《刑事诉讼法》第 297 条规定："被告人死亡的，人民法院应当裁定终止审理；但有证据证明被告人无罪，人民法院经缺席审理确认无罪的，应当依法作出判决。人民法院按照审判监督程序重新审判的案件，被告人死亡的，人民法院可以缺席审理，依法作出判决。"前已述及，此种类别的缺席审判具体包括两种不同情形：

首先，《刑事诉讼法》第 297 条第 1 款规定："被告人死亡的，人民法院应当裁定终止审理；但有证据证明被告人无罪，人民法院经缺席审理确认无

---

〔1〕　参见王爱立主编：《中华人民共和国刑事诉讼法释义》，法律出版社 2018 年版，第 637 页。

〔2〕　陈卫东："论中国特色刑事缺席审判制度"，载《中国刑事法杂志》2018 年第 3 期。

罪的，应当依法作出判决。"也就是说，被告人在审理过程中死亡的，人民法院原则上应当依据《刑事诉讼法》第 16 条[1]的规定裁定终止审理，但是如果现有证据证明被告人可能是无罪的，并且经人民法院缺席审理后确认无罪的，就应当依法作出无罪的判决，还已逝去的被告人及其家属一个清白。其中，有证据证明被告人无罪既包括事实清楚，证据确实、充分的情况；又包括证据不足，不能认定被告人有罪的情形，该条规定与修改后《刑事诉讼法》第 16 条联系密切，但是二者实际上并不重复。因为《刑事诉讼法》第 16 条是从静态的结果层面来规定法院应当作出何种判决或裁定，而第 297 条第 1款则是从动态的程序角度，赋予法院在被告人死亡的情况下，为了证明其无罪而继续进行审理的权力。

其次，《刑事诉讼法》第 297 条第 2 款规定："人民法院按照审判监督程序重新审判的案件，被告人死亡的，人民法院可以缺席审理，依法作出判决。"最高法《解释》第 607 条还进一步规定，虽然构成犯罪，但原判量刑和畸重的，应当依法作出判决。上述规定主要是针对司法实践中出现的再审案件中被告人早已死亡（如呼格吉勒图案、聂树斌案）的情况下能否开庭进行审理的回应。事实上，人民法院按照《刑事诉讼法》的"审判监督程序"予以重新审判的案件，必然是已生效的裁判确有错误的情况，那么针对被告人已经被执行死刑的冤错案件，能否按照死刑案件的要求，开庭审理予以平反？修改前的《刑事诉讼法》对此未做规定。而修改后《刑事诉讼法》的这项规定，则为被告人已经死亡的冤错案件的再审，特别是死刑冤错案件的再审平反提供了程序上的依据。虽然被告人已经死亡，但是无罪的处理结果对被告人的人格利益和其亲属都具有重要意义。通过缺席审判的方式，对有证据证明死亡被告人无罪的案件进行审理，一方面有利于保障人权和贯彻公正司法，另一方面也有利于后续国家赔偿或民事程序的开展。

四、我国三种刑事缺席审判的异同

尽管前述三类缺席审判都规定在《刑事诉讼法》"缺席审判程序"一章，

---

[1] 2018 年《刑事诉讼法》第 16 条规定："有下列情形之一的，不追究刑事责任，已经追究的，应当撤销案件，或者不起诉，或者终止审理，或者宣告无罪：①情节显著轻微、危害不大，不认为是犯罪的；②犯罪已过追诉时效期限的；③经特赦令免除刑罚的；④依照刑法告诉才处理的犯罪，没有告诉或者撤回告诉的；⑤犯罪嫌疑人、被告人死亡的；⑥其他法律规定免予追究刑事责任的。"

且这三类案件中的被告人确实也都因为各种原因而"未到庭"，但是事实上，这三类缺席审判制度在本质上是有非常大的差别的。严格来讲，外逃人员的缺席审判程序才是典型意义上的缺席审判制度，而被告人患有严重疾病和被告人死亡案件的缺席审判程序并非真正意义上的特别程序，而仅仅是一种衔接性的程序规定，是普通程序中出现特殊问题的特别处理方式，因此，实际上后两种缺席审判并不适用于《刑事诉讼法》第五编第三章"缺席审判程序"中为了保障不在案的被告人权利而设置的关于送达（第292条）、辩护（第293条）、上诉（第294条）、重新审理（第295条）中的特殊规定。此外，三种类型的缺席审判还在适用案件和目的功能等方面存在差别，具体而言：

从适用案件上来看，对外逃人员的缺席审判程序适用于明确列举的三类案件，即贪污贿赂犯罪以及经最高人民检察院核准的严重危害国家安全犯罪、恐怖活动犯罪案件。因为该种类型的缺席审判旨在追究不在案的被追诉人的刑事责任，最终通过的《刑事诉讼法》对案件范围作出了严格的限制，以防此类缺席审判制度被扩大化适用。与此类缺席审判不同的是，被告人患有严重疾病的缺席审判程序和被告人死亡案件的缺席审判程序则不受罪名或案件类型的限制，同时该案件中的被告人应当既包括公诉案件的被告人，也包括自诉案件的被告人，其适用案件范围更为广泛。

从功能和制度目的上看，针对潜逃境外的贪污贿赂犯罪以及部分严重危害国家安全犯罪和恐怖活动犯罪案件被追诉人的缺席审判主要是为了追逃追责，以适应十八大以来反腐败工作的要求。在《刑事诉讼法》修改之前，对于潜逃境外的贪污贿赂犯罪案件的被追诉人，司法机关尽管可以根据"犯罪嫌疑人、被告人逃匿、死亡案件违法所得的没收程序"依法没收其违法所得，但是只要被追诉人不到案，其刑事责任的追究工作就无法开展，即使相关证据已经确实充分也无法对其进行定罪量刑。这一方面导致犯罪人无法受到应有的刑事惩罚，另一方面也使得犯罪人存在侥幸心理，认为逃往境外就能逃避刑事追究，不利于有效打击和惩罚犯罪，同时也在一定程度上影响了引渡等海外追逃工作的开展效果。与前述针对外逃人员缺席审判的追逃追责功能不同，对患有严重疾病无法出庭的被告人的缺席审判实际上是为了更加顺利地开展刑事诉讼程序，提高诉讼效率，防止被告人已经到案但无法到庭的案件长期悬而未决。而就确有证据证明无罪，因而需要对已经死亡的被告人进行的缺席审判而言，不论是裁判已经生效之后的冤狱平反，还是已被起诉但审判尚未终结的声名昭雪，其基本动因都是对被告人的权利保护。

拓展资料

4-3　拓展阅读

专题四：犯罪嫌疑人、被告人逃匿、死亡案件违法没收程序

知识概要

随着科学技术与经济的发展，腐败犯罪、恐怖犯罪等重大犯罪的跨国性、国际性因素的不断增多，流动性增强，加大了打击犯罪的难度，这些重大犯罪也对社会稳定与经济发展构成了严重的威胁。在此背景下，联合国大会于2003年10月31日通过了联合国《反腐败公约》。我国司法实践中，存在一些贪污贿赂犯罪、恐怖活动犯罪案件的犯罪嫌疑人、被告人逃匿或者死亡，但在2018年《刑事诉讼法》修改之前，我国并没有缺席审判制度，当犯罪嫌疑人、被告人逃匿或者死亡而无法到案时，诉讼程序便难以进行，违法所得及用于犯罪的财产难以处理，不仅不利于打击这类犯罪，也不利于保护国家利益、被害人的利益，维护国家尊严。因此，为了打击这类犯罪，并与我国已加入的联合国《反腐败公约》及有关反恐怖问题的决议的要求相衔接，2012年修改的《刑事诉讼法》增加了犯罪嫌疑人、被告人逃匿、死亡案件违法没收程序，明确了没收程序的适用范围、申请、公告、审理和救济程序。

犯罪嫌疑人、被告人逃匿、死亡案件违法没收程序简称为违法所得没收程序，是指贪污贿赂犯罪、恐怖活动犯罪等重大犯罪案件的犯罪嫌疑人、被告人逃逸，或者犯罪嫌疑人、被告人死亡的情况下，对违法所得及其他涉案财物进行处理的特别诉讼程序。

该程序的特点有：①犯罪嫌疑人、被告人逃匿、死亡案件违法所得的没收程序适用的案件范围特定；②犯罪嫌疑人、被告人逃匿、死亡案件违法所得的没收程序适用的对象仅针对财物；③犯罪嫌疑人、被告人逃匿、死亡案件违法所得的没收程序保障利害关系人的诉讼权利。

《刑事诉讼法》第298～301条对违法所得没收程序进行了规定，但是比较粗糙，其适用范围还存在争议。

第一，关于违法所得没收程序适用罪名范围的争议。[1]理论界和实务界对违法所得没收程序适用的罪名范围存在一定争议。主要是集中在对《刑事诉讼法》第280条中的"等"字应如何解释的问题上。如果作等内解释，那么违法所得没收程序的适用范围则限定于贪污贿赂、恐怖活动犯罪；如果作等外解释，那么可根据当前危害国家安全、黑社会性质的组织、毒品犯罪以及洗钱、走私犯罪、金融诈骗、电信诈骗等犯罪态势十分猖獗，犯罪所得往往特别巨大的态势，将此类犯罪纳入其中。两院《关于违法所得没收程序的规定》基于我国加入的国际公约、国际司法合作对等原则以及理论认同和实践认同的考虑对此做了明确，即采纳了后一种观点。因此两院《关于违法所得没收程序的规定》第1条所列罪名共5项：第1项以占有性、挪用性犯罪为主。第2项基本上是受贿类、行贿类犯罪。第3项是恐怖活动犯罪，包括《刑法修正案（九）》新增设的几类恐怖活动犯罪。第4项是类罪，包括洗钱罪及其上游犯罪。从体系上讲，应当将破坏金融管理秩序罪规定在内，但不少实践部门提出破坏金融管理秩序罪在实践中难以妥善处理，认为破坏金融管理秩序罪暂不宜适用违法所得没收程序。基于实践可操作性的考虑，两院《关于违法所得没收程序的规定》未将破坏金融管理秩序罪规定在内，保留了洗钱罪。第5项是两类新型特殊诈骗犯罪。由于近年来电信诈骗、网络诈骗日益猖獗，犯罪嫌疑人、被告人违法所得往往特别巨大，且多数无法通过普通刑事诉讼程序处理，故有必要纳入违法所得没收程序适用范围。总的来说，

---

〔1〕　初殿清："违法所得没收特别程序的性质与案件范围"，载《法学杂志》2013年第8期。

立法对于没收程序适用范围所采用的非完全列举方式，将"贪污贿赂犯罪、恐怖活动犯罪"这两类罪名及其相关犯罪列入其中，在一定意义上扩大了没收程序适用范围中"等"字的外延。[1]但是值得注意的是，对于一般刑事案件，则没有适用该类程序的必要，依然是待犯罪嫌疑人、被告人归案后对涉案财物一并处理。

第二，关于"重大"的认定标准的争议。[2]1998年最高人民法院出台的《关于处理自首和立功具体应用法律若干问题的解释》和2016年最高人民法院、最高人民检察院出台的《关于办理贪污贿赂刑事案件适用法律若干问题的解释》中，从刑罚轻重角度明确了认定标准；另一方面，犯罪数额[3]亦可以作为一项认定标准，但具体以多少数额为标准则需要进行统一。此外，最高法《解释》第610条规定，在省、自治区、直辖市或者全国范围内具有较大影响的犯罪案件，或者犯罪嫌疑人、被告人逃匿境外的犯罪案件，应当认定为刑事诉讼法第298条第1款规定的"重大犯罪案件"。

第三，关于"逃匿"的争议。当前我国理论和实务界大都赞同，应当坚持主客观统一原则，与司法机关及其工作人员失去联系未必一定与其他人失去联系；即使与外界所有人失去联系，也未必是主观上想"逃匿"。因此，仅以对外失联或者客观不能到案来认定"逃匿"都难免失之偏颇。对于超过一定期限不能到案的情形，要结合主观方面认定是否属于"逃匿"。如果不是故意，而是因为生病或者其他不可抗力因素不能到案，则不属于"逃匿"。基于上述考虑，两院《关于违法所得没收程序的规定》从客观和主观两个维度对"逃匿"作了界定：客观方面，犯罪嫌疑人、被告人存在潜逃、隐匿行为；主观方面，犯罪嫌疑人、被告人必须是为了逃避侦查和刑事追究。犯罪嫌疑人、被告人离开居住地、工作地，逃避侦查和刑事追究的，属于最典型的"逃匿"；犯罪嫌疑人、被告人未离开居住地、工作地，在原地隐匿起来逃避侦查和刑事追究的，亦属于"逃匿"情形；犯罪嫌疑人、被告人为了将来逃避侦

---

〔1〕 关于案件适用范围的详细论述，可参见汪建成："论特定案件违法所得没收程序的建立和完善"，载《国家检察官学院学报》2012年第1期。

〔2〕 时延安："违法所得没收条款的刑事法解释"，载《法学》2015年第11期。

〔3〕 关于具体数额的标准问题，可参见陈卫东主编：《人民检察院刑事诉讼规则（试行）析评》，中国民主法制出版社2013年版，第336页。

查和刑事追究逃匿境外，后因各种原因不能或者不愿回国受审的，均应视为"逃匿"。

第四，关于通缉的争议。其一，对于"网上追逃"是否认定为"通缉"，实践中已有将"网上追逃"作为"通缉"使用，并且有诸多成功的案例。但鉴于当前"网上追逃"既可以适用于逮捕对象，也可以适用于刑事拘留对象，甚至包括侦查、调查的对象，导致"网上追逃"的适用门槛太低，因此对是否将"网上追逃"纳入"通缉"的范围应采取较为谨慎的态度。两院《关于违法所得没收程序的规定》第 5 条的规定也是对此精神的体现。其二，是否有必要规定 A、B 级通缉令，临时羁押请求能否认定为"通缉"，两院《关于违法所得没收程序的规定》也没有明确。

关于犯罪嫌疑人、被告人逃匿、死亡案件没收违法所得的审理程序，2012 年修改《刑事诉讼法》规定了几个方面内容：一是管辖；二是公告程序；三是法院的审理程序。[1] 没收违法所得的申请由犯罪地或者犯罪嫌疑人、被告人居住地中级人民法院管辖，可见该类案件与一般刑事案件的地域管辖原则相一致；对于没收违法所得的申请，人民法院应当组成合议庭进行审理。人民法院受理没收违法所得的申请后，应当通过公告的方式公布需要没收犯罪嫌疑人、被告人违法所得及其涉案财产的情况。犯罪嫌疑人、被告人的近亲属和其他利害关系人有权申请参加诉讼，也可以委托诉讼代理人参加诉讼。人民法院在 6 个月公告期满后，应当根据人民检察院提出的没收违法所得的申请进行审理，如果没有利害关系人参加诉讼，人民法院可以进行书面审理，但也必须组成合议庭进行。如果有犯罪嫌疑人、被告人的亲属和其他利害关系人以及他们委托的诉讼代理人参加诉讼的，人民法院应当组成合议庭开庭审理。

由于没收程序涉及公民财产权，在利害关系人不服没收裁决结果的情形下，赋予其上诉权是必要的。《刑事诉讼法》第 300 条对违法所得的处理以及对人民法院裁定上诉、抗诉进行了规定。犯罪嫌疑人、被告人的近亲属和其他利害关系人或者人民检察院可以在 5 日内提出上诉、抗诉。如果犯罪嫌疑

---

[1]　印波："犯罪嫌疑人、被告人逃匿、死亡案件违法所得没收程序的定性分析"，载《中国检察官》2012 年第 5 期。

人、被告人死亡，其财产继承人为了保护其合法财产权益，有权上诉；如果犯罪嫌疑人、被告人逃匿，为了保护其合法权利，其近亲属也有上诉权。如果没收程序中有被害人，而且被害人认为涉案财产属于其合法所有，但是法院裁决予以没收，由于与案件有直接的利害关系，也应当有上诉权。如果在公告期间，有其他利害关系人参加诉讼并主张涉案财产为其合法所有，而法院裁决没收该财产，此利害关系人也应有权上诉；如果人民检察院认为法院裁决确有错误的，有权提起抗诉。法律如此规定不仅能保证审判公正，使错误的没收违法所得的裁定在生效前及时得到纠正，也使人民检察院充分发挥了监督职能，犯罪嫌疑人、被告人拥有了救济的机会，充分保障了他们的合法权益，体现了司法公正。

在审理申请没收违法所得的案件过程中，在逃的犯罪嫌疑人、被告人自动投案或者被抓获的，人民法院应当裁定终止审理。此时人民检察院应当将案卷退回侦查机关处理。人民检察院向原受理申请的人民法院提起公诉的，可以由同一审判组织审理。在犯罪嫌疑人、被告人到案后，没收财产程序审理终止，这是综合全案情况作出正确裁决的需要，也有利于保障犯罪嫌疑人、被告人的合法权益。没收违法所得裁定生效后，犯罪嫌疑人、被告人到案并对没收裁定提出异议，人民检察院向原作出裁定的人民法院提起公诉的，可以由同一审判组织审理。人民法院经审理，应当按照下列情形分别处理：①原裁定正确的，予以维持，不再对涉案财产作出判决；②原裁定确有错误的，应当撤销原裁定，并在判决中对有关涉案财产一并作出处理。除上述情形外，人民法院生效的没收裁定确有错误的，应当依照审判监督程序予以纠正。在没收案件中，行使侦查、检察、审判职能的机关及其工作人员在履行职权的时候，侵犯个人、法人和其他组织合法财产权益并造成损害的，国家应当为此承担责任并予以赔偿。《国家赔偿法》规定，国家机关和国家机关工作人员行使职权，有法律规定的侵犯公民、法人和其他组织合法权益的情形，造成损害的，受害人有取得国家赔偿的权利。由于没收案件属于刑事诉讼中的特殊程序，因此对没收案件的国家赔偿亦分属刑事赔偿范畴。对此，《刑事诉讼法》和《国家赔偿法》的有关规定一致。

📚 **经典案例**

案例（一）：方祝勤挪用公款罪[1]

一、基本案情

1993 年，犯罪嫌疑人方祝勤与郭忠（已判刑）合谋，决定以犯罪嫌疑人方祝勤个人名义，挪用公款向高明市安达贸易公司、佛山市石湾物资公司购买位于开平市祥龙五区的 57.8 亩土地使用权（价款为人民币 980.72 万元）进行炒卖获利。同年 7 月郭忠利用职务上的便利，将肇庆市住宅物资供应公司的公款人民币 260 万元分别经由辽宁省鞍山市工商银行"梁松坚"储户、鞍山市冶金局物资经销公司、广东省开平市业成建筑公司等单位汇给安达贸易公司支付购地款；1994 年将肇庆市住宅物资供应公司的公款 250 万元经由辽宁省鞍山市工商银行"郭忠""梁松坚"储户、广东省开平市侨兴经济发展公司转汇给安达贸易公司支付购地款；1997 年，将肇庆市住宅物资供应公司的公款 227.2076 万元经由广东省开平市侨兴经济发展公司转汇给高明安达贸易公司、佛山石湾物资总公司支付购地款以及通过肇庆市住宅房产公司第一经营部转账给高明安达贸易公司、佛山石湾物资公司各人民币 100 万元支付购地款。郭忠和犯罪嫌疑人方祝勤共挪用肇庆市住宅物资供应公司公款 937.2076 万元用于购买位于开平市祥龙五区的 57.8 亩土地使用权。

犯罪嫌疑人方祝勤在 1999 年前后把上述大部分涉案土地倒卖并收取所得款转移出境占为己有。1999 年，因犯罪嫌疑人方祝勤与张炳耀的经济纠纷案，登记在犯罪嫌疑人方祝勤名下的开府国用（1999）第 00401 号三埠祥龙五区南 29、30、31、32 号地和开府国用（1999）第 00559 号三埠祥龙五区 37、38、39 号地被江门法院依法查封。2000 年 7 月 14 日肇庆市端州区人民检察院因郭忠涉嫌挪用公款案以肇检执字第 01 号对该两块地进行查封扣押。2015 年 3 月 31 日江门市中级人民法院（2010）江中法执字第 36 – 8 号最新一次续封 3 年。2012 年 7 月 23 日开平市人民法院（2010）

---

〔1〕　参见广东省高级人民法院刑事裁定书：（2018）粤刑终 1188 号。

开法民四初字第 19 - 2 号轮候查封 （江门市中级人民法院执行案同一案轮候查封）。

2003 年 7 月 9 日公安机关上网追逃犯罪嫌疑人方祝勤；2003 年 10 月 30 日国际刑警组织中国中心局对其发出红色通缉令；2015 年 1 月 15 日广东省公安厅对其发出通缉令，至今犯罪嫌疑人方祝勤未能到案。

另查明，肇庆市住宅物资供应公司为全民所有制企业，于 2003 年 7 月吊销工商营业执照。吊销工商营业执照后，该公司遗留资产由肇庆市端州区资产管理中心接收管理。

肇庆市中级人民法院犯罪嫌疑人方祝勤伙同他人挪用肇庆市物资住宅公司款项用于购置土地，数额巨大，且逃匿多年不能到案，事实清楚，证据确实充分。涉案土地属于犯罪嫌疑人方祝勤的违法所得，应依法予以追缴。鉴于涉案土地是犯罪嫌疑人方祝勤挪用肇庆市物资住宅公司款项购买，应在涉案土地被追缴依法拍卖后，拍卖所得款先予返还给被害人被挪用部分的款项，如有余款，则属违法所得的孳息，依法予以没收，上缴国库。申请机关肇庆市人民检察院申请将犯罪嫌疑人方祝勤违法所得的涉案土地予以追缴的意见成立，应予支持。

二、法律问题

1. 违法所得没收程序是否有溯及力？
2. 违法所得如何处理？

三、法理分析

（一）没收程序是否具有溯及力

《刑事诉讼法》第 298 条、最高法《解释》第 609 条规定，依照刑法规定应当追缴违法所得及其他涉案财产；且犯罪嫌疑人、被告人实施了贪污贿赂犯罪、恐怖活动犯罪等重大犯罪后逃匿，在通缉 1 年后不能到案的，人民检察院可以向人民法院提出没收违法所得的申请。虽然我国犯罪嫌疑人、被告人逃匿、死亡案件违法所得的没收程序是 2012 年修订的《刑事诉讼法》新增的程序，但本案中，犯罪嫌疑人方祝勤于 2003 年 7 月 9 日被公安机关网上追逃，于 2015 年 1 月 15 日被通缉，其逃匿一直处于持续状态，直至新的《刑事诉讼法》及其司法解释出台之后。因此，广东省肇庆市人民检察院依据现行《刑事诉讼法》及其司法解释向法院提出没收犯罪嫌疑人方祝勤的违法所得的申请并无不当，涉案土地应予以没收。

（二）涉案土地是否应予没收

《刑事诉讼法》第 300 条第 1 款规定，人民法院经审理，对经查证属于违法所得及其他涉案财产，除依法返还被害人的以外，应当裁定予以没收；对不属于应当追缴的财产的，应当裁定驳回申请，解除查封、扣押、冻结措施。最高法《解释》第 621 条规定，申请没收的财产具有高度可能属于违法所得及其他涉案财产的，应当认定为前款规定的"申请没收的财产属于违法所得及其他涉案财产"。巨额财产来源不明犯罪案件中，没有利害关系人对违法所得及其他涉案财产主张权利，或者利害关系人对违法所得及其他涉案财产虽然主张权利但提供的证据没有达到相应证明标准的，应当视为"申请没收的财产属于违法所得及其他涉案财产"。第 621 条第 1 款规定，对申请没收违法所得的案件，人民法院审理后，事实清楚，证据确实、充分，申请没收财产确属违法所得及其他涉案财产的，除依法返还被害人的以外，应当裁定没收。因此，本案现有证据证实犯罪嫌疑人方祝勤和郭忠共挪用了肇庆市住宅物资公司资金 937. 2076 万元，并将该款项用于购买涉案土地等，故应在裁定将涉案土地追缴予以拍卖后，其拍卖款中 937. 2076 万元依法发还给肇庆市住宅物资公司。但该公司于 2003 年吊销营业执照后，其剩余资产由肇庆市端州区资产管理中心接收管理，故应将上述款项依法发还给肇庆市端州区资产管理中心。如有余款，则属于该涉案土地的孳息，依法予以追缴，上缴国库。

四、参考意见

1. 虽然违法所得没收程序是 2012 年《刑事诉讼法》修改时增设的一种特别程序，但是考虑是否具有溯及力问题时，不能靠犯罪嫌疑人、被告人实施犯罪行为的时间来判断。应该结合犯罪嫌疑人、被告人逃匿的持续状态与最终时间来考虑。

2. 人民法院审理没收违法所得的申请后应当作出以下裁定：一是经查证属于违法所得及其他涉案财产，除了依法返还被害人以外，应当裁定予以没收。但属于被害人的合法财产应当返还。二是对不属于应当追缴的财产的，应当裁定驳回申请，解除查封、扣押、冻结措施。

案例（二）：李艳军贩卖毒品罪[1]

一、基本案情

李艳军，男，1979年11月18日出生于山西省柳林县，汉族，小学文化，无业，2017年5月24日因病死亡，生前户籍地柳林县高家沟乡王家塔村石家咀013号，居住地柳林县柳林镇青龙龙城苑小区4A2001室。曾因犯贩卖毒品罪于2014年1月6日被山西省柳林县人民法院判处有期徒刑3年，并处罚金人民币2000元。

2015年9月至2016年11月，犯罪嫌疑人李艳军多次租用范艳飞（另案处理）所驾驶车辆，在柳林县城、石楼县裴沟、乔子头一带，向石楼籍贩毒人员刘泽鹏、梁某（均另案处理）以每克65元至70元的价格购买甲基苯丙胺（冰毒）40 000余克。所购毒品经分装后，以每克120元至150元的价格非法转手倒卖给柳林籍贩毒人员张某1、冯某、刘某、陈某、张某2（均另案处理）等人。在毒品交易过程中，李艳军利用其于2010年3月23日在中国农业银行股份有限公司柳林县支行办理的×××银行卡账户，直接收取冯某等人转账过来的购毒款，并将卖给其他贩毒人员所得的毒资通过银行转账或现存方式存入该银行账户。截至该银行账户于2017年6月9日被公安机关冻结时，内存本金数额为人民币945 371.15元，后经检察机关及本院续冻至2019年6月5日。

认定以上事实，有检察机关提供的证人梁某关于他于2015年9月至2016年9月间，伙同刘泽鹏、李宏伟、范小红四次去广东陆丰向郑木船共购买40公斤甲基苯丙胺并以每公斤6.8万元至7万元的价格全部转手倒卖给李艳军的证言，并有刘泽鹏、李宏伟、范小红、范艳飞的相关证人证言和辨认笔录，以及在梁某、范艳飞处查获的部分毒品及包装袋的搜查笔录、毒品称重和含

---

[1] 参见搜狐网："吕梁：没收死亡犯罪嫌疑人违法所得案判了　山西首例！"，http://www.sohu.com/a/282172639_120068188，最后访问日期：2019年10月5日。

量鉴定相佐证；证人张某1、冯某、刘某、崔某、景某、杜某、陈某、张某2、樊某等人关于他们分别以每克120元至150元的价格向李艳军购买大量甲基苯丙胺并转手倒卖给众多吸毒人员的证言，并有银行交易记录、辨认笔录相佐证；与上述证人证言相印证的犯罪嫌疑人李艳军在侦查阶段所作的供述及其涉案银行账户交易记录、查扣的制毒材料佐证；证人牛某、高某关于李艳军因得尿毒症引发脑溢血于2017年5月24日死亡的证言，并有李艳军住院病历、死亡照片、死亡注销户口证明相佐证；关于冻结李艳军银行账户的协助冻结财产通知书及交易明细；关于李艳军于2016年6月至2017年7月间曾8次在省内外医院住院治疗尿毒症，共产生医疗费用229 372.16元，新农合报销其中医疗费94 632.35元的住院费用详单和补偿信息单；以及相关利害关系人的常住人口基本信息等主要证据予以证实。

吕梁市中级人民法院认为，本案有证据证明被告人李艳军实施了贩卖毒品犯罪，且属毒品数量巨大，同时还利用自己名下的涉案银行账户直接收受部分下线贩毒人员毒资，并将其他毒资以转账或现存方式存入该银行账户。因李艳军生前系尿毒症患者，基本丧失劳动力，其仅能通过贩卖毒品牟利来支付高额治疗费用，且在案并无其有其他合法经济来源和非毒资存入该银行账户的证据，故检察机关申请没收的李艳军银行账户内资金人民币945 371.15元高度可能属于李艳军实施贩卖毒品犯罪所得，依法应没收；上述违法所得存入银行产生的孳息，依法亦应一并没收。检察机关没收违法所得申请书载明的事实成立，申请没收的财产确属李艳军违法所得，应予支持。经本院审判委员会讨论决定，依照《刑法》第347条、第64条，《刑事诉讼法》第298条第1款、第300条第1款，最高法《解释》第516条第1款第1项，两院《关于违法所得没收程序的规定》第1条第1款第4项、第6条、第16条、第17条第1款的规定，裁定如下：

没收犯罪某实施贩卖毒品犯罪所得人民945 371.15元及孳息，上缴国库。

二、法律问题

1. 违法所得没收程序适用于何种案件？

2. 违法所得包括孳息吗？

三、法理分析

（一）此案适用违法所得没收程序是否正确

正确。《刑事诉讼法》第298条规定了违法所得没收程序的适用范围。此案属于法条中"等重大犯罪案件"。两院《关于违法所得没收程序的规定》第1条规定了毒品犯罪案件应当认定为《刑事诉讼法》第298条第1款规定的"犯罪案件"。在此案中，李艳军贩卖大量毒品，构成贩卖毒品罪。同时还利用自己名下的涉案银行账户直接收受部分下线贩毒人员毒资，并将其他毒资以转账或现存方式存入该银行账户。且李艳军于2017年5月24日死亡符合被告人死亡的情况，所以人民检察院申请适用违法所得没收程序是正确的。

（二）法院裁定没收李艳军违法所得存入银行的孳息是否正确

《刑事诉讼法》第298条关于没收财产的规定是依照刑法规定应当追缴其违法所得及其他涉案财产的，人民检察院可以向人民法院提出没收违法所得的申请。根据《刑法》第64条的规定，犯罪分子违法所得的一切财物，应当予以追缴。即因实施犯罪活动而取得的全部财物，包括金钱或者物品。此案中，李艳军银行账户内的资金属于贩卖毒品所得，本金是违法所得，其利息也是违法所得。所以法院裁定没收李艳军违法所得存入银行的孳息是正确的。

四、参考意见

1. 违法所得没收程序作为特别程序明确规定了其适用案件的类型：一是贪污贿赂犯罪、恐怖活动犯罪案件；二是犯罪嫌疑人、被告人死亡，依法应当追缴违法所得及其他涉案财产的一般刑事案件；三是其他重大犯罪案件，最高法《解释》第610条明确，在省、自治区、直辖市或者全国范围内具有较大影响的犯罪案件，或者犯罪嫌疑人、被告人逃匿境外的犯罪案件，应当认定为刑事诉讼法第298条第1款规定的"重大犯罪案件"。

2. 判断是否没收孳息，不能一概而论。如果是犯罪嫌疑人、被告人违法所得的孳息，则应该一并没收；若是不属于犯罪嫌疑人、被告人的孳息或者属于犯罪嫌疑人、被告人合法财产的孳息，则不能没收。

拓展资料

4 - 4　拓展阅读

专题五：依法不负刑事责任的精神病人的强制医疗程序

知识概要

　　2012 年《刑事诉讼法》修改时新增了依法不负刑事责任的精神病人的强制医疗程序，规定在《刑事诉讼法》第五编"特别程序"的第五章，共 6 个条文。2018 年《刑事诉讼法》修改时对本章内容未作修改。强制医疗程序，是指公安司法机关对不负刑事责任且有社会危险性的精神病人采取强制治疗措施的特别诉讼程序。

　　精神、心理健康是人体健康的重要组成，日益受到人们的关注。中国疾病预防控制卫生中心公布的数据显示，我国各类精神病人人数在 1 亿人以上，其中，重性精神病已超过 1600 万人。精神疾病患者的增多，导致各地精神病患者肇事肇祸行为频发，威胁公民生命财产。据统计，最近每年精神病人实施的刑事犯罪案件超过 10 000 件，其中 30% 是杀人、伤害等严重暴力案件，平均每名被监管的精神病患者杀死 1.85 人，最多的杀死 70 余人。[1]此问题亟需重视，一方面，严重精神病人暴力伤人的事件时有发生，关乎社会公共安全，另一方面，精神病人也需要关心、照顾和治疗，如何规范、约束并保护精神病人已成为亟待解决的问题。

　　我国《刑法》第 18 条规定，精神病人在不能辨认或者不能控制自己行为

---

　　〔1〕　汪海燕、王迎龙："我国刑事强制医疗程序研究"，载《江淮论坛》2012 第 5 期。

的时候造成危害结果，经法定程序鉴定确认的，不负刑事责任，但是应当责令他的家属或监护人严加看管和医疗；在必要的时候，由政府强制医疗。

由于这一规定较为原则，刑事诉讼法也没有规定具体程序，实践中执行面临一些问题：一是家属和监护人往往不具备对精神病人的看管、治疗的条件和知识，要么对其不管不顾，有继续危害社会的可能；要么将其长期封闭在家中，使他们得不到应有的治疗，其基本权利得不到保障。二是由于程序规定的缺失，实践中由公安机关根据情况裁量，导致各地执法标准不统一，有的该进行强制医疗的没有强制医疗。[1]还不时出现正常人"被精神病"的情况。

为保障公众安全，同时保护精神病人的合法权益，2012年修改《刑事诉讼法》时规定了强制医疗程序，明确了强制医疗的适用范围、决定程序、权利保障及救济程序等。强制医疗的目的不是为了对行为人进行惩罚和教育，而是一种特殊的社会防卫措施。与之对应，对依法不负刑事责任的精神病人的强制医疗程序的目的也不是解决犯罪嫌疑人、被告人的刑事责任问题，而是为了审查决定是否对其采取强制医疗措施。[2]

一、强制医疗的适用范围

由于强制医疗涉及对公民人身自由的限制或剥夺，适用范围过宽有可能对公民的人身权益造成不必要的侵害，范围过窄则有可能遗漏一部分具有社会危害性的精神病人，削弱强制医疗程序防卫社会的目的。为了处理好限制精神病人人身自由与保护社会安定之间的关系，合理限定刑事强制医疗程序适用对象的范围就显得尤为重要。

《刑事诉讼法》第302条规定："实施暴力行为，危害公共安全或者严重危害公民人身安全，经法定程序鉴定依法不负刑事责任的精神病人，有继续危害社会可能的，可以予以强制医疗。"根据该规定，刑事强制医疗措施适用的对象应同时具备三个条件：一是行为条件，即行为人实施了暴力行为，而且其暴力行为必须达到严重的程度，危害公共安全或者严重危害公民人身安

---

〔1〕 王爱立、雷建斌主编：《刑事诉讼法立法精解》，中国检察出版社2019年版，第563页。

〔2〕 陈光中主编：《刑事诉讼法》，北京大学出版社、高等教育出版社2013年版，第461页。

全；二是刑事责任能力条件，即行为人必须属于经法定程序鉴定依法不负刑事责任的；三是社会危害性条件，即精神病人有继续危害社会的可能性。

关于行为条件，行为人不仅必须实施了暴力行为，而且要求此种暴力行为危害公共安全或严重危害公民人身安全。主要是指采取暴力手段，对人的身心健康和生命财产安全造成极大的损害，直接危及公共安全或严重危害公民人身安全。"危害公共安全"是指危害不特定多数群众的生命健康和财产安全，比如放火、爆炸等。"严重公民人身安全"则一般指伤害、杀人、强奸、抢劫、绑架等严重侵害公民人身安全的行为。

关于刑事责任能力条件，"经法定程序鉴定依法不负刑事责任"指根据《刑事诉讼法》和司法鉴定的相关规定，由具备鉴定人资格的鉴定机构、鉴定人依照法定程序作出的鉴定，依法不负刑事责任的精神病人是指根据《刑法》规定在不能辨认或不能控制自己行为的时候造成危害结果。这意味着限制刑事责任能力精神病人不适用强制医疗程序，而且根据《刑法》规定限制行为能力精神病人仍然要承担刑罚。然而，由于看守所、监狱等执行机构并不具备治疗精神疾病的条件，实践中将精神病犯罪嫌疑人和罪犯送押时，看守所和监狱往往不予收押。更为严重的是，限制刑事责任能力精神病人虽然尚未完全丧失辨认能力和控制能力，但是发病具有突然性、无规律性，一旦发病就会造成严重后果，具有巨大的社会危害性。对此，一些国家规定对限制刑事责任能力的精神病人也可以适用强制医疗措施。如德国《刑法》第63条第1项规定，犯罪时无责任能力或限制责任能力，法院在考虑犯罪行为和行为人后，如认为该人还可能违法犯罪而危害公共安全的，可命令将其收容于精神病院。有鉴于此，对于实施暴力行为，危害公共安全或者严重危害公民人身安全，经法定程序鉴定为限制刑事责任能力的精神病人，有继续危害社会可能的，可以考虑纳入强制医疗程序的适用范围。

此外，按照《刑事诉讼法》的规定，强制医疗措施的适用对象仅包括行为人在无责任能力状态下实施危害社会的行为，至诉讼时精神仍未恢复正常者。其实，除了此类，还应当包括另外一种情况，即，行为人在实施犯罪时精神正常，但诉讼时患精神病。按照现有规定，如果在诉讼中出现此类情形，诉讼活动应当中止。中止诉讼是因为在诉讼中出现了妨碍诉讼正常进行的事由，诉讼活动无法继续，而相关事由消失后，诉讼活动继续进行；强制医疗的主要目的是为了维护公共安全和社会秩序，防止其继续从事危害社会的活动。因此，中止诉讼与强制医疗程序并不矛盾，中止普通程序并不意味着不能进行强制医疗程序。

对此域外国家已有立法经验，俄罗斯对于上述两类强制医疗的情形都做了明确规定。俄罗斯《刑事诉讼法》第403条规定，对于在无责任能力状态中实施刑法所规定的危害社会行为的人，或者在实施犯罪行为后患有精神病而不能辨认或者控制自己行为的人，如果这些人所实施的行为的性质和他们的病情对社会具有危害性，法院应当适用苏俄《刑法典》第58条所规定的医疗性强制方法。

我国可借鉴类似做法，在法律或解释中对此种情形予以明确。与无刑事责任能力精神病人不负刑事责任不同，限制刑事责任能力精神病人和犯罪时正常而后丧失诉讼能力的精神病人仍然要负刑事责任，所以对这两类精神病人存在精神病治愈后回监执行刑罚的问题。我们认为，由于刑事强制医疗接近完全剥夺人身自由，所以其期限可以折抵监禁刑罚的期限。如果折抵后的强制医疗期限短于刑罚期限，就应收监执行剩余刑期，反之，则不必收监服刑。[1]

最后是社会危害性条件，被决定强制医疗的行为人还必须有继续危害社会的可能。对于行为人虽然实施了暴力行为，严重侵害了他人人身健康权，但不再具有继续危害社会可能的，则不需要再对其强制医疗，如行为人丧失了行动能力或严重残疾等，不再可能继续危害社会的，无需再对其强制医疗。

二、强制医疗的决定程序及权利保障

《刑事诉讼法》第303条："根据本章规定对精神病人强制医疗的，由人民法院决定。公安机关发现精神病人符合强制医疗条件的，应当写出强制医疗意见书，移送人民检察院。对于公安机关移送的或者在审查起诉过程中发现的精神病人符合强制医疗条件的，人民检察院应当向人民法院提出强制医疗的申请。人民法院在审理案件过程中发现被告人符合强制医疗条件的，可

---

〔1〕 汪海燕、王迎龙："我国刑事强制医疗程序研究"，载《江淮论坛》2012年第5期。

以作出强制医疗的决定。对实施暴力行为的精神病人，在人民法院决定强制医疗前，公安机关可以采取临时的保护性约束措施。"本条是对强制医疗决定权、决定程序及临时的保护性约束措施的规定。

根据规定，对精神病人强制医疗的，均由人民法院决定，即须由人民法院来审查认定行为人是否符合第 302 条的规定。虽然不同于普通刑事程序，强制医疗程序的目的不是解决被告人的刑事责任问题，而是解决实施暴力行为的精神病人的强制看管和医疗的问题，但是它仍然关乎相关人员人身自由的限制和剥夺。因此，为了防止公民的人身自由受到非法侵犯，将强制医疗程序纳入刑事诉讼范畴，并在绝大多数情形下适用诉讼原则和制度，由中立的第三方——人民法院作出决定是必要的。

强制医疗程序的启动分为两种：

第一，由公安机关、检察机关提出。公安机关在侦查阶段发现犯罪嫌疑人可能是精神病人的，应当对其精神状况进行鉴定，对于符合强制医疗条件的，公安机关应当写出强制医疗意见书，连同相关证据材料和鉴定意见一并移送人民检察院，人民检察院经审查认为符合条件的应当向法院提出强制医疗的申请。对于人民检察院在审查起诉中发现的公安机关移送的刑事案件的犯罪嫌疑人可能是精神病人，经审查符合强制医疗条件的案件，人民检察院也应当向人民法院提出强制医疗的申请，同时原有案件则应当作出不起诉决定。

第二，法院自行决定启动强制医疗程序。法院在审理案件的过程中，虽然认定被告人"实施暴力行为，危害公共安全或者严重危害公民人身安全"，但经过鉴定，被告人是不负刑事责任的精神病人的，法院就应当作出被告人不负刑事责任的判决。如果法院认为该被告人还符合"有继续危害社会可能"的条件，那么，法院可以直接决定对被告人采取强制医疗的措施。

关于临时的保护性约束措施。根据规定，在法院对行为人作出强制医疗的决定前，对实施暴力行为的精神病人，为了防止其危害公共安全或者他人人身安全，公安机关可以对其采取临时的保护性约束措施，如将其送往精神病院或专门机构看管、治疗等。对于精神病人已没有继续危害社会可能，解除约束后不致发生社会危险的，公安机关应当及时解除保护性约束措施。公安机关应当采取临时的保护性约束措施而未采取的，人民检察院应当建议公安机关采取。[1]

这主要是考虑到对精神病人的鉴定及人民法院决定强制医疗均需要一定的时间，有时时间较长，在此期间如果不对行为人进行一定的约束，其有可能继续危害社会，但又明显不宜对其采取拘留、逮捕等羁押措施。为此，立法规定了临时的保护性约束措施。需要注意的是，这种约束措施并非惩罚措施，其目的是对行为人进行约束，同时对其进行保护和先行治疗。

《刑事诉讼法》第304条规定："人民法院受理强制医疗的申请后，应当组成合议庭进行审理。人民法院审理强制医疗案件，应当通知被申请人或者被告人的法定代理人到场。被申请人或者被告人没有委托诉讼代理人的，人民法院应当通知法律援助机构指派律师为其提供法律帮助。"

该条共有2款，第1款是对审判组织的要求，即对于强制医疗案件，人民法院应当组成合议庭审理。因为强制医疗案件的审理工作比较疑难、复杂，专业性较强，并且强制医疗直接关系到公民的人身自由、公共秩序等，由法官一人独任审理难以确保案件质量，规定合议庭审判，体现对此类案件的重视和慎重。

第2款是有关代理人参加诉讼的规定。精神病人不能正确辨认或控制自己的行为，自然无法正常行使其诉讼权利，无法富有意义地参加诉讼，有必要通知其法定代理人到场。为更好地维护其合法权益，对此类案件还应当为其提供法律帮助。行为人的法定代理人，包括被代理人的父母、养父母、监护人或者负有保护职责的机关、团体的代表，由于和被代理人存在保护与被保护的特殊关系，有权利也有义务参加诉讼，以维护被代理人的合法权益。被申请人或者被告人的法定代理人经通知未到场的，可以通知被申请人或者被告人的其他近亲属到场。

被申请人或被告人没有委托诉讼代理人的，应当自受理强制医疗申请或者发现被告人符合强制医疗条件之日起3日以内，通知法律援助机构指派律师担任其诉讼代理人，为其提供法律帮助。这种"强制代理"制度在其他国家也有规定，如日本《刑事诉讼法》第37条，如果被告人疑似是心神丧失的

---

[1] 陈光中主编：《刑事诉讼法》，北京大学出版社、高等教育出版社2013年版，第464页。

人或者心神耗弱的人且没有辩护人时，法院可以依职权为其选任辩护人。《俄罗斯联邦刑事诉讼法典》第 438 条规定，辩护人如果没有更早参加刑事案件，则自作出关于指定司法精神病学鉴定之时起，辩护人必须参加适用医疗性强制措施的诉讼。[1]

三、强制医疗决定的救济与解除

《刑事诉讼法》第 305 条规定："人民法院经审理，对于被申请人或者被告人符合强制医疗条件的，应当在 1 个月以内作出强制医疗的决定。被决定强制医疗的人、被害人及其法定代理人、近亲属对强制医疗决定不服的，可以向上一级人民法院申请复议。"

限定人民法院审理案件的期限是及时实现诉讼公正的内在要求，其他案件也均有审限的规定。与适用普通程序审理的案件相比，强制医疗案件的审限相对较短，规定为 1 个月，这主要是由于案件事实、审理程序并不是很复杂且有检察人员及辩护人等专业人员参与，程序一般能够顺利推进。此外，对精神病人的鉴定往往已经在侦查阶段或审查起诉阶段作出，即使人民法院在审理期间鉴定的，鉴定期限也不计入审限，因此人民法院应当在 1 个月内作出决定。尽快作出决定能够使得精神病人及时进行治疗，有利于保障他们的利益，对于不需要强制医疗的，也应及时依法处理，而不能久拖不决。

关于救济程序，由于强制医疗案件中人民法院作出的是"决定"而非"判决"或"裁定"，因此，被申请人无权提出上诉，但强制医疗毕竟涉及对一个人自由较长期限的剥夺或限制，也关系到行为人近亲属、被害人等其他人员的利益，因此法律规定了救济程序。被决定强制医疗的人、被害人及其法定代理人、近亲属对强制医疗决定不服的，可以向上一级人民法院申请复议，上一级人民法院应当及时进行审查并作出处理决定。

法律同时赋予人民检察院进行监督的职权，《刑事诉讼法》第 307 条规定："人民检察院对强制医疗的决定和执行实行监督。"人民检察院有权监督强制医疗的决定程序，包括人民法院的审理活动及公安机关的侦查活动，人

---

〔1〕　陈光中主编：《刑事诉讼法》，北京大学出版社、高等教育出版社 2013 年版，第 466 页。

民检察院还有权监督强制医疗的执行，既包括医疗机构的活动，也包括人民法院解除强制医疗的决定。人民检察院对此进行监督的目的在于确保强制医疗程序的正确实施，以及保障精神病人、被害人的合法权益。

《刑事诉讼法》第 306 条规定："强制医疗机构应当定期对被强制医疗的人进行诊断评估。对于已不具有人身危险性，不需要继续强制医疗的，应当及时提出解除意见，报决定强制医疗的人民法院批准。被强制医疗的人及其近亲属有权申请解除强制医疗。"

如前所述，强制医疗程序不是对精神病人的惩罚和制裁，其目的在于对精神病人进行治疗，促使其尽快恢复健康，同时消除其人身危险性，使其不再危害社会。因此，对于被强制医疗的人应当积极治疗，并定期进行评估，对于已经不具备人身危险性，不需要继续强制医疗的，应当解除强制医疗。需要注意的是，是否解除强制医疗的决定权仍然在人民法院，强制医疗机构只能提出相应的意见，此外，被强制医疗的人及其近亲属也有权提出解除强制医疗的申请。

根据最高法《解释》的相关规定，强制医疗机构提出解除强制医疗意见或者被强制医疗的人及其近亲属提出解除强制医疗申请的，人民法院应当组成合议庭进行审查，并在 1 个月以内作出解除强制医疗或者继续强制医疗的决定。人民法院应当在作出决定后 5 日以内，将决定书送达强制医疗机构、申请解除强制医疗的人、被决定强制医疗的人和人民检察院。人民检察院认为强制医疗决定或者解除强制医疗决定不当的，应在收到决定书后 20 日以内提出书面纠正意见。人民法院应另行组成合议庭审理，并在 1 个月以内作出决定。被强制医疗的人及其近亲属可于解除强制医疗申请被人民法院驳回的 6 个月后再次申请解除。

经典案例

案例（一）：段某强制医疗案[1]

一、基本案情

被申请人段某，1980 年出生，甲市丁区人，自幼患有间歇性精神分裂症

---

[1] 左宁：《刑诉法案例攻略》，中国法制出版社 2017 年版，第 151 ~ 153 页。

而辍学在社会上流浪，由于生活无着落便经常偷拿东西。2014 年 3 月，段某窜至丁区一小区内行窃时被事主发现，遂用随身携带的刀子将事主刺成重伤后逃走。此案丁区人民检察院以抢劫罪起诉到丁区人民法院，被害人的家属提起附带民事诉讼。丁区人民法院以抢劫罪判处段某有期徒刑 10 年，赔偿被害人家属 3 万元人民币。

段某以定性不准、量刑过重为由提起上诉。甲市中级人民法院在二审中发现段某符合强制医疗条件，决定发回丁区人民法院重新审理。丁区人民法院对段某依法进行了精神病鉴定，结果清晰表明段某患有精神分裂症，便决定由审判员张某一人不公开审理，检察员马某和被告人段某出庭分别发表意见。庭审后，法庭作出对段某予以强制医疗的决定。

二、法律问题

1. 强制医疗程序的适用条件？

2. 发回重审后，丁区人民法院的做法是否符合规定？

3. 发回重审后，丁区人民法院在作出强制医疗决定时应当如何处理被害人家属提起的附带民事诉讼？

三、法理分析

1. 强制医疗程序的适用条件须同时满足以下三项：①实施了危害公共安全或者严重危害公民人身安全的暴力行为；②经法定程序鉴定属于依法不负刑事责任的精神病人；③有继续危害社会的可能。《刑事诉讼法》第 302 条规定："实施暴力行为，危害公共安全或者严重危害公民人身安全，经法定程序鉴定依法不负刑事责任的精神病人，有继续危害社会可能的，可以予以强制医疗。"

目前我国刑事强制医疗程序对象范围较为狭窄，不符合刑事强制医疗程序条件的案件，主要有以下几种：一是现有证据无法证明犯罪事实，肇事精神病人有重大嫌疑且具有人身危险性的案件；二是限制刑事责任能力的精神病人，在承担减轻刑事责任之后，依旧应当纳入行政强制医疗，消除其人身危险性；三是"无主"精神病人，包括已经肇事的精神病人和尚未肇事但是有严重暴力倾向的精神病人。[1]而放宽强制医疗适用范围,不仅会增加诉讼成本,而且也会造成公权力在私人领域的扩张,因此要格外慎重。

2. 根据法律规定,一审违反法定程序。①审理强制医疗案件应当组成合议庭进行。②本案不属于不公开审理的案件。③应当通知段某的法定代理人到庭。④段某没有委托诉讼代理人,人民法院应当自受理强制医疗申请或者发现被告人符合强制医疗条件之日起 3 日以内,通知法律援助机构指派律师担任其诉讼代理人,为其提供法律帮助。

3. 根据司法解释,人民法院经审理认定公诉案件被告人的行为不构成犯罪,对已经提起的附带民事诉讼,经调解不能达成协议的,应当一并作出刑事附带民事判决。本案中,丁区人民法院应当就民事赔偿进行调解,调解不成,判决宣告被告人段某不负刑事责任,并在判决中就附带的民事赔偿一并处理,同时作出对被告人段某强制医疗的决定。对提起的附带民事诉讼,经调解不能达成协议的,应当一并作出附带民事诉讼判决。

四、参考意见

1. 实施暴力行为,危害公共安全或者严重危害公民人身安全,经法定程序鉴定依法不负刑事责任的精神病人,有继续危害社会可能的,可以予以强制医疗。

2. 不合法。

3. 对提起的附带民事诉讼,经调解不能达成协议的,应当一并作出附带民事诉讼判决。

案例(二):张某某强制医疗案[2]

一、基本案情

涉案精神病人张某某,男,1988 年 10 月 8 日出生,汉族,小学文化,户

---

〔1〕 刘颖妮:"刑事强制医疗制度若干问题研究——以 C 市强制医疗案件为研究对象",载《中国检察官》2015 年第 3 期。

〔2〕 朝阳区人民法院(2013)朝刑医字第 1431 号强制医疗决定书。

籍地为四川省遂宁市安居区玉丰镇红庙村 1 社 34 号。2012 年 12 月 31 日因涉嫌犯抢劫罪被北京市公安局朝阳分局刑事拘留，2013 年 1 月 14 日进行刑事责任能力鉴定，并停止计算羁押期限，2013 年 4 月 8 日经北京市公安局强制治疗管理处司法鉴定中心鉴定依法不负刑事责任，2013 年 5 月 3 日被释放，同日被北京市公安局朝阳分局采取临时的保护性约束措施。2012 年 12 月 31 日 8 时许，涉案精神病人张某某在北京市朝阳区第三置业大厦 711 便利店内欲将店内销售的倩雅牌梅酒一瓶、力保健一瓶（经鉴定共计价值人民币 17.53 元）盗走时，被店内工作人员王威远（男，38 岁，北京市人）发现，后张某某用随身携带的水果刀对其进行威胁，在撕扯中造成王威远手部受伤，致其右手掌皮肤划伤 1 处，长为 2.4 厘米，皮肤裂伤（未缝合）1 处，长为 2.0 厘米，两端伴划伤，经刑事科学技术鉴定属轻微伤。后张某某被当场抓获。2013 年 6 月 4 日，北京市朝阳区人民检察院以京朝检医申 [2013] 第 0002 号强制医疗申请书向北京市朝阳区人民法院提出对张某某的强制医疗申请。法院经审理认为，涉案精神病人张某某实施了抢劫行为，严重危害公民人身安全，虽经法定程序鉴定为不负刑事责任能力的精神病患者，但其疾病尚在治疗期，仍具有继续危害社会的可能，据此 2013 年 7 月 2 日以（2013）朝刑医字第 1431 号强制医疗决定书决定对张某某强制医疗。

二、法律问题

1. 如何认定暴力行为的程度达到了强制医疗的条件？
2. 如何判定行为人属于依法不负刑事责任的精神病人？

三、法理分析

1. 对涉案精神病人是否实施了"危害公共安全或者严重危害公民人身安全的暴力行为的事实"的审查一般应当遵循下列步骤：其一，客观审查涉案人员的暴力行为是否已经达到犯罪程度，没有实施犯罪行为或行为不构成犯罪的，不适用强制医疗程序；其二，对于涉案人员的暴力行为已经构成犯罪的，需要审查暴力行为的严重程度，即审查此种暴力行为是否危及公共安全或严重危害公民人身安全；其三，结合其他相关因素，比如在审查暴力时需要结合实施暴力行为的原因、手段、作案工具、对象、结果以及涉案精神病人的一贯表现等方面进行综合判断。

2. 是否属于依法不负刑事责任的精神病人是较为专业的问题，法官无法自行判断，需要依赖于专业鉴定机构的意见，但是法官仍然需要对鉴定意见进行审查。一方面，应对鉴定机构出具的精神病司法鉴定意见书进行形式审查，包括对鉴定机构和人员是否具有合法的资质，鉴定程序是否符合法律及有关规定，具体程序、方法、分析过程是否符合要求，鉴定意见的形式要件是否完备等方面进行全面认真审查；另一方面，鉴定意见不可直接引作"结论"，还要对鉴定意见书的内容进行实质审查，可以通过会见涉案精神病人、听取主治医师的意见以及通过了解涉案精神病人的病史、成长环境等方面，对涉案精神病人是否具有刑事责任能力进行实质性判断，避免出现"伪精神病"或"被精神病"的现象，必要时可以要求公安机关及鉴定机构提供相关材料。

有观点认为由于涉案精神病人属于无刑事责任能力人，其所作供述不能作为证据使用，而且由于承办人缺少专业知识，对其现有状况根本无法做出合理合法的判断，因此会见的实效性和意义不大。诚然，此种类型案件会见在获取口供的意义上不大，但获取口供并不是会见的唯一目的，通过会见了解涉案精神病人的精神状态和治疗后果，可以从更加直观的角度判断其是否属于无刑事责任能力者以及是否有继续危害社会的可能性。[1]因此，司法人员仍有必要当面会见涉案精神病人。

四、参考意见

1. 本案中张某某实施抢劫行为，罪行较为严重，并且张某某在作案过程中持刀具将他人划伤，严重危害到他人的人身安全，其暴力行为已达到强制医疗的条件。

2. 经鉴定机构依法鉴定，张某某为依法不负刑事责任的精神病人，而且其仍在治疗期，有继续危害社会的可能，符合强制医疗的条件。

---

[1] 张亚男："如何审查强制医疗案件——以张某某抢劫案为例"，载《法制与社会》2014年第16期。

案例（三）：晓某故意杀人案[1]

一、基本案情

2002 年，白某将在街上流浪的 6 岁孩童晓某捡回家，后卖于另一男子陈某，陈某经常无故打骂晓某。2013 年某日，陈某又像往常一样打骂晓某，当日 14 时，全家人出口做农活，留有晓某在家照顾小孩，其间小孩大哭无法制止，于是晓某随手拿起手机充电线将小孩残忍勒死。公安机关立案侦查后，怀疑晓某为犯罪嫌疑人，并鉴定出其患有精神病，于是拟出强制医疗意见书，移送人民检察院，人民检察院向人民法院提出强制医疗申请后，人民法院以晓某根本不可能治愈为由，决定不予对其强制医疗。因白某未办理收养手续不愿意做其监护人，人民法院最后裁定该地民政局为晓某的法定代理人，民政局后以无法进行有效监护为由，将晓某送至了精神病院。

二、法律问题

1. 民政局是否应当直接将晓某送至精神病院？
2. 检察机关应如何强化对强制医疗的执行监督？

三、法理分析

（一）民政局是否应当直接将晓某送至精神病院

法院在作出不予强制医疗决定后，将被申请人交由民政局严加看管和医疗，则民政局以无法进行有效监护为由直接将晓某送入精神病院住院，有推卸监护责任之嫌，但如何对晓某进行监护和治疗不仅仅是民政局的职责，还需要其他机构的配合和相关配套措施的保障。

其实，域外也面临如何治疗精神病犯人的问题，由于医疗资源比较紧张，英国更倾向于通过改善监狱的医疗卫生条件使精神障碍患者在监狱中接受强制医疗。[2]美国的强制医疗带有明显的司法审查色彩，是由单方面强调家长式治疗的民事收容逐渐过渡到兼顾犯罪预防与人权保障、社区康复与社会安

---

〔1〕　佐江琴："云南省精神病强制医疗实证研究"，2014 年西南政法大学法律硕士学位论文。

〔2〕　何恬：《重构司法精神医学——法律能力与精神损伤的鉴定》，法律出版社 2008 年版，第175 页。

全的现代精神病强制医疗体系。[1]

我国应当建立兼具看管和治疗双重职能的执行机构。从短期看，每个市须择优选择一些医疗水平较高、医疗环境较好、医疗设施较全的医疗机构入选强制医疗执行机构名录，并对被强制医疗患者的治疗、管理和解除等问题出台具体规定。在对强制医疗决定和执行的过程中，检察机关应该充分发挥监督职能。

（二）检察机关应如何强化对强制医疗的执行监督

由于检察机关对于精神病人的病情和治疗方式等知识了解较为有限，难以从医学专业角度开展监督，因此检察机关对强制医疗执行的监督主要是针对程序性事项监督，一方面是针对精神病院管理的监督，其中包括精神病强制医疗机构是否为精神病人提供了适当的休息条件，是否提供了适当的文化教育和饮食，医疗手段是否正当，以及精神病人是否享有应有的会见、通信等权利。另一方面应当严格要求医疗机构定期作出评估报告，并进行不定期的检查、核实。可以在执行场所中派驻检察室，有利于对精神病人长期治疗进行有效的监督。

四、参考意见

1. 民政局不应以无法监护为由直接将晓某送入精神病院。

2. 检察机关主要从程序层面，以及对精神病人的权利保障方面进行监督。

拓展资料

4-5 拓展阅读

---

[1] 陈卫东、柴煜峰："精神障碍患者强制医疗的性质界定及程序解构"，载《安徽大学学报（哲学社会科学版）》，2013年第1期。